"中华元典引读丛书"出版委员会

主　任：谢清溪
副主任：纪庆芳　展文婕
委　员（以姓氏笔画为序）：
　　　　马　博　仝一帆　阮林要　李亚涛
　　　　时　海　陈建恩　郑　鑫　胡玲霞
　　　　姜　畅　高枫叶　谌洪波

孙子兵法引读

龚留柱 著

河南大学出版社
HENAN UNIVERSITY PRESS

·郑州·

图书在版编目（CIP）数据

孙子兵法引读 / 龚留柱著 . -- 郑州：河南大学出版社，2024.7
（中华元典引读丛书 / 李振宏主编）
ISBN 978-7-5649-5725-4

Ⅰ. ①孙… Ⅱ. ①龚… Ⅲ. ①《孙子兵法》Ⅳ. ① E892.25

中国国家版本馆 CIP 数据核字（2024）第 070649 号

孙子兵法引读
SUNZI BINGFA YINDU

总 策 划	孔令刚
责任编辑	仝一帆
责任校对	王 珂
装帧设计	翟淼淼
出版发行	河南大学出版社
	地址：郑州市郑东新区商务外环中华大厦 2401 号
	邮编：450046　电话：0371-86059701（营销部）
	网址：hupress.henu.edu.cn
排　　版	郑州印之星数字文化产业有限公司
印　　刷	郑州印之星印务有限公司
版　　次	2024 年 7 月第 1 版
印　　次	2024 年 7 月第 1 次印刷
开　　本	889 mm × 1194 mm 1/32　印　张　11
字　　数	198 千字　　　　　　　　定　价　38.00 元

版权所有·侵权必究
本书如有印装质量问题，请与河南大学出版社营销部联系调换。

序

中华元典创生于春秋战国的大变革时代。自夏以来的中国早期文明社会,到周代的分封制度达到成熟阶段,这一社会形态的国家政体是贵族制。以中央王朝的国君即天子为一权力主体,以公卿士大夫即贵族为另一权力主体,世袭国君和世袭贵族通过宗亲和姻亲血缘纽带组成一个统治网络,代代相传、永恒不变地占据着国家政治生活、经济生活和文化精神生活的中心。这样一个贵族制社会从夏开始,一直延续了一千多年,到公元前770年周平王东迁,终于走向了它的衰落和蜕变。平王东迁作为一个象征性事件,标志着一个新时代的开端。春秋时期,王室衰微,礼崩乐坏,历史表面的混乱局面,掩盖着深层的历史潜流,人们往往用"春秋无义战"来描述这个时代;但历史一进入战国时期,其演变的本质便显示出来。战国时期各国变法的主流揭示,从春秋开始的这场历史大动荡,预示着一个崭新的历史时代的到来,它是一场社会形态的变革,是中国历史从贵族政治向官僚政治的过渡。

大凡历史剧烈动荡的岁月,给人们的启迪也往往更加丰富和深刻。历史的大动荡,亵渎了一切传统的神圣的东西。传统的政治体制逐渐坍塌,传统的意识形态、社会观念、思想文化遇到了前所未有的挑战。历史何以会发生这样剧烈的变革和动荡,在动荡中崩溃的社会应该以怎样的模式重新塑造等等,一系列带有世界观、历史观、社会观性质的问题,逼迫着人们去思考,去回答。于是,在思想文化领域,展开了一场长达三百年的百家争鸣。正是在这场反省历史、洞察现实、描绘未来的思想运动中,古圣先贤们为我们提供了一批支配后世民族文化发展的中华元典。这批中华元典,诸如《周易》《诗经》《尚书》《春秋》《礼记》《老子》《庄子》《论语》《墨子》《管子》《商君书》《韩非子》等等,是夏商周以来古典传统文化的积淀和结晶,又是新旧时代交替的历史启迪;它既积累了中华先民两千年文明史的卓越智慧,又是对一个新的历史进程的揭示和预见,充当了一个新时代的号角和先声。

中华元典是春秋战国这个特定时代的产物。一方面,社会历史在政治、经济上所经历的深刻变迁,给当时的思想家们以深刻的历史启迪,使其著作具有其他时代所无法比拟的深刻性;另一方面,传统社会坍塌的剧烈震撼,促使人们从历史的根本点上思考问题,从而使当时人们所提出的问题,多具有世界观、历史观和人生观的性质,具有比较广泛的普遍性价值或意义。

三十年前,冯天瑜先生在《元典文化丛书·序》中说:

> 历史的辩证法反复昭示:发展不是简单的生长和增进,它往往不一定呈直线式进步,而是通过一系列螺旋式圈层实现的。这样"回复"便不总是重复往昔,而可能是一种上升的形式,是"唤醒"事物在其开端时即已蕴蓄着的可能性的一种形式。作为由具有自觉意识的人类创造的文化,也生动地展现着螺旋式的发展轨迹,如欧洲"文艺复兴"的崇尚古希腊、"宗教改革"的服膺《圣经》,便是对"元典精神"的发扬和再造,而欧洲文化正是在这种"回复"中赢得历史性进步的。这种向"文化元典"汲取灵感,获得前进基点的现象在中国也多次出现,著名的"古文运动"便是典型事例。考之以中国近现代思想文化史,这种"返本开新""以复古为解放",即回归元典精神以求新变的情形也俯拾即是。

冯天瑜先生所讲人类思想史上这种不断发生的"返本开新"现象,佐证了元典的不朽性。的确,中国先秦时代

所产生的文化元典,就有其不朽性。大致说,元典的不朽性主要取决于两个方面:

其一,它所提出的问题具有普遍性意义,是不同时代人们所关注的共同性问题,处在不同历史条件下的人们,都能从元典的阐述中汲取智慧,都能使自己的思考追溯到人类智慧的最初观照。譬如在元典中一再提出的如下问题:"天人之辨"(人与自然的关系)、"人性之辨"(关于人的本性善恶的思考)、"义利之辨"(社会道义与经济利益的关系)、"刑礼之辨"(刑法治理与礼制教化的关系)等等,这些问题对于两千多年的传统社会来说,无疑都是不朽的课题,像"天人之辨""人性之辨""义利之辨"等,还具有普遍的人类意义。

其二,"中华元典"的不朽性,还在于它对以上基本问题的解决,给后人的思考提供了一种具有高度抽象性的哲理性回答,从而使人们可以从各种角度受到它的启迪。在人类认识的早期时代,人们还不可能对自然界和社会进行解剖、分析,自然界和人类社会只能被作为一个整体去观察,从而得出混沌的整体性认识。这种认识,一方面有它不精确不完善的特点,而另一方面则使它有可能包含了对自然界和人类社会整体联系性的不少天才猜测。例如《老子》中的"道",《周易》中的运动观、发展观、变易观,《论语》中孔子的仁学思想体系,等等,都是对自然变化之道,人的社会属性的整体性、哲理性把握;而这种把握,则是其后人们借以展开自己思想的重要基础。"中华元典"在后世人们借以发挥自己思想创造的过程中,一再证明着自己的生命力和不朽性。

然而,从历史唯物主义的观点看问题,"中华元典"也不可避免地具有其历史局限性,世界上没有任何一种理论观点、学说体系具有超历史的价值和意义。每一时代的理论思维,"都是一种历史的产物",都有它所适应的、能够发挥其作用的历史环境;一旦历史条件发生了根本性的变更,它的作用就将丧失或者发生相应的改变。"中华元典"作为一种理论思维的历史成果,它的基本内容,它所提出的各种命题的具体内涵,都不能不具有这种历史性质。这个历史性,既是它在其后两千多年传统社会中能够发挥重要作用的原因,也同时决定了它的局限性。解读和阐释文化元典,就是发扬或转换其不朽性,而正视其局限性,以确保在文化传承中保持清醒的头脑,秉持科学的态度。

解读元典文化精神,研究、传承和弘扬优秀传统文化的工作,已经进行了很多年,有了颇为丰硕的成果。然反省其研究状况,还是存在某些缺憾。

一是研究大多还集中在知识精英阶层,而把对元典思想的阐释变成广大社会公众的精神食粮,还有许多工作要做。

二是就社会大众的元典文化阅读来说,所做的工作多是集中在直接的普及方面，侧重对元典文献的注释或翻译，以为社会大众借助白话读本就可以进入元典精神的世界，就完成了元典文化的普及，而这是有认识上的误区的。

三是社会大众直接阅读元典译本，并不能对元典文化的历史作用有深刻的认识，而研究元典文化或者普及元典文化精神，其最终目的是帮助社会大众认识我们的文化国情，使人们知道民族精神的来龙去脉，知道今人的思想、思维、价值观念、心理观念之来源，清醒而理智地看待传统文化，继承和弘扬优秀传统文化。

河南大学出版社策划出版的这套"中华元典引读丛书"，目的就在于弥补以上缺憾。这套丛书的特色是：读者一书在手，既可窥见一部元典的思想要旨，又可明了其全方位历史影响，进入元典文化生成与发展的历史世界。这是真正地认识中华元典文化精神的导读丛书，是写给普通读者的书。

既是为社会大众提供适宜的元典导读，就必须在著作的科学性、导向性上下功夫。我们力求用充分辩证的科学理性去阐释元典文化的基本精神，对元典著作积极的或消极的文化影响，都给予尽可能全面的历史评说，使普通读者懂得如何从积极的方面对传统文化进行扬弃和取舍。因此，冷静的历史思辨色彩，成为这套丛书在著述风格上的重要特色。此外，我们还要求作者从以往学术著作引经据典、旁征博引、烦琐考证的传统文风中解脱出来，采用夹叙夹议、以议论为主的散体笔法，无论是对元典内涵的揭示，还是对其历史价值或历史影响的阐述，都尽可能结合具体生动的历史事例来展开，力求做到深入浅出，引人入胜。

现在丛书就要出版了，作者们贡献了自己的辛勤劳动、学识和智慧，但是否真的能够实现丛书的编写初衷，它的效果究竟如何，就交给亲爱的读者去判断了。

李振宏

2023年12月10日于开封

目 录

一 血与火锻造出来的瑰宝 / 1
　1. 生存和战争 / 2
　2. 文化环境和战争性格 / 4
　3. 兵学伊始 / 7
　4. 铸成东方智慧之鼎 / 12
　5. 齐国兵学源远流长 / 20
　6. 孙武写出了"十三篇" / 25
　7. 真金火中炼 / 29

二 博大精深的《孙子兵法》/ 38
　1. 廓清层层迷雾 / 38
　2. 东方兵学体系的奠基 / 43
　3. 高掌远跖的战争总体观 / 51
　4. 出神入化的作战指挥原则 / 66
　5. 阴阳燮理寓万机 / 92

三 《孙子兵法》与中国古代军事文化 / 108

1. 一部兵书可为王者师 / 108
2. 《孙子兵法》与战国兵家 / 113
3. 《孙子兵法》与秦汉兵坛 / 123
4. 魏晋战乱　兵经弥重 / 141
5. 《孙子兵法》与盛唐气象 / 154
6. 积贫积弱中的武经冠冕 / 166
7. 《孙子兵法》与明代外患 / 182
8. 清代"孙子学"的虚假繁荣 / 197
9. 国运衰则军运衰 / 205

四 《孙子兵法》与革命战争 / 216

1. 《孙子兵法》与农民起义 / 216
2. 《孙子兵法》与近代军事思潮 / 226
3. 毛泽东与《孙子兵法》 / 245
4. 刘伯承——论兵新孙吴 / 260

五 走向世界的《孙子兵法》 / 272

1. 《孙子兵法》与日本 / 273
2. 《孙子兵法》在欧洲 / 290
3. "孙子的核战略" / 306
4. 《孙子兵法》和海湾战争 / 319

一 血与火锻造出来的瑰宝

1991年1月17日,世人瞩目的海湾战争爆发。

42天以后,伊拉克惨败。以美国为首的多国部队仅以4 232人的伤亡取得了毙伤俘伊军20多万人的辉煌战果。双方兵器和人员损失悬殊之大,在战争史上极其罕见。

作为美军驻海湾部队最高统帅的施瓦茨科普夫,一战而声名大振,成了美国家喻户晓的英雄和崇拜的偶像。许多西方报刊说他在海湾战争中的用兵足以和第二次世界大战中的麦克阿瑟、巴顿等将帅齐名,说他把中国古代的《孙子兵法》发挥得淋漓尽致。

1991年1月,美国记者从海湾战场发回消息说,尽管中国未向那里派出一兵一卒,但有一个"神秘的中国人"却亲临海湾前线,指导着美军的作战行动,这就是2 500年以前的孙武子。报道说:在海湾美国海军陆战队军官的背囊里，都装着一本上级下发的英译《孙子兵法》和一盘解释性录音带。战争期间，美国总统布什、美国国防部部长切尼、参谋长联席会议主席鲍威尔都提到过孙子及其兵法的重要。他们都希望从中领悟出战场上的制胜之策。

海湾战争尘埃落定不足一年，台湾的退役少将李启明就出版了一本《孙子兵法与波斯湾战争》的专著，认为《孙子兵法》是"兵学宝典，历久弥新"，海湾战争再一次证明了它的不朽价值。

20世纪70年代开始出现了全球性的"孙子热"。不但民间的各种学术研究团体如雨后春笋般纷纷涌现，各国的执政首脑和智囊军师也将《孙子兵法》奉为圭臬，用以制订自己的大集团战略、国家战略、外交战略、军事战略，甚至出现了"孙子核战略"。同时，《孙子兵法》这一万古涌泉不仅仅为兵家独汲，企业界、商务界、思想文化界、体育界等也无不来作"一瓢饮"。

代表着东方人智慧之光的《孙子兵法》如此神魔和灿烂夺目，这不能不引发我们的自豪和无限遐想。要探幽寻奇，要追本溯源，还得拂去岁月的尘积，翻开历史的扉页。

1. 生存和战争

在生物进化的过程中，生存是一种伟大的目标，生存欲望是一切生命的本能。

动物会吞食对手,趋利避害和利己主义的攻击性,是它们满足生存欲望的手段。智力等级越高的动物,越是能够适应环境,具有更加完善的行动能力,在生存竞争中取得有利地位。

人类脱颖于动物界,同时也承袭了动物的一切本能。虽然随着文明的进步,人类好利恶害的攻击本能可以得到自我抑制和外在制约,但却不能被完全消除,不过变得更加隐蔽而富于迷惑性。这种生命本原的冲动,就成为人类一切冲突和战争的渊薮,于是一部人类文明史,刀光剑影就成了不可或缺的重要篇章。

人类毕竟又不同于其他一切生命,人类除了本能之外,还有道德意识、创造意识、科学思维等后天获取的才能。特别是,人类还有一种群体意识,并由此组成家庭、团体和各种复杂的社会关系。古代思想家荀子就曾比较人和牛马说,人"力不若牛,走不若马,而牛马为(人所)用,何也?曰人能群,彼不能群也"(《荀子·王制》)。

但是,这种群体意识并没有把人类带入一个温馨友善的伊甸园或吉祥和平的世外桃源。从早期的原始群落,到后来的地域性国家,一直到今天军事性的北约联盟,有限的狭隘性的群体意识使人们分属于不同的种族、阶级、国家、宗教和意识形态集团。由此出现的各种偏执和利害纷争,导致了数不清的流血战争。直到今天,人类的群体意识还没有表现为对全人类共同利益的关注（绿色和平组织也许表达了一种善良的愿望），人们仍然在把大量的金钱、财富和最新的创造发明优先用于相互残杀的战场上。

2. 文化环境和战争性格

积土成山，积水成渊。

只有在一个具有悠久战争历史和军事经验的国度，才能形成"兵学"的繁盛局面；只有在广阔的军事典籍土壤中，才能披沙拣金，培植出《孙子兵法》这样一棵参天茂树。

据《中国历代战争年表》的不完全统计，从传说时代到清王朝灭亡，中国这块土地上共发生了3791次战争；中国古代著录的兵书共有1304部之多，这在世界上是独一无二的。同时也说明，中国作为一个泱泱军事大国的历史是很久远的。

将近八千年前的新石器时代中期，中国文明初露曙光。暴力是文明社会的助产婆，从此，历史经常要无情地践踏着千万具尸体而前行。一部记载上古历史的书《路史》说："自剥林木（剥林木而战）而来，何日而无战？大旱之难，七十战而后济；黄帝之难，五十二战而后济；少昊之难，四十八战而后济；昆吾之难，五十战而后济。"无情的征服和天昏地暗的杀伐就成为每个部落挑战——应战——生存的主要方式。

古华夏文明主要发源于黄、淮、江三大水系冲击而成的中央平原，这是一种近乎封闭的地理空间。西部的崇山峻岭，东部的沧海无边，再加上农业文明对土地的依赖，人口的快速增殖，不同部落争夺生存空间的冲突很容易表现为你死我活的血腥战争。人们难以逾越地理屏障向域外转移和拓展，只有在有限的地盘内进行没有协调余地的武力碰撞和征服。结果是取胜的一方屠杀、俘获、奴役、支配被击败的一方，"在没有明确的和平条约的地方，部落与部落之间便存在着战争，而且这种战争进行得很残酷，使别的动物无法和人类相比"（《马克思恩格斯全集》）。

从文明发生学的角度来透视，原初的华夏文明就带来了权力的异常强暴性，人们讲求"夷夏之辨"，讲求"非我族类，其心必异"，必须"刑以伐之，外用甲兵"。生态类型决定文化形态，文化形态又影响了社会人的性格和行为。于是古华夏特定的自然——历史条件为战争这种对待异族的野蛮手段推波助澜，使仇恨和血腥成为历史的常规课题。

比较而言，在西方远古文明的生成过程中，由于时空环境的差异，其战争形态和性格似乎要温和得多。

古代希腊文明发育于一个三面环海的半岛上，在半岛曲折的海岸之外，散布着星罗棋布的岛屿。诸岛之间近距易航，往往只有一两个小时的航程。希腊半岛沿着海岸有无数良港，这就为向外移民和商业贸易提供了方便的条件。另外，希腊半岛本部山脉纵横，峰峦起伏，道路崎岖，又被分成南、北、中三部分。从北部希腊到中部希腊要经过崇山峻岭间的羊肠小道——德摩比利险隘；中部希腊与南部希腊又以科林斯地峡为界隔海相望。在每一大的区域内，又存在许多群山环抱的小盆地，被分割成许多独立小区。整个希腊半岛平原少而土壤贫瘠，使希腊人把商业看得比农业更重要。

这样，在古代希腊，不同氏族之间也会有攻杀和征服，一时被打败的人群会移居到海岛或山间盆地，去重新构建自己的文明。以沿海经商为主要谋生方式的民族也不同于聚族而居、男耕女织的农业民族，原有的氏族血缘联系逐渐松动，以财产为标准的利益阶层构成社会的单元。来自不同氏族部落的人杂居，富人和穷人之间也会有激烈的利害冲突，但毕竟不如异族间的血腥杀戮那样不共戴天。因为不同阶级或阶层是互相依存的，任何一方都不愿意让冲突无限升级而使自己参与缔造的文明和双方一起同归于尽。

所以，在中国，兼并是一种伟大的王业，是战争中获胜的部落氏族强加于失败者的专横意志，是没有调和余地的镇压。并且"天无二日"，只能有一个披着"恭行天罚"

外衣的最高权威。于是战争规模不断扩大，次数越来越频繁，而且表现得十分冷酷和血腥。

希腊也有城邦之间的兼并，也出现过雅典和斯巴达这样的盟主。可是，希腊的兼并受到极其强烈的抵抗，盟主（如斯巴达）不得不很早就停止兼并而改取"同盟"政策，容忍多元化城邦相互间独立的"个性"存在。每个城邦都有权向邻邦要求它的自由和自治，按自己的意愿处理内部事务。而且在希腊城邦之间，"逐渐发展出来一套关于宣战媾和、同盟条约、和平条约、交换战俘、为发还对方阵亡者尸体而协议休战等等国际惯例"（顾准《希腊城邦制度》）。这正是近代关于战争方面国际法的萌芽。

中西文明从一开始就从许多方面显示了巨大的差异。

3. 兵学伊始

中国人常爱把自己称为"炎黄子孙"，殊不知当日这两位老祖先，正是一对厮杀得难解难分的战争兄弟，华夏民族的融合正是在冷酷的征服与被征服过程中逐渐实现的。

（1）血腥的"恭行天罚"

大约在距今4 500年的传说时代，围绕着自然资源最丰饶的中原轴心，有几支大的部落群，开始了天昏地暗的杀伐征战，群雄逐鹿。北面是姬姓的黄帝族，居住在今天河北的桑干河流域。西面是姜姓的炎帝族，由渭水东进，把今天的河南西部当作自己的地盘。东方是被称为"夷人"的蚩尤部落，人多势众，还特别好斗。南面则散居着"三苗"部落，社会发展水平相对落后一些，组织程度不高。

最先发起挑战的是蚩尤的东夷人，他们81个部落结成联盟，由东向西推进，与炎帝族发生了长期而激烈的冲突。被击败的炎帝族被迫向北退却，与黄帝族结盟而对抗蚩尤。结果炎黄联盟与蚩尤"战于涿鹿之野"，直杀得雾塞云湿，总算杀掉蚩尤，东夷一部分被炎黄吞掉，一部分南下加入苗蛮集团。

不久控制了黄河中下游广大地区的炎黄联盟破裂，双方又打了一场"阪泉之战"。黄帝族三战三捷，两族日益融合，成为华夏族的主干，而黄帝被尊崇为更大规模部落联盟的首领。

黄帝蚩尤之战，黄帝炎帝之战，虽然还不能完全当作信史，但也绝不是几个后代文人杜撰出来的空穴来风。它不过是当时频繁、复杂战争中最具有决定性意义的几次而已，成了催生华夏文明的殷红褥血。

以黄帝为代表的部落联盟在取得中原的优势后，进而与向北扩张的苗蛮部落群发生冲突。据说黄帝南下，"五十二战而天下咸服"，但仍未能解决根本问题。在他的继承人尧、舜、禹时期，对三苗用兵的规模越来越大，大禹甚至在对阵中亲手射杀敌方首领，取得了"人夷其宗庙而火焚其彝器，子孙为隶，下夷于民"（《国语·周语下》）的成功。

华夏文明降生之后，由于青铜兵器的使用，提高了战争的效能，使征服的规模更为扩大，杀戮更加血腥。

夏启讨伐有扈氏，要"天用剿绝其命""弗用命，戮于社，予则孥戮汝"（《尚书·甘誓》）。

商汤讨伐夏桀，要"天命殛之""予则孥戮汝，罔有攸赦"（《尚书·汤誓》）。

虽然这时最有实力的问鼎者莫不打出"恭行天罚""替天行道"的旗号，以拯救倒悬万民的"仁义之师"自居，但"剿绝其命"的字里行间仍渗透着太多的血腥气味，让被征服者胆战心惊，也使被裹挟的同盟者心存怵惕。因为"一姓之兴，则亿兆为之臣妾"，既然天无二日，土无二王，国无二君，家无二尊，大家最终都要服从战场上的主宰和他的至亲。在中国，并列的至尊和违拗的意志都是不允许存在的。

西周以降，公理仍须靠强权确立，但聪明的统治者为了骗人，又拿出"以德配天"的新花样。配享天命者必须有德行，但有德和无德谁也说不清，最后的评判还要看在战场上是得势还是失势，还是战胜者说了算。所以周武王灭商纣的"牧野之战",尽管周人故作轻松地说成是"一戎衣,天下大定"(《尚书·武成》),但也难掩盖战场上"血流漂杵"(由于杀人多,血流成河,长杆兵器都漂了起来)的惨烈景象。

既然华夏民族无法像"航海的民族"那样"体会到了船只给与他们的特有的自由和机会"(韦尔斯《世界史纲》),那就得比当时世界其他文明更多地经历血与火的洗礼。一种"国之大事,在祀与戎"(《左传·成公十三年》)的信条,很早就深深印在人们头脑中,即用战争捍卫家族的既得利益,以杀伐维护祖先的光烈和荣誉。不管是"有虔秉钺,如火烈烈"(《诗·商颂·长发》),还是"整我六师,以修我戎"(《诗·大雅·常武》),炫耀暴力和武功总是原始歌舞和神话传说的主题。把吃人的饕餮作为纹饰刻在祭祀祖先的青铜礼器上,很符合一种杀掉或吃掉"非我族类"敌人的宗教和审美心理。这就是中国在殷周之前的时代主旋律。

(2)中国古代兵书的"早熟"

在长期、繁复、剧烈的战争经验基础上,中国古代兵书那么早地成熟和发达就不奇怪了。作为人类认识和研究战争的一门特有学问,"兵学"在中国古代显得极为久远和广泛。西方在古希腊、罗马时代有关军事方面的《希波战争史》《伯罗奔尼撒战争史》《远征记》《高卢战记》等著作,尚未从历史学中脱胎出来,还不能算真正的兵书。西方严格意义上的军事理论著作,是从19世纪初普鲁士将军克劳塞维茨撰写《战争论》开始的。

中国古代兵书从什么时候开始出现?迄今为止,历史学还不能给我们以圆满的回答。毫无疑问,2500年前的《孙子兵法》如此成熟,几千年后仍有借鉴价值,在它之前必定有一个相当长的发展阶段。

古人认为兵法起源于黄帝,《汉书·艺文志》还著录了黄帝及其臣下封胡、风后、力牧等人的兵法数十篇。这些著作当然都是后人依托之作,不足为训。有战争就有战争经验的总结,但早期并没有兵书的形式,只能保存在政典之中,寓理于事,三言两语。如商代甲骨卜辞中有关战争问题的命辞就占有相当大的比重。西周时开始出现了兵书的初始形态,《周官》(《周礼》)中的《夏官司马》就可以看作当时的军事著作。《尚书》中的"誓",很像后代的战争动员令。后来《左传》称引的《军志》,《孙子》称引的古《兵法》《军政》,《管子》称引的《大度之书》等著作,其年代都可追溯到西周,虽仅见只言片语,但已具有高度概括的抽象意味。

作为西周开国元勋的姜尚,长期担任军事统帅,积累了丰富的用兵经验。古代史书著录了真伪难辨的《太公兵法》20种（包括至今仍存的《六韬》），我们固然不能把它们看作西周时的兵书，但姜尚的军事思想以其他著述形式传播给后代是完全可能的。

另外，《诗》《国语》《逸周书》《竹书纪年》等书中都有不少篇章反映前代兵家的思想观点。

中国古代兵学思想体系的真正成熟和飞跃，是在春秋战国时期，其标志就是《孙子兵法》的问世。

4. 铸成东方智慧之鼎

公元前771年，西周臭名昭著的末代之君周幽王轻浮地"烽火戏诸侯"，终于被自己的兵马所戏弄，殒命于骊山脚下。这同时标志着中国上古三代大一统鼎盛局面的终结，历史从此进入一个长达500余年的大动荡时期。《史记·太史公自序》关于此后社会情况的概述说："春秋之中，弑君三十六，亡国五十二，诸侯奔走不得保其社稷者不可胜数。"

（1）人类精神的觉醒

政治的混乱会带来民生的艰难，但不安定、不平静的生活也会激发起思想家的求索精神，当"圣王不作，诸侯放恣，处士横议"（《孟子·滕文公下》）之时，华夏文明也开始了有史以来人类精神的第一次大觉醒时期。

关于公元前 6 世纪，历史学家韦尔斯在《文明的脚步》中有一段精彩的评论。他说：

> 人们应该注意到，公元前六世纪在人类的历史上具有何等重要的意义。在这个时期，不仅有希腊的哲学家们开始探讨关于宇宙和人类在宇宙中的位置的问题，有以赛亚把犹太人的预言提到最高水平，而且有释迦牟尼在印度布道，孔子和老子在中国讲学。……从雅典到太平洋，人类的精神产生了一种骚动。
>
> ……
>
> 公元前六世纪确实在整个人类历史上占有极为显赫的位置。此时世界的各个角落——包括下文将述及的中国——都显示着人类精神上一种全新的胆魄。人类的精神从皇权、祭司、血腥的牺牲等传统中觉醒过来，提出一系列最为深刻尖锐的问题。可以说，人类正从二万多年的童年走向青年时代。

文明观念的进步，人类精神的觉醒，春秋时代的哲人们开始以深切的目光关注人类自身的命运，关注人类的价值，关注人间的社会秩序，战争这个不断吞噬人的生命和消耗社会财富的怪物就不能不使"智士寒心"，成为他们思考的对象。

公元前 6 世纪的风云际会，成了中国涌现思想巨人的特别时期。这之中不仅有韦尔斯提到的老子和孔子,还有略晚于孔子的孙子,以及略晚于孙子的墨子。他们同样吮吸着前代的思想乳汁,植根于现实的肥厚土壤,来铸造中国的智慧之鼎,对战争表示自己的态度和主张。

春秋时代几百年的扰攘,几乎无日不战。这时的战争不但次数频繁,而且其空间的展延,形式的多样,程度的激烈残酷都是空前的。长期连绵的战争严重消耗了各国的实力,激化了社会各阶层之间的矛盾,不但处于大国夹缝中的小国苦不堪言,各个大国也感到被拖得精疲力竭,难以为继。在这种背景下,反对穷兵黩武的呼声日益高涨。

(2)墨子疾呼"非攻"

墨子是一个和平主义者,反对战争最激烈。有感于战争使敌军"入其国家边境,芟刈其禾稼,斩其树木,堕其城郭,以湮其沟池,攘杀其牲牷,燔溃其祖庙,劲杀其万民,覆其老弱,迁其重器"(《墨子·非攻下》)等种种恶果,墨子反对一切武力的攻伐兼并,因此他提出"非攻"的鲜明口号。尽管"非攻"或"弭兵"都出自一种善良美好的愿望,但只能流于空想。它不但不能消除战争,有时反而会加速战争的爆发。因为"和平主义"只会起到麻痹弱者的作用,强者从不会吃这一套,反而会在"绥靖"的烟幕下,轻而易举地挑起战争。正是墨子的思想体系在现实中缺乏运作可行性，故任何时代的统治者都不乐意接受它，一旦时过境迁，便烟消云散。

（3）老子斥责"不祥之器"

老子的思想笼罩着一层失意者的灰暗心理，他厌恶文明带来的一切，当然也包括人类的征战。他说："师之所处，荆棘生焉；大军之后，必有凶年。"因此他简单明了地斥责"兵者，不祥之器"，最好一律取消。方向是回到远古的氏族时代，一切都是那样的平静、安宁和舒缓，"邻国相望"，但并不往来，更不相侵，大家都不"过分"发展，相安无事，没有拼死地争夺和不断地毁灭，于是"虽有甲兵，无所陈之"（《道德经》），这样就避免了战争这个灾祸。

要使社会倒退，无异于双手拔着头发让自己离开地球。

老子也曾多处直接讲兵，似乎在为弱者设计战场上的应对之策。他说："兵强则灭，木强则折""守柔曰强""善为士者不武，善战者不怒，善胜敌者不与""用兵有言曰：吾不敢为主而为客，不敢进寸而退尺""祸莫大于轻敌，轻敌几丧吾宝"（《道德经》）。这里虽有慎重对待战争的合理因素，但这种一味地"无为""守雌"，躲避竞争，隐藏优势的消极哲学，很难成为战争中的"实用技术"。在社会各种层次的矛盾中，军事斗争自有其特殊性。有些矛盾可以在一定时期内避免激化，在忍让委屈中积蓄力量求得生存。战争本身就是已经或必然激化的一种矛盾,当进不进,则贻误战机,会全盘皆输。与其说老子在谈用兵方略,毋宁说是一种政治谋略或以兵喻理。所以从不见后代善兵者拿《老子》直接来用,更多的是作为一种生活的智慧和政治在野者的处世学问而被探究。

(4) 孔子力倡"义兵"

孔子的儒家思想以维护既定社会机体的和谐稳定为目的,强调中和互补,避免激剧的动荡、转化、否定和毁灭,这一理论特色,也反映在其战争观上。

首先,孔子不是笼统地反对一切战争,而是加以性质的区分。鲁哀公问:"用兵者,其由不祥乎?"孔子回答说:"胡为其不祥也?圣人之用兵也,以禁残止暴于天下也;及后世贪者之用兵也,以刈百姓,危国家也。"(《大戴礼·用兵》)所以他肯定齐桓公和管仲的"尊王攘夷"。齐鲁稷曲之战,孔子弟子冉有"用矛于齐师,故能入其军",孔子就赞扬说:"义也。"(《左传·哀公十一年》)这正是后世儒家"义兵说"的发轫语。相反,对于当时好战无道之君,孔子则非常厌恶。卫灵公问孔子以军阵之事,孔子就给他以难堪:"俎豆之事,则尝闻之矣;军旅之事,未之学也。"(《论语·卫灵公》)

其次,孔子主张慎重地对待战争,反对黩武好战。"子之所慎:斋、战、疾。"孔子认为对祭祀、战争和疾病三者都应谨慎。他的学生子路自恃有勇，堪任三军之将，孔子批评他说："暴虎冯河，死而无悔者，吾不与也。必也临事而惧，好谋而成者也。"（《论语·述而》）空手搏虎和无舟渡河的匹夫之勇者不能任战场将帅，而必得临事戒惧小心，用谋略取胜者才可以胜任。所以孔子不反对在战场上用谋诈（这一点同后世腐儒不同），他说："临难用诈，足以却敌。"（《吕氏春秋·义赏》）他对于"晋文公谲而不正，齐桓公正而不谲"（《论语·宪问》），也主要是从政治上给以批评或赞扬。

但总的说来，孔子还是从他的思想体系出发，重文教而轻武事，不主张以战争来解决社会矛盾。尽管他也说出"以不教民战，是谓弃之"（《论语·子路》）、"足食，足兵，民信之矣"（《论语·颜渊》）这样的话，但让他排列轻重次序，他还是第一个把"足兵"弃之不顾。孔子迷茫于"德治仁政"这个颇具魅力的政治乌托邦之中，对其效力进行理想主义的描述，有意无意夸大它在战场上的作用。所以孔子反对对邻邦用兵，"远人不服，则修文德以来之"（《论语·季氏》），认为"民悦其爱者，弗可敌也"（《孔子家语·曲礼子贡问》）。

到了孟子，更是倡导"兵甲不多，非国之灾也""国君好仁，天下无敌"（《孟子·离娄上》）。这使儒家在军事上陷入迂腐空谈的困境，在战场上毫无实效可言。荀子曾说:"秦之锐士不可以当桓文之节制,桓文之节制不可以敌汤武之仁义。"(《荀子·议兵》)可历史证明,批判的武器并不能替代武器的批判。

(5)孙子提出"利战说"

孙子作为老子、孔子的同时代人,他的思想体系也会受到春秋民本主义理性思潮的浸润,但他又将其有机地融合于军事斗争的范畴中,从兵家角度进行了清醒、理智和现实地反映。

孙子不像老、墨那样简单地排斥战争,而是高度重视战争在整个社会生活中难以抹去的重要意义。他说:"兵者,国之大事,死生之地,存亡之道,不可不察也。"(《孙子兵法·计篇》)战争既然不是靠空洞遐想所能取消,而且对国家、对人民具有生死存亡的关键作用,那么就必须理智地去对待它。

孙子重战,同时主张慎战。同孔子的"义战说"不同,孙子提出"利战说"。他反对任何非理性的情感、迷信对战争的干预,一切以现实的利害为依据,冷静地进行理智的判断,以达到保民利主的目的。他说:"兵,利也。"(竹简本《孙子·见吴王》)"主不可以怒而兴师,将不可以愠而致战;合于利而动,不合于利而止。"(《孙子兵法·火攻篇》)利动利止,一切以我方的利害为出发点。

战争就是要趋利避害,它的思维应该具体、现实和实用。由此出发,孙子主张"先计而后战",首先从民心、人事、军需、天时、地利等方面综合比较敌我双方的条件,做到"知彼知己"。然后"计利以听""因利而制权",采取正确的战争决策,或"乱而取之",或"强而避之"(《孙子兵法·计篇》)。一旦开战,孙子既强调先发制人,"兵之情主速,乘人之不及"(《孙子兵法·九地篇》);又不否定后发制人,"避其锐气,击其惰归"(《孙子兵法·军争篇》)。总之,"兵者诡道",兵无定式,其最根本的作战指导原则是"避实击虚",一切以战胜敌人,安国全军为目的。

"百战百胜,非善之善者也;不战而屈人之兵,善之善者也。"(《孙子兵法·谋攻篇》)不用杀人流血,而达到战争目的,这是孙子汲汲追求的最理想的用兵境界。但它和儒家空中楼阁式的议论又截然不同,而是建立在强大政治、经济、外交和军事威慑力量的基础之上,是脚踏实地和切实可行的。所以孙子不主张滥用武力,但强调以充分的战备,"先为不可胜,以待敌之可胜"(《孙子兵法·形篇》)"兵不顿而利可全"(《孙子兵法·谋攻篇》)。

(6)东方智慧之鼎的"三足"

正因为孙子揭示了军事领域中最一般和最根本的规律,铸成了一部不朽的"兵学圣典"《孙子兵法》,所以他才被中国历史尊为"武圣",并能在今日让世界服膺华夏民族的聪明智慧。这一点是儒、道二圣孔子和老子所不可替代的。今人刘泽华先生说:"《孙子兵法》应与同时代的《老子》《论语》并驾齐驱、媲美相辉,不妨称之为中国古代智慧之鼎的'三足'。《孙子兵法》以'刚'为基点创建了辩证法,《老子》以'柔'为基点创建了辩证法,《论语》以'中'为基点创建了辩证法。"(《制胜韬略·序》)

战争关系着一个民族的生死存亡,每个民族也都把自己的最高智慧应用于战场。华夏民族以坚韧自强著称于世,血液中不乏刚强之气,很难设想其智囊中会没有兵家的一席之地。由于后代儒家的偏执和排斥,称《孙子兵法》为"盗术",为"谋诈之书",说什么"非诈不为兵,盖自孙武始。甚矣,人心之不仁也"(叶适《水心别集·兵权》),"王道二字,即是极妙兵法"(《清圣祖实录》)。但就是这些在承平之世"个个皆能抱不哭孩儿"的腐儒,"一闻少警,其毒尚不如蜂虿,而惊顾骇愕,束手无措"(李贽《孙子参同》),不得不再把武圣人请出来。

洗涤这颗蒙尘宝珠,阐发《孙子兵法》的真谛,这是华夏子孙的责任!

5. 齐国兵学源远流长

《孙子兵法》的作者孙武,字长卿,后人尊称为孙子或孙武子,春秋末期齐国人。

中国的山东半岛,人文荟萃,是古代诞生圣人的地方。泰山之阳则鲁,较多保存了周代礼乐文明,诞生了孔子、墨子、孟子等文化名人;泰山之阴则齐,带砺山河,武风不衰,武圣人孙子诞生在这里也绝非偶然。

(1)东夷与兵神蚩尤

原始社会末期的"英雄时代",齐地是东夷人的故乡。"夷"字由"大"和"弓"组成,《说文》:"夷,东方之人也,从大从弓。"东夷人好战,其领袖蚩尤,也是传说中弓箭的发明者。他还能以金属作兵器,并呼风唤雨,很了不得。据说黄帝一人对付不了蚩尤,"仰天而叹,天遣玄女下授黄帝兵信神符",这才制服蚩尤。然后黄帝利用蚩尤"以制八方"。但后来蚩尤作乱,黄帝经过一番艰难斗争,才在涿鹿杀了蚩尤。大概蚩尤留给人们的印象太强悍可怖了,黄帝继续利用蚩尤之死,"遂画蚩尤形象以威天下,天下咸谓蚩尤不死,八方万邦皆为弭服"(《史记正义》引《龙鱼河图》)。

从此以后,蚩尤就成为中国古代"八神"之一的兵神,秦始皇祭他,汉高祖祭他,历代将帅出征之前,都要向这位兵神致敬。汉代还流传有两篇"蚩尤"兵法,当然是后人的伪托之作,但东夷人的原始军事思想和强悍尚武的民风作为遗产影响齐文化则是完全可能的。夏、商两代，东夷人一直强烈反抗中原王朝，商纣的亡国，与他倾全国之兵力镇压东夷人密切相关。周王朝初建，东夷人又联合中原的反叛势力，几乎使周人的王鼎得而复失。随着周公东征三年苦战的结束，周王朝在这里设置了两个最重要的诸侯国，也就是鲁和齐，以为周天子羽翼。

（2）姜尚为"言兵之宗"

齐国之"齐"字，甲骨文和金文均作"齐"形，由三个箭头组成。齐国的创始者姜尚，字子牙，人称姜子牙。因其祖先在夏朝曾被封于吕，他又姓吕。当商朝末年时，他被雄心勃勃的周文王所知遇，文王说："我先君太公早就盼望有您这样的贤人来辅佐。"所以称他为"太公望"，拜他为军师。此后，姜尚替文王谋划了许多军国大计，史称"天下三分，其二归周者，太公之谋计居多"（《史记·齐太公世家》）。周文王死后，继立的周武王对姜尚尊以父辈之礼，称为"师尚父"。在牧野之战中，"维师尚父，时维鹰扬；凉彼武王，肆伐大商"（《诗·大雅·大明》），是说姜尚担任军师，发扬雄鹰般的威武，辅佐武王灭商，建了许多奇功。

正因为姜尚具有丰富的军事经验，又"多兵权与奇计"，所以当周王朝实行军事殖民大分封时，他就被派往东夷人敌对势力强大而且战略地位重要的东方,并取了一个崇箭尚武的国名。在就国之前,周王朝就告诉他:"五侯九伯,实得征之。"齐国有特许的军事征伐之权,这使它在开国之初,就有了军事大国的特殊地位和资格。

一方水土铸就一方民众资性。姜尚所往要与东夷人"争国",不能不采取"因其俗,简其礼"的方针,即随就土著人的传统和文化习俗,很快稳定了局面,使"人民多归齐"。要使齐国军事大国的地位有经济基础,还必须有富国措施。于是姜尚因地制宜,"通商工之业,便鱼盐之利"(《史记·齐太公世家》),"通利末之道,极女工之巧"(《盐铁论·轻重》)。军事和工商是两个都讲求实际、进取和智慧的领域,长此以往,就为齐文化注重实用、重智尚变、兼容开放的特质奠定了基础。中国传统兵学与西方相比有一个很大的区别,即"攻人以谋不以力,用兵斗智不斗多"(欧阳修《准诏言事上书》),而"齐俗宽缓阔达,而足智,好议论"(《史记·货殖列传》)的传统,成了构建兵学理论最好的文化氛围。

姜尚的军事理论也使齐国被泽独厚。相传他著有《六韬》《谋》《言》《兵》等多种兵法著作,"后世之言兵及周之阴权皆宗太公为本谋"(《史记·齐太公世家》)。虽然这些书可能都是后人假托,但其中的观点,与姜尚有渊源关系则是无疑的。姜尚既是齐国的创始者,也是齐国兵学的奠基人，兵学和军事强国的地位互为促进，使这里成了《孙子兵法》得以问世的最好温床。

（3）管仲言霸"不以兵车"

齐国从西周初始建，直到战国之末的八百年间，始终是长盛不衰的军事大国，"常强于诸侯"。春秋五霸为首的齐桓公，在著名政治家和军事家管仲的辅佐下，"作内政而寄军令"，很早就建立了一个兵农合一、军政合一的武装力量体制，不断增强齐国的军事实力。这之后，齐桓公尊王攘夷，存邢救卫，遏制强楚，葵丘会盟，成就了一代霸业。孔子称道说："桓公九合诸侯，不以兵车，管仲之力也。"（《论语·宪问》）所谓"不以兵车"，就是国与国之间以礼交好的会合，又称为"衣裳之会"，按《谷梁传》的解释："未尝有大战也，爱民也。"管仲这种以强大武力为后盾，以伐谋伐交为手段取胜的"威慑"战略，一定给后来的孙武留下了深刻印象。

《管子》一书虽是战国人所著，但收录了大量春秋时管仲的治军思想言行。其中的"七法""兵法""大匡""小匡""霸言""地图""参患""制分""势""九变"等篇都涉及军事问题，但多属于战略的范畴。如"必先定谋虑，便地形，利权称，亲与国，视时而动，王者之术也"（《管子·霸言》）。这些观点对《孙子兵法》都有直接的影响。

（4）集大成的"司马兵法"

齐威王时，齐国又出了一位大军事家司马穰苴。司马迁在《史记》中专为他立传，记述了他治军严谨，辕门立表斩监军庄贾，然后大破晋、燕之军的故事。他不但"文能附众，武能威敌"（《史记·司马穰苴兵法》），而且还传下一部《司马穰苴兵法》。相传这是中国古代第一部集大成的兵书，里面保存有西周军事法典《司马法》的内容，还有司马穰苴研究军事理论的心得和军事经验的总结。原书在汉代还有155卷，现仅残存5篇。这些前代的军事思想和作战原则，光大昌盛于齐国，也使孙武子得以择善而从，丰富和发展自己的兵学体系。

从姜尚到战国的孙膑，形成了齐国源远流长的兵家文化。这里军事家辈出，兵法著作内容宏富，立论精辟，影响深远，数量最多。这是当时其他文化区域不能比拟的。

6. 孙武写出了"十三篇"

（1）将门出虎子

孙武的祖上并不是齐国人。

春秋初年，中原的陈国发生内乱，落难公子陈完惧祸而出奔，在公元前672年来到齐国。齐桓公器重陈完，委任他为掌管手工业的"工正"，还把公族懿仲的女儿嫁给他。

从此，陈完留居临淄。因陈、田古同音，故陈完亦作田完。

之后，田氏子孙在齐国世代为官，成为政坛上一支显要的家族。田完生田稚，田稚生田湣，田湣生田须无。田须无被封为卿大夫，又称为田文子，田文子与晏婴同时为齐庄公的大臣。田文子死后，他的儿子田无宇继承爵位为田桓子。田桓子以勇力得宠于齐庄公，他参加了一系列的对外战争，屡建战功，是一位军事经验丰富的卿大夫。如公元前567年的齐国灭莱战役，经过一年战斗，最后，田无宇代表凯旋的齐师，"献莱宗器于襄宫"（《左传·襄公六年》）。可见，他在这场战争中是负有指挥责任的齐军统帅。公元前549年，晋国伐齐，国君又派田无宇往楚国求援，他果然不辱使命，使楚伐郑以救齐。

春秋后期，国君的公室普遍衰弱，率军作战的卿大夫势力日益壮大，同时各家卿大夫之间也展开了激烈的权力之争。在齐国的内争中，田无宇同鲍氏结盟，亲率甲兵大败栾、高二族并"分其室"。从此田氏开始执掌齐国的军政大权，一系列内外斗争也显示了田氏家族的谋略和勇武。

将门出虎子。孙武子就出生在这样一个与军事结下不解之缘的家族。

（2）避贤奔吴

由于史书的缺载和混乱，从田桓子无宇到孙武子的线索并不清楚,主要有两种说法。

一种说法如《兵圣孙武》认为:田无宇生田书(字子占),田书生田冯(即"凭",字起宗),田冯生孙武(字长卿)。这样,孙武是田无宇的重孙子,根据是宋人欧阳修撰写的《新唐书·宰相世系表三下》。但一查史籍,不对了。田无宇一直到公元前532年还活跃在政坛上;而田书是在公元前523年的"伐莒"之役后被赐采邑于乐安,并赐姓孙氏;孙武约在公元前532年流亡吴国,从他的军事研究功力看当已是"而立"之年。田无宇、田书、田冯、孙武祖孙四代的年龄层层叠压,四代人几乎同时活跃在政坛疆场之上,令人难以置信。

另一种说法见于田昌五先生的《孙子里籍辨误》一文(《孙子学刊》1992年第3期)。他认为,据《史记·田敬仲完世家》,"无宇卒,生武子开与僖子乞"(没有提到田书和田冯),田无宇的长子武子开就是《孙子兵法》的作者,开是其名,开疆是其字,武子是他作为卿大夫的称号。这样,田武子(即后来孙武子)是田无宇的长子,而非重孙子。由于我们不知道的原因,在齐国发生于公元前532年的"田、鲍四族之乱"后,田桓子无宇被迫"请老于莒"之后,田武子没有继承父亲的卿士之位,而把它让给了弟弟田乞。让位之后田武子由齐奔吴,改姓孙氏,以"孙武子"行世而讳其原姓氏。

目前这后一种看法虽然还缺少更明确的史证,但它是合理的。我们推测孙武是一个淡泊名利,厌倦家族间残酷内争而又有志于潜心学术的人,他让位的主要原因是"避贤"。后来事实证明,他的弟弟田乞确实很有政治才能,他采取著名的"以大斗出贷,以小斗收"(《史记·田敬仲完世家》)的阴德惠民手法,使"公弃其民""民思田氏",为后来"田氏代齐"奠定了基础。而孙武在让位后之所以奔往吴国,是仰慕先周时吴太伯让位于弟弟季历和吴国季札不受父王之位的两位先贤的事迹,也是想避开各种矛盾纠结的中原,而到偏远的江南寻求一方清净之土。

(3) 隐居著书

孙武能够写出《孙子兵法》这样一部体系完备、见解深刻、高度概括和抽象的兵学巨著,首先是由于齐国兵学土壤的滋养和田氏军事世家对他的耳濡目染,其次是他本人的境遇。孙武在齐国时很有可能向司马穰苴学习过兵法,但只靠书本学习的悟性而没有战争实践仍难免于纸上谈兵。据《晏子春秋》,田开疆曾有过"仗兵而却三军者再"的实战经验。最后是要有一个良好的思索和撰述条件,要能心安陋巷,要能静心悟道和心坚石穿。否则如司马迁所说:"九卿碌碌奉其官,救过不赡,何暇论绳墨之外乎?"(《史记·酷吏列传》)碌碌必然无为。孙武到吴国后,最初的一些年却是改姓埋名,居于罗浮山之东,灌园种田,专心于兵法的研究和撰述。《吴越春秋》说他"善为兵法,辟隐深居,世人莫知其能"。

树欲静而风不止。孙武在吴国的山野书斋中淡泊明志,精心构筑自己的兵学体系,他只想宝珠藏匣,能将自己的一家之言藏之名山,付诸后人。可这时一个楚国人的到来却打破了他宁静的生活。

7. 真金火中炼

(1) 伍子胥七荐孙武子

伍子胥的祖上世代都是楚国大臣,楚平王时,他的父亲和哥哥因卷入王室权力斗争而被杀害。为报父兄之仇,刚烈的伍子胥来到吴国,投在公子光门下,怂恿吴人兴兵伐楚。但公子光正打着杀王夺位的小算盘,注意力不在疆场之上。伍子胥只好先押上一宝,找了位勇士专诸献给公子光,然后退隐山林,静待时变。

据宋人《嘉泰吴兴志》记载,今浙江吴兴县南伍林村有伍子胥宅,而孙武隐居的"罗浮山之东"也在今吴兴县南,两位天涯沦落人就不期而遇了。两人的出身都是卿大夫阶层,《汉书·艺文志》著录有《五子胥》十篇,两人都受过武略的熏陶,共同的志趣和爱好使他们很快成为患难挚友。他们在此时的兵学研讨中切磋相长，伍子胥可能是《孙子兵法》的第一位读者。

相传吴国是先周时古公亶父的长子太伯、次子仲雍逃往东南所建立的国家，但长期被中原强国以蛮夷视之。春秋中期以后，中原的晋、齐和秦、楚各为一方，争霸之战形成均势，再加上各国内乱迭起，都想来一段休整喘息。于是就有了宋国倡导的两次"弭兵"（签订和平协定）。"弭兵"是春秋历史的转折点，此后中原晋齐楚秦四大国胶着于国内事务，无暇向外，而长江下游的吴、越开始崛起，积极争霸。

原来吴国在南方长期受楚国的制约，与楚为盟。现在晋国为了减轻楚国北进的压力，就有意扶植吴国为自己的"代理人"，而吴国为了向西夺取楚地，以扩大自己疆域，也乐于改变自己的外交路线，晋吴两国在战略利益上一拍即合。于是在吴王寿梦时，晋国派出巫臣来到吴国，从外交上联吴以制楚，在军事上以北方和楚国盛行的车战技艺来武装吴国。经过巫臣"教吴乘车，教之战阵"（《左传·成公七年》)，原来对车战极不熟悉的吴国建立了车战兵种，战场上的适应性更强，很快成为一个军事强国。

这之后，吴国屡屡向楚国发动进攻，甚至使楚国将帅"一岁七奔命。蛮夷属于楚者，吴尽取之"（《左传·成公七年》)。吴王寿梦死后，其子诸樊、余祭、余眛、僚相继为王,公子光是前王余昧的嫡长子,他不满于吴王僚的继位,就在公元前 515 年,一面怂恿王僚派公子掩余和公子烛庸率吴国大军兴兵伐楚,一面自己虽为将军却谎称足疾留在宫内,然后利用伍子胥推荐的勇士专诸刺杀了王僚。这场宫廷政变使公子光成为新的吴王,号为"阖闾"(又作"阖庐")。

一朝天子一朝臣。阖闾掌权后任用的第一个心腹大臣就是伍子胥。伍子胥既然得到新君的信任和器重,与谋兴国大计,为了吴国更加强盛,也为了自己向楚王复仇的计划能够实现,便借同吴王论兵的时机,七次举荐孙武,称他是可"折冲销敌"的大将之才。

吴王阖闾也算是个有为君主,他在召见孙武之前,已经先让伍子胥取来了孙子所著兵法"十三篇",认真读过,深为叹服。然后他决定把孙武召到都城,先不任命,而让其住在客舍里,因为害怕遇见一个只会纸上谈兵的人。孙武本无出山之志,此次应吴王之召,一方面是碍于伍子胥的情面,另一方面也是想让自己的呕心沥血之作能在血与火中受到检验。当然,正像一个优秀剧本的作者害怕遇上蹩脚的导演和演员一样,孙武想亲自做导演,并认真观察一下演员的阵容。

（2）吴宫教战

吴王阖闾和孙武的第一次会面颇有戏剧性。吴王先到"孙子之馆"拜见客人，并表示自己喜好兵法，并能拿兵法来做游戏。孙武立即严正指出："兵事，关乎国家和人民利害，作为一个国君可不能随便拿来闹着玩。您如若以喜好和嬉戏来问兵阵之事，我作为外臣就无话可说了。"吴王马上道歉，表示自己不懂，并问能否让孙武用兵法小规模演练一下如何治军。孙武回答说："可以。随国君之欲，以贵者，以贱者，以男人，以女人都可以练军。"吴王灵机一动，就和孙武约定在宫中操练宫女。

一天中午，孙武来到吴王后宫的苑囿中，吴王早已选好180名宫女等在那里。孙武将她们分成左右二队，并让吴王最宠幸的爱姬各为队长，分别持画戟列于队前。同时，孙武选派自己座车的驭手和陪乘担任司马和司空，负责军法的执行。

这之后，孙武跃上指挥台，面对下面的吴娃粉阵，严肃认真地宣讲动作要领："你们都知道自己的前心、后背和左右手吧？"妇人们觉得问题可笑，嘻嘻哈哈有人应了两声。孙武又说："令之前，则向心前的方向动；令之左，转向左手方向；向右，转向右手方向；命令向后，则向后背转身。一切以鼓声为准，不服从将令就以军法处罚。"（《史记·孙子吴起列传》）说完，孙武命人拿来执法的刑具斧钺,立在阵侧。

一切安排就绪,孙武把吴王阖闾请到看台上,演武正式开始。随着一阵阵急促的鼓声,命令"士卒"向右前进。可下面那些红绿娇娃先是心不在焉,这时只觉得好玩有趣,纷纷相向而笑。孙武再次整顿队伍,说:"我约束不明,没有让你们熟悉号令,这是做军将的过错。"然后他又把前边讲的内容"三令五申",并强调"若夫发令而从,不听者诛"(竹简本《孙子·见吴王》)。

这一次孙武亲自操槌击鼓,命令"士卒"向左前进。这些满身骄、娇二气的宫女们既没有见过这阵势,也不愿把眼前这位山野村夫的话认真对待,回答孙武鼓令的仍然是乱糟糟地嬉笑哄闹。于是,"孙子大怒,两目忽张,声如骇虎,发上冲冠,项旁绝缨"(《吴越春秋》),大声说:"弗令弗闻,君将之罪也;已令已申,卒长之罪也。"(竹简本《孙子·见吴王》)然后下令"取斧钺",要把两位队长斩首。

看台上的吴王马上坐不住了,派人为他的两位爱姬求情:"寡人已知将军能用兵矣!寡人如无此二姬侍宴,会食不甘味,请不要斩首吧。"

孙武却严正地说:"臣既已受命为将,将在军,君命有所不受。"于是立斩两位美姬队长。这之后,孙武的红粉兵就好带了。鼓声一起,令行禁止,齐刷刷得像一个人似的,大家全神贯注,无人敢出声。孙武向吴王报告说:"兵既整齐,唯王所用,虽赴水火,无人敢退。"

吴王惋惜两位爱姬,还怨怒未消,冷冷地说:"请将军先回客舍休息,我不愿再看下去了。"孙武以无所谓的口气说:"大王对兵法是徒好其言,不能用其实呀。"此后六日,吴王闷闷不乐,伍子胥开导他说:"臣闻兵者凶事,不可空试;故为兵者,诛伐不行,兵道不明。今大王虔心思士,欲兴兵戈以诛暴楚,以霸天下而威诸侯,非孙武之将,而谁能涉淮逾泗,越千里而战者乎?"(《吴越春秋》)

现实的利害使阖闾幡然醒悟,第七天他就亲自出面来挽留孙武。孙武一面谢杀姬之罪,一面说:"令行禁止,赏罚分明,这是兵家的常法,为将治军的通则。用众以威,责吏从严,只有三军遵纪守法,听从号令,才能克敌制胜。"

愁红惨绿恨谁知,吴宫教战谢君王。

这开始的一幕使吴王充分认识了孙武的价值,他拜孙武为将军,委以军国大事。孙武在《孙子兵法》的首篇中就曾说过:"将听吾计,用之必胜,留之;将不听吾计,用之必败,去之。"这说明在他恬淡的外表下,内心仍激荡着一股辅佐明主,建功立业的热流。现在经过观察,他已感到欣欣向荣的吴国正是他可以验证兵学,实现抱负的理想之地。于是在孙武的严格训练下,吴国军队很快"齐勇若一",取得一系列对外征战的胜利。

(3)"柏举之战"破强楚

公元前506年,吴王阖闾亲自出马,拜孙武为将军,伍子胥为副将,并联合盟国唐、蔡,倾全国之兵力大举伐楚。从兵力对比上看,楚国有20万军,是以众迎弱;从战略态势上看,吴国空师远征,千里赴战,而楚国是以逸待劳。所以吴国要取胜,必须谋略为先。

一是出征时,孙武有意采取大迂回路线,不是直接向西攻楚,而是先大军北上,造成救援蔡国的假象。到蔡境后并不停留,昼夜兼程,急速向汉水北岸挺进。

二是楚军确知吴军要伐楚时,才急忙选将御敌。伍子胥故意通过间谍放出风声说:"如果让公子结为将,我们取他人头易如反掌;如果让令尹子常率兵,我们只好退避三舍了。"楚人果然上当,舍弃了有勇有谋的公子结,而拜贪婪无能的令尹子常为楚军主将。

三是吴、楚两军隔汉水相持。子常认为吴军远征,利在速战,而孙武按兵不动,是犯了兵家大忌。于是命部将左司马戌率兵绕道吴军后方,准备前后夹击。事实上孙武有意"失误",引诱楚军分散兵力,以改变主战场的众寡悬殊之势,然后伺机进攻。子常果然中计。

四是令尹子常害怕将来左司马功高,不顾事先会战约定,提前强渡汉水,要与吴军决战。孙武正求之不得,乘楚军立足未稳，先声夺人，击鼓进兵。吴军前有围堵，后有抄袭，陷于"死地"而奋战求生，三战三胜，楚军向南败退。

五是孙武指挥吴军连续追击，不使楚军喘息。楚军刚在柏举（今湖北麻城东）重新集结，尚未开饭，吴军突然袭击。楚军纷纷奔逃，子常也乘乱逃命，失去主帅的楚军军心大乱。吴军在清发水又追上楚军，舍弃逃命的部分楚军，避免其困兽犹斗；只攻击正渡河的楚军，楚军伤毙和溺水者不计其数。侥幸过河的楚军饥不可耐，慌忙埋锅造饭，饭未入口，吴军杀到，楚军忍饥逃命，吴军却饱食一顿。

六是左司马戌一支楚军回师救援，到雍澨（今湖北京山西南）时人困马乏，被孙武的吴军主力打得大败，左司马戌自杀。孙武指挥部下迅速抢渡汉水，长驱直进，攻入楚国郢都（今湖北荆州纪南城），楚昭王仓皇出逃。

这就是历史上著名的吴楚"柏举之战"。事过二三百年，战国兵家尉缭提起来这次战役还十分称赞说："有提三万之众而天下莫当者谁？曰武子也。"（《尉缭子·制谈》）虽然在第二年，楚国求得秦国援兵后大举反攻，又收复了郢都。但这毕竟是煌煌大楚立国以来遭受的最沉重打击，而且这是在吴王阖闾的弟弟夫概擅自返吴自立为王，王室内争，后院失火的情况下，吴军不能不撤回国内。

从吴楚柏举之战之后，孙武就从史籍上消失了。《越绝书》《吴越春秋》和《史记》都没有一字提及孙武参加后来的吴越战争和吴齐战争。因此，最大的可能是，孙武在验证了他的"兵法十三篇"价值之后，又一次归隐山林了。《曲品校录·能品哭吴》说："孙子十三篇兴吴，吴几霸矣。功成身隐，盖不欲为胥江之怒涛耳。"《越绝书》也有："巫门外大冢，吴王客、齐孙武冢也，去县十里。善为兵法。"可见最后孙武是终老于吴，以尽天年。

《史记·伍子胥列传》中说："吴以伍子胥、孙武之谋，西破强楚，北威齐晋，南服越人。"这些成就归因于孙武留下的理论遗产"谋"，而他不一定亲身参加吴国后来的争霸战争。

确实，孙武被尊为兵家祖师的"武圣"，既不是因为他生前的显赫地位，也不是因为他的烈烈武功（这方面超过他的大有人在），而是在于他那遗教百代的《孙子兵法》。正像《四库全书总目提要·棋诀》中所说："孙武能帅师入郢，而不能禁楚人之不复郢，则百战亦不必百胜。然十三篇之说，兵家终奉为圭臬也。"

斯言中肯。

二 博大精深的《孙子兵法》

1. 廓清层层迷雾

（1）古代兵书的命运

说起兵书在历史上的命运际遇，还真是一言难尽。当统治者需要与别人争天下，或是要"靖边戡乱"时，兵书会备受"恩宠"，刻意搜求，不遗余力。当统治者坐稳了皇帝宝座，又害怕别人学他的样子起兵发难时，兵书就会被打入"冷宫"。像秦始皇一烧了之，倒也干脆，但烧了书，别人固然学不成，自己也没法用了。于是很多时候兵书成了禁书，只能在皇宫中聚而藏之，秘不示人。这样一遇战乱和水火之变，就会使这些兵书"编帙散佚，幸而存者，百无二三"（《宋史·艺文志》）。

能过了这一关，也还算好。历代统治者还打着明令天下，四处征求，广开献书之路，组织人力进行整理的旗号，实际是对兵书"寓禁于征"。他们以原书"有违碍语""语多狂悖"为借口，或删改，或抽毁，使不少兵书失去了本来面目。像见于著录的明代兵书有 1 165 部之多，而被收入清朝《四库全书》的仅有 5 部，其余的就被永远打入了十八层地狱，再不能见天日。

即便如此，对兵书的这种手段仍算是明火执仗，最歹毒的恐怕还是对兵书横加诬蔑与诽谤，有意贬低它的价值，把千年流传的"精品"打上"伪劣产品"的印记，然后虚伪地说什么"孙、吴之书，盗术也"(《陈师道·拟御试武举策》)。

关于《孙子兵法》，在 2 500 多年的流传过程中，它也有意无意地被蒙上了层层迷雾。

（2）谁是真正的作者

今天摆在我们案头的《孙子兵法》，尽管版本各异，但也只存在个别词句的差异，都是完整的"十三篇"，主题意旨和字数规模几乎没有区别。

最早完整记述孙武和《孙子兵法》的史书是司马迁的《史记·孙子吴起列传》。开篇阖庐曰："子之十三篇，吾尽观之矣。"篇末太史公曰："世俗所称师旅，皆道《孙子》

十三篇。"可知,西汉时司马迁把"十三篇"作为一个整体,认为这是由春秋末年的吴国将军孙武所著。在同一卷中,司马迁又记载了孙武后世子孙孙膑在齐国的赫赫武功,并且孙膑也有《兵法》传世。这样就有两个"孙子",两本《孙子兵法》,不过时代背景分别是春秋末期和战国中期。

东汉时班固撰写《汉书·艺文志》,在"兵权谋家"中著录了"《吴孙子兵法》八十二篇","《齐孙子》八十九篇"。吴孙子就是孙武,齐孙子则是孙膑,两人分别有兵法行世,但是孙武的著作由"十三篇"增至"八十二篇"。据分析,"十三篇"仍是《孙子兵法》的主体,从战国到秦汉一些兵家后学对此加以解释补充,又演绎附益了六十九篇,而原有的十三篇结构并未打乱。所以此后三国时曹操《孙子序》说:"孙子者,齐人也,名武,为吴王阖闾作兵法一十三篇。"这证明曹操很清楚"十三篇"是孙武所著的原本,就抛开附益的另外六十九篇,只给"十三篇"作注。

但是后来由于《齐孙子》兵法,即《孙膑兵法》的失传,《隋书·经籍志》已不见对它的著录,问题就来了。从唐宋开始,对孙武本人和对《孙子兵法》的怀疑乃至否定就一浪高过一浪。

首先是唐人杜牧在为《孙子兵法》作注时,认为"十三篇"是曹操对《汉志》所提及的两本《孙子》"削其繁剩,笔其精切"(《十一家注孙子校理》),也就是对其进行笔削删定再编著而成,已非孙武原貌。宋代梅尧臣对《孙子》首启"此战国相倾之说也"(《十一家注孙子校理》)。陈振孙在《直斋书录解题》中又说:"孙武事吴阖闾,而事不见于《春秋传》,未知其果何代人也。"他们都对此书的来历和作者表示怀疑。南宋叶适进一步否定历史上孙武的存在,认为《左传》《国语》等均无其名姓事功,"孙武者,皆辩士妄相标指,非事实"(马端临《文献通考》),从而推定《孙子》乃战国时"山林处士"所为(《习学记言》)。同时陈师道、高似孙贬抑此书"非圣人之学"的宏论也充斥朝野。近代姚际恒的《古今伪书考》、梁启超的《中国历史研究法》、栾调甫的《梁任公五行说之商榷》,一直延续到20世纪60年代树人所写《〈孙子〉十三篇的时代和作者》(《文汇报》1962年7月5日),都否定"十三篇"为春秋末年的孙武所著,提出为战国孙膑冒名所著的看法。

长期以来,这个问题在学术界一直众说纷纭,有说作于孙武,有说作于孙膑,有说作于某佚名"山林处士"。争论的焦点是,《孙子兵法》究竟成书于春秋还是战国,作者究竟是孙武还是孙膑,或是其他什么人。

(3)银雀山汉简一朝澄清

1972年,山东博物馆在临沂县城的银雀山进行考古发掘，在其中的1号汉墓出土有竹简4 900多枚，内容包括《孙子兵法》《孙膑兵法》《六韬》《尉缭子》《管子》等先秦著作的残篇。其中汉简《孙子兵法》近300枚，"十三篇"都有文字保存，竹简上的篇名和今天的传本基本相同。同时另有汉简《孙膑兵法》200多枚，其内容是唐宋以后就失传的。

这次的发现引起学术界轰动。汉简《孙子兵法》和《孙膑兵法》的同时出土，证实了孙武和孙膑不是一人，两本《孙子》不是一书，否定了《孙子兵法》的作者是孙膑的说法。所谓千载迷雾，一朝澄清。

但问题并没有完全解决，争论仍在继续。

廓清《孙子兵法》的成书时代，对于我们今天正确把握和理解其思想内容，科学评价其历史地位和影响具有重要意义。有人从书中所反映的战争规模、持续时间、以运动战为主的作战样式，"兵以诈立""兵以利动"的谋略思想，以及春秋无私人著书和《孙子兵法》一书的体裁形式等方面，判断《孙子兵法》带有浓厚的战国中期特点，因此不应是春秋末期孙武亲著，而是"孙子学派"军事思想的记录。

也有人认为，"仁"在《孙子兵法》中占有十分重要的地位，其与孔子的仁学有相通之处，二者应是同一时代的产物。作为《孙子兵法》哲学思想基础之一的"五行说"，也具有春秋时代的特点。再从军事史的角度看，《孙子兵法》

讲究战略与政略融为一体；强调集中兵力，速决进攻，回避攻城；反映的是以车战为主的作战样式，有车兵、步兵而无骑兵的兵种组合，也都说明"十三篇"是春秋末年的孙武所著。

还有一种观点，认为"十三篇"所论述的多是春秋末年的情况，故主导的思想体系应属于孙武。但该书的语言形式又确实有一些战国色彩，这是孙武的后学门徒在校理原著的过程中有一些润色加工，甚至不排除一些解释阐发原"十三篇"旨意的篇章（如"十三篇"之外的六十九篇）字句混入的可能性。因此认为此书由孙武著述，但最终定型是在战国甚至秦汉。

从目前的有关论著来看，大多数学者认为《孙子兵法》的作者是孙武，成书于春秋末年。即使此书的整理定型晚至战国，正如《论语》和《老子》由儒家和道家后学编辑成书，但没有人怀疑它们体现了孔子和老子的思想一样，《孙子兵法》的思想体系是属于春秋末年孙武的。

2. 东方兵学体系的奠基

日本著名孙子学家，自称是孙子"忠实信徒"的服部千春先生这样谈《孙子兵法》：《孙子》十三篇兼有老子的幽玄性与孔子的现实性。其内容全而不偏，从易学到天文学、地理学、心理学，所涉领域甚广，深富哲理。从《计篇》

至《用间篇》，全书犹如常山之蛇，率然有序，结构紧密，体系完备。其篇法、章法、句法、字法都很完整，并采用三段论法和演绎法，而使全篇脉络相通。各篇均以《计篇》为指导，完整的十三篇，在中国古代已形成了无与伦比的科学体系。

（1）率然有序的体系结构

用常山之蛇来形容《孙子兵法》的体系结构，是一种很形象的比喻。"常山之蛇"的典故来自《孙子兵法·九地篇》："善用兵者，譬如率然。率然者，常山之蛇也，击其首则尾至，击其尾则首至，击其中则首尾俱至。"《孙子兵法》十三篇构筑的思想体系结构，大体上可分为两部分：一部分是宏观战略认识体系，或战争准备理论；一部分是微观战术认识体系，或战争实施理论。全书对战争的准备，战略计划的制订，战役的组织，战术手段的应用，以及行军、后勤保障、各种地形条件下的作战方法及特殊应对都作了层次分明的阐述。每篇既是一个独立整体，篇与篇之间又互相照应，构成一个完整的兵学体系。

在孙子的宏观战略体系中，大体包括《计篇》《作战篇》《谋攻篇》和《形篇》这前四篇的内容。它以战争是国家生死存亡的大事为出发点，谈到战争和政治的关系，战争和经济的关系，战争和外交的关系，战争和气候、地形的关系等许多方面，提出了重战、慎战、利战的全胜思想，提出了"因粮于敌"的进攻速胜思想，提出了以谋略胜敌的思想。核心是保存自己，消灭敌人，"计利以听，乃为之势"，努力造成综合实力的绝对优势，最理想的境界是"不战而屈人之兵"。

孙子的微观战术体系，包括《势篇》《虚实篇》《九变篇》《军事篇》《行军篇》《地形篇》《九地篇》《火攻篇》《用间篇》共九篇。这些篇章，具体阐述战争实施方面的原则和方法，如要在军队部署和兵力配备上形成一种压倒敌人的态势；要发挥将帅主观能动性"避实击虚"；要掌握机动原则调动敌人；要灵活多变，克服己方弱点全面看问题；要正确判断敌情并注意整顿内部，以文武之道来统军；要知道各种特殊地形的利害关系并化害为利；要善于使用间谍以了解敌情并设法给敌人造成错觉；要了解火攻的特殊战法；等等。这之中贯穿始终的一条红线就是知彼知己，机动灵活，避实击虚，因敌制胜。

（2）三组基本范畴群

《孙子兵法》之所以千古不磨，具有强烈的时代超越性，就在于孙武使用了"舍事而言理"的归纳推理方法，从大量事实中概括出一般性原理。这种原理往往就体现在一系列兵学范畴之中，它们是构建古代东方兵学大厦的基石。

有的学者总结,《孙子兵法》一书包括战争问题、作战指导和军队建设三个基本范畴群。

关于战争认识的概念范畴,孙武从决定战争胜负的基本要素出发,提出了道、天、地、将、法等范畴。"道"是一个被各种学说普遍使用的概念,古代兵学把它看作战争的精神因素,指政治修明和众志成城。"天"指与战争有关的气象条件,如季节、昼夜、晴雨、冷热、时令等。"地"指与战争有关的各种地形条件,如远近、险易、广狭、死生等。"将"指将帅的素质、才能和修养,包括智、信、仁、勇、严五个方面。"法"指军队的编制、奖惩、训练、后勤供应等方面的制度优劣。

此外,有关战争认识方法的概念范畴还有庙算、计利、尽知、知变、先知、知彼、知己、五事、形、势等。

《孙子兵法》提出的作战指导范畴群,多属于对偶性范畴,已大大超出经验范围,体现了军事思维的直观简练和思辨理性。如虚实、奇正、强弱、攻守、分合、治乱、佚劳、动静、锐钝、远近、利害、众寡、饥饱、迂直、进退、速久、背向、备与无备、形与无形、致人与致于人,以及兵、战、兵法、权、谋、斗、诡道等。

在这些范畴中,虚实是整个作战指导方面的最高范畴,其他范畴则是虚实在不同方面、不同层次的表现和运用。孙子认为用兵的首要问题在于弄清敌我双方的虚实强弱,即知彼知己,然后才能展开战术;而把握虚实是为了在战争的最后一个环节采用避实击虚的手段去夺取胜利。不管战斗形式是徒手格斗还是现代电子兵器的对抗,战斗的基本性质都不可能改变,而孙子第一个概括出来的最一般和最普遍的战术规律"避实击虚"也具有久远的生命力。

孙子还把奇正放在一个很高的地位:"凡战者,以正合,以奇胜。"(《孙子兵法·势篇》)"战势不过奇正,奇正之变,不可胜穷也。奇正相生,如循环之无端,孰能穷之?"(《孙子兵法·势篇》)历代注《孙子兵法》者对奇正的解释有十种以上,其实,奇和正的关系颇类似于特殊和一般,它的灵魂在"变",即根据战场实际情况灵活用兵。今日之奇可为昨日之正,今日之正又为明日之奇,既然不可能有两次完全相同的战争,从这个角度说奇正是不可以被区分和界定的。

关于军队建设方面,《孙子兵法》提出的范畴包括分数、治乱、勇怯、赏罚、亲离、静哗、信疑、安危、易险、智愚、集散、虞与不虞、备与不备、用与不用、练与不练、任人与任势等。在这些矛盾范畴中,孙子特别强调它们的对立不是绝对的,而是可以互相转化的。"治众如治寡,分数是也。"(《孙子兵法·势篇》)大将能够总其纲领,善于明理,对人数众多的大部队也能像指挥小部队一样得心应手。"乱生于治,怯生于勇,弱生于强"(《孙子兵法·势篇》),只要善于把握士卒的心理变化,甚至使部队可以"投之亡地然后存,陷之死地然后生"(《孙子兵法·九地篇》)。

《孙子兵法》这种从矛盾关系入手去把握战争、战略问题的全局,从整体上分析战争胜负的方法,既是其思维方式的特点,也是东方兵学体系的特色所在。自从《孙子兵法》的兵学框架确立之后,就奠定了中国古代兵学的基本模式。后代的兵家可以在具体问题上补充完善这个体系,可以继承发展《孙子兵法》的军事范畴,但他们的著作都是以对《孙子兵法》推演引申的方式出现,而不敢脱离《孙子兵法》的兵学轨迹,另辟蹊径独立发展。如宋代兵书《百战奇法》,汇集了"计战""谋战""间战""选战"等军事范畴100条,其中一半以上都属于《孙子兵法》所确立的概念。这当然一方面反映了《孙子兵法》思想的时代超越性和古代兵家因循守旧的传统,但另一方面也显示了一种人们无法摆脱的文化背景。

(3) 东西方兵学体系的差异

东西方兵学体系存在着巨大的差异。相对于以《孙子兵法》为代表的东方兵学,西方兵学的成熟要晚得多。正如美国当代战略理论家柯林斯所说,19世纪以前的西方,军事著作的编写任务大多留给了历史学家,而且"只隐含着一鳞半爪的战略学知识"。西方兵学体系是由19世纪德国人克劳塞维茨所著《战争论》一书起开始建立的,他的学说在近现代超过了东方兵学体系,成为全世界所接受的军事学理论。

即以东西方兵学体系概念而论,东方兵学的范畴如"道""阴阳""形势""刚柔"等由于曾被各种学说普遍使用,从而具有一种浑然的不确定性,难以被现代军事理论所使用。而西方兵学的范畴如战争、战斗、战略、战术、战区、战局是东方兵学所没有的,由于它的确切明晰,从而成为今天研究和实践军事理论的普遍依据。

这种兵学体系的差异是由东西方文化、思维方式的不同造成的。

中国传统文化注重对宇宙的整体把握,强调"天人合一"。不管是宇宙、自然界还是人生社会,都可以一理浑然,"吾道一以贯之"(《论语·里仁》)。于是传统的概念思维常常带有无所不包和无处不有的特征。如"阴阳",不仅应用于宇宙天地,而且哲学、伦理、政治、医学、文艺、刑法、占卜皆可使用,兵学也把它作为重要范畴,并不需要再对概念进行精确地分类和严密地逻辑推证。正因为传统文化中概念认识的极端类比抽象性,才导致了它的普遍适用。这个特征代表了古老东方的抽象思辨和综合实用的传统风格。

西方文化从古代希腊、罗马时期开始,就十分注重事物的类别划分和结构层次的研究分析。几何学中的证明重于应用和对各个学科的精确细微划分就代表了西方思维方式的传统精神。西方的思维具有结构分析性,其概念的建立往往依赖于对整体结构的认识,并十分重视严密的逻辑推论。如克劳塞维茨说:"战术是在战斗中使用军队的学问,战略是为了战争目的运用战斗的学问。"另一位瑞士战略家若米尼在《战争艺术概论》一书中说:"战略是在地图上进行战争的艺术,是研究整个战争区的艺术;战术是在发生冲突的现地作战和根据当地条件配置兵力的艺术,是在战场各点使用兵力的艺术。"这就比较清楚地表明了两个重要军事概念的层次关系和内部联系,显得严谨和紧凑。

无论是西方还是东方的兵学体系,都含有深刻的思辨精神。不同的是西方兵学的框架和结构本身已体现了严密的逻辑分析特征,而东方的思辨性则体现在一系列矛盾范畴之中。《孙子兵法》在"十三篇"的篇次安排上已经能够区分宏观战略体系和微观战术体系,在内容上也能够划清间接的战略要素和直接的作战方法之间的界限,但以"兵法"这一高度抽象概括的范畴包容了对战争、战斗、战略、战术的总体认识和研究,而没有把有关的概念加以层次化和明确化。

另外,东西方兵学体系还有一些其他差异。如《孙子兵法》尚智善谋,《战争论》注重实力;《孙子兵法》以"不战而屈人之兵"为用兵的理想境界,《战争论》则崇尚不受限制的"绝对战争";《孙子兵法》倾向于战场上的机动灵活,《战争论》强调指挥的计划性和坚定性;《孙子兵法》著述的目的首先在于知战结合,注重实用,《战争论》则热衷于构筑整座军事理论大厦。总之,东、西方兵学各有千秋,均有长短,具有协调互补的很大余地。如今现代西方军事理论家十分注重对《孙子兵法》和东方传统兵学的研究和运用,就充分说明了东方兵学的巨大潜能。

《孙子兵法》正是东方兵学体系的开山之作。

3. 高瞻远瞩的战争总体观

不畏浮云遮望眼,自缘身在最高层。

神话传说,华岳本为一山,挡住河水东行之路,于是河神巨灵手荡脚踏,使其分为太华、少华二山。后人遂借"高掌远跖"来形容规模宏大的开辟之功。

孙子所构建的兵学体系之所以能具有久远不磨的光彩和魅力,首先就在于他对战争有一个高远深邃的整体认识。

(1)"安国保民"的战略目标

《孙子兵法·计篇》开宗明义就指出:"兵者,国之大事,死生之地，存亡之道，不可不察也。"它把战争与国家的存亡、人民的生死联系在一起，这不仅指出了战争在国家事务中的重要地位，明确了战争的基本性质是确保国家的生存和发展，而且把"安国保民"作为军人最高的价值目标。

战争不是游戏，是一种目的性十分鲜明的特殊社会活动。任何战争理论都必须有战略目标作为体系的出发点。孙子处于一个社会动荡、战争频繁的时代，作为一个有高度责任感的理论家，他既不像不切实际的和平主义者那样认为可以取消战争，又目睹了战争给人民和社会带来的种种灾祸，所以把"安国保民"作为自己唯一的战略目标。

孙子把国家的安危、人民的存亡放在高于一切的位置上。立足于此，他又提出一系列根本性的原则，即"利战""重战"和"慎战"。"利战"就是要立足于国家的全局，从政治、经济、军事等各个方面分析敌、我，权衡利弊，以决定战与不战，以及如何战。对战争，孙子强调一切从现实的利害出发，反对任何非理性的因素，如迷信、好恶、情感等对战争决策的干扰。所以他说，国君不能凭一时愤怒而起兵，将帅也不能凭感情冲动去厮杀，"合于利而动，不合于利而止"。这个"利"就是保民利主。因此，孙子把自己的原则概括为"安国全军之道"（《孙子兵法·火攻篇》）。

"重战"就是不惧怕战争，并重视战争。这里有两个层次。一是平时提高警惕，加强战备训练，积聚经济实力，密切注视敌、友各诸侯国的动向和企图,"无恃其不来,恃吾有以待之;无恃其不攻,恃吾有所不可攻也"(《孙子兵法·九变篇》),先使自己立于不败之地。二是一旦需要进行战争,则采取积极有效的手段,掌握战争主动权,力争"自保而全胜"(《孙子兵法·形篇》)。在这时候,手段服从于目的,甚至可以深入敌境,"拔人之城"(《孙子兵法·谋攻篇》),"毁人之国"(《孙子兵法·谋攻篇》)。

"重战"不能成为穷兵黩武的借口,孙子又提出"慎战"原则,即战争关系重大,不能轻举妄动。孙子说:"夫战胜攻取,而不修其功者,凶。"(《孙子兵法·火攻篇》)穷兵黩武不仅会造成财殚力竭的经济危机和生灵涂炭、民怨沸腾的政治危机,而且,在复杂的国际局势下,犬牙交错的各国形成互相牵制的利害格局,螳螂捕蝉,黄雀在后,一着不慎,就难逃失败结局。《列子》有则寓言说:春秋时晋文公攻卫途中,遇见公子锄,公子锄对他讲了一个故事。说有个人送妻子回娘家,路上遇见了一位很漂亮的采桑女,便笑嘻嘻地上前搭讪。可待他猛一回头,却见另一个男人正在向他的妻子招手呢。晋文公马上领悟了公子锄之意,停止攻卫而率兵回国,果然发现有别的国家正趁机进攻他的北部边疆。这正好成为必须"慎战"的注脚,所以古人说:"夫兵犹火也,弗戢,将自焚也。"(《春秋左氏传旧注疏证·隐公四年》)

孙子在明确了"安国保民"的总目标后,提出利战而不头脑发昏,重战而不好战,"好战必亡",慎战而不忘战,"忘战必危",彼此补充,互相制衡,从而构成一个完整的战争认识体系。

(2)多维渗透的战争胜负观

战场胜利绝不是武装集团孤立拼杀的结果,在其背后,是"以暴力所拥有的物质资料为基础的"。恩格斯在《反杜林论》中的这句名言,实际是指军事必须以包括经济力量在内的综合国力作为依托。对此,《孙子兵法》也有非常全面的阐述。

《孙子兵法》首篇为《计篇》,讲的是未战而先"庙算",也就是在庙堂(朝廷)举行兴师命将仪式时,要召开军事会议,对比双方力量,谋划作战计划,预见战争的胜负结局。这种谋计要全面、精细和准确。孙子首先提出来五个基本坐标:"故经之以五事,校之以计,而索其情:一曰道,二曰天,三曰地,四曰将,五曰法。"(《孙子兵法·计篇》)这五个方面同时也是战争所必须依赖的基本条件。

所谓"道",孙子自己的解释是:"道者,令民与上同意也。故可以与之死,可以与之生,而不畏危。"(《孙子兵法·计篇》)这里明显指的是政治因素,指的是国君是否清明,民众是否与之同心同德,众志成城,所进行的战争是否合乎道义。军事行动只有以优越的政治基础为后盾,才能无往不克。孙子在《形篇》中又说:"修道而保法,故能为胜败之政。"道并不像儒家所说是单纯的"仁义恩信",因为缺乏法制和权威,只会造就慵散之民和骄悍之师,在战争中毫无胜算可言,这里的政治因素还应包括法纪严明和威令素著。

孙子把政治看作决定战争胜败的首要条件是很有见地的,因为"自败而后人败之",政治的腐败必然引起国力衰弱,军心不振,接战即溃,政治的失败往往是军事失败的开端。

所谓"天"和"地"指的是自然因素。战争总是在一定的时空范围内进行,尤其在古代交通运输和其他物质条件十分落后的情况下,对战争的影响会更加明显。"天"指"阴阳、寒暑、时制"等天候气象条件,它不仅对一般军事行动有影响,对于孙子非常重视的火攻战术的实施,其作用更直接。孙子说:"地形者,兵之助也。"(《孙子兵法·地形篇》)地形不仅指自然的"远近、险易、广狭",孙子更按战场位置和战略影响进行"九地""六形""六害"等的分类,并指出相应的配军原则和用兵方法。孙子认为,巧妙地利用天时和地利,趋利避害,可佐助军威,提高军队战斗力。

所谓"将",孙子说:"将者,智、信、仁、勇、严也。"

(《孙子兵法·计篇》)将帅既然是"国之辅"(《孙子兵法·谋攻篇》),"生民之司命,国家安危之主"(《孙子兵法·作战篇》),其对战争的重要性不言而喻,所以必须具备较高的素质。在"五德"之中,智是最主要的,因为"没有不用谋的战争",在血与火的战场上,越是危险,智慧的花朵开得越鲜艳,将帅若有勇无谋,则只能是鲁莽匹夫。克劳塞维茨也说过:"如果我们进一步研究战争对军人的种种要求,那么就会发现智力是主要的。""高超的智慧兼普通的勇气,比出众的勇气兼普通的智慧有更大的作用。"所以兵贵精,将贵谋。

为将之道中,勇是实现谋的保证,无勇之谋则只能流于虚幻。拿破仑曾经把将帅的勇和谋比作一个正方形,不管如何放置,它的底和高都是相等的,在将领一身,勇和谋不可偏废,二者相映才能生辉。

将帅所应具备的另三种品质"信、仁、严",主要是就统军御众来说的。信主要是赏罚有信;仁主要是爱抚士卒,也包括不滥杀敌方俘虏和民众;严主要是执法严明,令行禁止。这样才能使士兵"不求而得,不约而亲,不令而信,禁祥去疑,至死无所之"(《孙子兵法·九地篇》);"施无法之赏,悬无政之令,犯三军之众,若使一人"(《孙子兵法·九地篇》)。

所谓"法",孙子说:"法者,曲制、官道、主用也。"(《孙子兵法·计篇》)这里不仅指军法军规,而且包括兵役征发、军队动员、士卒训练、组织编制、通信联络、后勤保障等与军队有关的各个方面。一个完善而又切实可行的军事体制,是构成军队战斗力的重要因素。

以上政治、天时、地利、将帅素质、军事体制等五个方面,被孙子称为考察和研究战争的"五事"。在未战之前,只有对此进行准确的对比分析,才能提出正确的战略决断。孙子认为"凡此五者,将莫不闻,知之者胜,不知者不胜"(《孙子兵法·计篇》)。接下去孙子又把这"五事"具体演绎为"七计",也就是比较敌我双方:哪方的君主政治清明?哪方的将帅更有才能?哪方更能得天时地利之便?哪方的法令更能被一丝不苟贯彻执行?哪方的军队在数量和质量上更占优势?哪方的士兵更训练有素?哪方的赏罚更公正严明?由此就可以判断出将来战场上谁胜谁负了。

其实,从《孙子兵法》"十三篇"的具体论述来看,构成战争胜负的要素还不止以上五个方面,主要的还有经济因素和外交因素等方面。

战争的胜负与整个国家经济状况的好坏有十分密切的关系。孙子说:"凡用兵之法,驰车千驷,革车千乘,带甲十万,千里馈粮,则内外之费,宾客之用,胶漆之材,车甲之奉,日费千金,然后十万之师举矣。"(《孙子兵法·作战篇》)"军无辎重则亡,无粮食则亡,无委积则亡。"

(《孙子兵法·军争篇》)这说明,战争必须以国家的经济实力为依托。由于作战中会产生巨大的经济消耗,所以孙子提出"慎战""兵贵胜,不贵久"和"智将务食于敌"(《孙子兵法·作战篇》)的作战原则。可以说,孙子的作战原则,都是从他的战场经济学出发的。

孙子还提出一种潜在经济力的"称胜"概念:"地生度,度生量,量生数,数生称,称生胜。"(《孙子兵法·形篇》)国家版图面积的大小决定物质资源的量,量的多少决定军队规制大小的数,数的大小决定军事实力强弱的称,最终由综合国力的"称"决定战争胜负。"称胜"就是对比双方强弱形势,可确知其最后的优劣胜负。对于国家的安危存亡,战争和经济是一对矛盾。经济投入太少,"军需不备,取败之道也"(《投笔肤谈·本谋》);若军力超过经济极限,在战争中"取民无度",搞得国力耗尽,也会给统治者带来灭顶之灾。所以平时要养兵适度,把重点放到积蓄实力上,以争取长远的战略优势地位,这才是正确方针。

春秋时期的战争,不仅与政治、经济有密切关系,而且还影响到诸侯林立的各国之间的复杂关系;所以孙子把外交看作影响战争结局的重要因素,十分重视外交斗争。这里也有两个层次,一是在全力增强自己实力的基础上,广交周边国家,亲仁善邻,特别是在多国交界的"衢地"交战,应结交友邻,巩固同盟关系。这样等于削弱敌人,间接增强自己的力量，甚至还有可能通过"伐交"，不战而使敌人屈服，这是用兵的上策。另一方面，由于国与国之间利害关系的复杂，对外交可用而不可恃。"不知诸侯之谋者，不能豫交"（《孙子兵法·军争篇》），不了解诸侯国的真实意图，就不能盲目与之结交。特别是一旦战局逆转，要防止潜在的敌人"乘弊而起""乘虚而入"。所以"不争天下之交"（《孙子兵法·九地篇》），不一定争着同别国勉强结交，要"信己之私，威加于敌"（《孙子兵法·九地篇》），把战争胜利放在自己力量的基础之上。

总之，战争的胜负取决于孙子以上所谈的政治、经济、军事、自然、外交诸因素，而且正如当代战略理论家柯林斯所说："战斗力是诸因素的总和。"在孙子的兵学体系中，这种诸因素的合力被称为"形"，形是潜在的静态之力，好像"积水于千仞之溪"（《孙子兵法·形篇》），表面波纹不起，而充盈于内。一旦这种"形"被动员起来，又好像"转圆石于千仞之山"（《孙子兵法·势篇》），变成了"势"，也就是实力形成的强大态势和气魄。

孙子多维渗透的战争胜负观具有超越时代的基本规定性，两千年后克劳塞维茨提出的战略五大要素是：精神要素、物质要素、数学要素、地理要素、统计要素。《孙子兵法》一书的"五事七计"不仅涵盖了这些内容，而且还多出了"气候条件"对战争的重要影响。现代战略要素虽然随着作战条件的发展而增加了"科学技术""民族特性"等新的内容，但只要战争的这种依赖精神和物质力量进行武装搏斗的性质没有变化，孙子所提出的战斗力基本要素就仍然在起作用。

（3）"不战而屈人之兵"的战争效益观

克劳塞维茨有句名言："战争无非是政治通过另一种手段的继续。"战争和政治，一个用暴力手段，一个用非暴力手段，目标都是"迫使敌人服从我们的意志"，这在国家战略上是一致的。所以要取得战争胜利，也许非暴力手段效益更高，预后更好，孙子第一个把它概括为"不战而屈人之兵"，并成为其战略体系的一个有机组成部分。

孙子具有一种古朴的人道主义思想，他目睹了春秋各国之间战争的残酷和野蛮，"争地以战，杀人盈野；争城以战，杀人盈城"（《十三经注疏·孟子注疏》），造成无数国破家亡生灵涂炭的人间悲剧。于是他在《谋攻篇》起首就说："凡用兵之法，全国为上，破国次之；全军为上，破军次之；全旅为上，破旅次之；全卒为上，破卒次之；全伍为上，破伍次之。是故百战百胜，非善之善者也；不战而屈人之兵，善之善者也。故上兵伐谋，其次伐交，其次伐兵，其下攻城……故善用兵者，屈人之兵而非战也，拔人之城而非攻也，毁人之国而非久也，必以全争于天下，故兵不顿而利可全，此谋攻之法也。"

孙子这种"自保而全胜"的战争指导思想，把"不战而屈人之兵"列为善战的最高境界。也就是不通过流血的直接交战，迫使敌方屈服，从而避免屠戮和毁灭，既使我方的兵力财力无损，又使敌方的兵力财力能为我所用，这样来消弭"用兵之害"。

战争的目的无非是使敌人屈服，只要能达到这个目的，代价当然越小越好。这里又有五个层次：敌人举国屈服为其一；不能在全局上非战取胜，则争取破国时使敌一军不战而屈服为其二；以下降格求其次，全旅而屈为其三；全卒而屈为其四；全伍屈服为其五。由全局到局部，由战略到战术，都尽力争取"不战而屈人之兵"。

这种"全胜"思想的本义，是不通过流血的交战而使对方屈服。并非一味畏缩，委曲求全，而是以强大军事实力为后盾，积极展开非暴力的"伐谋""伐交"活动战胜敌人。没有以军事实力为基础的"智战"，敌人不可能屈服。

所谓"上兵伐谋，其次伐交"，就是综合运用政治、经济、外交和武力威慑手段，以迫使对方失去作战的条件和意志。比如政治上利用间谍离间敌国君臣上下关系，使其产生矛盾，即"亲而离之"（《孙子兵法·计篇》）；利用敌人有失"公理"的把柄，揭露其阴谋，暴露其恶行，以周天子的名义谴责它，瓦解其政治基础，使其"贵贱不相救，上下不相收，卒离而不集，兵合而不齐"（《孙子兵法·九地篇》）。经济上用各种劳烦之役消耗其人力物力，用小利引诱其疲于奔命，甚至在其国灾荒时禁止境外的粮食输入，平时对必需的铜、铁、革、羽等军需物资也封锁禁运，以破坏其经济基础，迫使它放弃战争政策。外交上争取与他国形成强大的国际联盟，使敌人"交不得合"（《孙子兵法·九地篇》），陷入孤立无援境地，不敢再轻举妄动。军事上大兵压境，显示强大兵威，使敌人摧肝裂胆，丧失作战意志。

孙子提出的"不战而屈人之兵"，并非虚无缥缈的空中楼阁，而是有其强烈的现实功用性。第一，它可以减少战争对人类生产力的破坏，有利于社会的发展。第二，它可以缩短战争进程，避免军队"钝兵挫锐，屈力殚货"（《孙子兵法·作战篇》），节省战争耗费，符合孙子"兵贵胜，不贵久"（《孙子兵法·作战篇》）的战场经济学原则。第三，它可以对敌方采取宽大政策，避免因"杀人父兄，断人肢体"引起仇恨情绪，有利于缓和敌对和反抗，胜利成果易于巩固，比战争的预后效果更好。

历史上，在孙子之前和以后，用"不战而屈人之兵"的先例不胜枚举。如齐桓公"九合诸侯，一匡天下，不以兵车"（《韩诗外传》），堪称这种实践的典范。他在位43年，参与战争20余次，除个别几次外，基本是凭借"尊王攘夷"的政治口号和强大军事联盟的武力，以威慑对手达到预期的战略目的。后来司马穰苴以军威退晋、燕之师,晏婴不越樽俎之间而折冲千里之外,墨翟巧以沙盘制止楚王攻打宋国,张仪巧舌如簧拆散齐、楚联盟。这些都是孙子所极力倡导的"故善战者之胜也,无智名,无勇功"(《孙子兵法·形篇》)的典型。他们不以"万骨枯"而成就自己的英名,也不以"手刃千仇"而铸成自己的勇武,却以自己巧妙的智慧悄悄达到了"保民利主"的目的。

但是,由于现实社会中具体情况的复杂,由于中国古代"大一统"格局之下胜利者毫不宽容地对政敌的杀戮和凌辱,由于传统史官文化对"宁死不屈、名垂青史"的无限颂扬和对"屈敌折节、悯卒图生"的过分贬辱,以致在中国历史上屡有屈服之后的"屠城",甚至有长平之战赵卒40万放下武器后仍被尽数坑杀的惨剧;李陵以弱战强,苦斗之后被迫降敌,仍不免被满门抄斩。这种在西方比较重视个人自然价值的文化背景下较少出现的情况,在中国却增加了"不战而屈人之兵"的操作困难性。正因为如此,孙子的这种富于人道和现代文明精神的思想在他身后就继承乏人,"伐谋""伐交"被从军事领域中剥离出去,后代兵家和兵书只祭起血腥的"伐兵""攻城"等"战胜"之旗,为破敌杀将、掠城扩土者出谋献策。

孙子作为一个对军事斗争有深刻理解的战略理论家,当然了解"全胜"理论的局限性。他在不能达到"不战而屈人之兵"的"善之善者"的时候,也会退而求其次,使用"伐兵",甚至在迫不得已的情况下也可采用"攻城"的下下策。这里仍然贯穿着一条战争效益观的红线,就是"以最小的代价去实现最大的目标"。

"伐兵"就是在战场上打败敌人。在孙子之前的社会,曾长期受《周礼》制约,战场上也奉行着"动之以仁义,行之以礼让"(《汉书·艺文志》)的军事传统。所谓"结日定地,各居一面,鸣鼓而战,不相诈"(《公羊传·桓公十年·解诂》);所谓"不重伤,不擒二毛,不鼓不成列"(《陈亮集·高帝朝》);所谓"逐奔不过百步"(《司马法》),"战不加丧"(《经世实用编》)等。

但随着社会的剧烈变革,战争发展到一个新阶段,兵不厌诈成为战争的一个根本特点,战争实践也冷酷无情地教训了"仁义之兵"的迂腐。正是在这种背景下,《孙子兵法》适时地高举"诡道"大旗以取代原来的"正道",把"仁义之兵"一变而为"权诈之兵"。

孙子说:"兵者,诡道也。"(《孙子兵法·计篇》)"兵以诈立。"(《孙子兵法·军争篇》)在"十三篇"之首的《计篇》中,孙子就一口气道出"诡道十二法",即:"能而示之不能,用而示之不用,近而示之远,远而示之近,利而诱之,乱而取之,实而备之,强而避之,怒而挠之,卑而骄之,佚而劳之,亲而离之。"总之是"攻其无备,出其不意。此兵家之胜，不可先传也"。

这里，孙子发现和阐述了军事斗争的基本规律和特点。用兵必须诡诈，将无权（谋略）难以功成，兵无机（智能）难以称雄，对敌人不能讲忠厚老实，计谋越刁越好。因为只有这样，才能赢得战争的胜利，才符合国家的安全利益。从另一方面说，由于旷日持久的战争会造成国家人力财力的巨大消耗，所以孙子主张"速胜"，而军事上的谋略诡道正是缩短战争过程的不二法宝。孙子之所以反对强攻敌城，就是因为攻城需要用三个月来事先制造修整攻城器械，还要用三个月来构筑攻城用的土山，这样会延长战争时日，会耗费大量金钱。一旦将帅开始驱迫士卒像蚂蚁一样强力攻城，结果士卒死伤三分之一，而城池却依然未攻克。这当然违背孙子"低代价高目标"的战争效益观。

自古知兵非好战。

当今的时代，出现了由对抗转向对话，由冷战转向缓和的世界多极战略格局，出现了被西方人士称为"终极武器"的核武器。人们为了避免这把"达摩克利斯之剑"将人类毁灭，纷纷向东方兵学的《孙子兵法》寻求智慧之方，"不战而屈人之兵"遂成为各国战略家的热门话题。英国著名战略理论家利德尔·哈特认为孙子的思想对研究核时代的战争很有帮助，他在《孙子兵法》英译本序言中说："在导致人类自相残杀、灭绝人性的核武器研制成功后，就更需要重新而且更加完整地翻译《孙子兵法》这本书了。"日本战略思想家小山内宏在分析孙子战略的现代性和实际效果时，充分肯定了孙子关于"战争是应该极力避免的；在无法避免战争时，就要以速决战结束战争"的思想。美国人福斯特和日本人三好修竟把他们的核战略理论直称为"孙子的核战略"。

这就充分证明了孙子"不战而屈人之兵"的战争效益观在现代的不朽价值。

4. 出神入化的作战指挥原则

在《汉书·艺文志》中，班固把《孙子兵法》列为"兵权谋"的第一家。按班固的说法："权谋者，以正守国，以奇用兵，先计而后战，兼形势，包阴阳，用技巧者也。"也就是在战场上突破常规的"惯性思维"，临机应变，靠谋略取胜。

为将之道，谋是最重要的。仅靠体力，2个马穆鲁克兵绝对能制服3个法国兵；靠智谋，1 000个法国兵则总能战败1 500个马穆鲁克兵。同样上等、中等、下等三匹马，按田忌的赛法必败，孙膑靠巧妙编排就可获胜。不能灵巧地玩弄"军事魔方"，就很难解好"战争方程"。

再天才的军事家，也不可能预知未来战争的细节；庙算之计，也不是包打胜仗的"天书"。孙子说，制胜之法，不可先传,妙就妙在随机应变。说不定就在戎机大将跨马的一刹那,眉头一皱,计上心来,突然创造出连小说家也构思不出来的战场奇迹。

血与火的战场是盛开智慧之花的最好园地,《孙子兵法》就是这样一簇常艳不凋的奇葩。

(1)知彼知己 百战不殆

孙子在《谋攻篇》提出:"知彼知己者,百战不殆;不知彼而知己,一胜一负;不知彼不知己,每战必败。"这句话历来被认为是孙子思想的核心和精华,是战争制胜的前提,是军事谋略的基础。它反映了古今战争的基本规律,不仅是重要的作战原则,也是经得起历史考验的不朽真理。

战争涉及方方面面的复杂情况,而且这种情况经常处于流变无常之中,再加上敌人的伪装佯动,还需要剔除假象,由表及里,捕捉事物的深层本质。一般说来,知己就很不容易,而知彼则更难。所以孙子特别强调料敌、知敌,"此兵之要,三军之所恃而动也";"不知敌之情者,不仁之至也,非人之将也,非主之佐也,非胜之主也"(《孙子兵法·用间篇》)。把问题提到这样一个相当的高度来认识,因为它是战场上正确指挥的唯一基础和来源。

孙子的"知彼知己"是一个多层次多内涵的认识结构,

而且贯穿于战争指导的全过程。一是在战前,就要十分重视"庙算"的作用,通过"五事"和"七计"来分析双方的政治、经济、军事、外交、天时和地利等方面的状况,从而判断出双方的"多算""少算"和胜负结局。在《谋攻篇》中,孙子又提出"知胜有五:知可以战与不可以战者胜,识众寡之用者胜,上下同欲者胜,以虞待不虞者胜,将能而君不御者胜"。这也是从宏观上来认识和把握战争胜负的。

二是从开始进军,需要注意周围的各种情况,及时做出对自己有利的作战布局和军队配置。如"先知迂直之计者胜"(《孙子兵法·军争篇》),"地形者,兵之助也"(《孙子兵法·地形篇》),"故不知诸侯之谋者,不能豫交;不知山林、险阻、沮泽之形者,不能行军"(《孙子兵法·军争篇》)。不但要"知战之地",还要"知战之日"。孙子说:"故明君贤将,所以动而胜人,成功出于众者,先知也。"(《孙子兵法·用间篇》)战争是一种竞争激烈的活动,只有掌握先人之机,才能取得主动,先发制人。

三是接敌之后,临阵料敌是决定战术的前提条件,更要注意观察,根据各种征候对敌情做出正确的判断。孙子在《行军篇》中,把敌情判断叫作相敌,他一连举出"相敌三十二法",如"敌近而静者,恃其险也;远而挑战者,欲人之进也","众树动者,来也","鸟起者,伏也","辞卑而益备者,进也;辞强而进驱者,退也","无约而请和者,谋也","半进半退者,诱也","汲而先饮者,渴也","夜呼者,恐也",等等。孙子的敌情判断还提出了指导作战的一个重要问题,即不要被敌人的假象所迷惑,要经过分析发现其真实意图。

此外,孙子还提出这样几对军事认识中的矛盾范畴,以帮助人们减少失误。一是知常和知变。军事斗争有其惯常的规律和法则,人们不能不认识,但诸葛亮弄险"空城计",韩信背水为阵,虽犯了兵家大忌,却因善变而成功。所以孙子说:"能因敌变化而取胜者,谓之神。"(《孙子兵法·虚实篇》)二是尽知和先知。尽知是指全面系统地认识有关战争的情况,先知是指先于敌人获得各种情报信息。能够既尽知又先知当然很好,但实际情况要复杂得多,在不能事事尽知和先知的情况下,有时就需要将帅的正确分析、推理和决断。所以"用兵之害,犹豫最大;三军之灾,生于狐疑"(《吴子·治兵》)。三是知彼和知己。这里矛盾的主要方是知彼,特别是在对敌我双方对抗条件的比较上要有一个正确的认识。比如20世纪初的日俄战争,俄方暗于知彼,其驻日武官万诺夫斯基把日军比作"婴儿军",说:"日本陆军的道德水准要达到欧洲最弱军队的水平,大概需要一百年的时间。"其远东总司令库罗帕特金又暗于知己,他认为远东军可以在十三天之内把40万军队集中于日本国境,此兵力乃是击败日军所需之三倍有余,取胜将易如反掌。可后来事实证明,日军的士气远远高于沙俄,沙俄军队不仅没有集中到日本国境,日本还抢先通过朝鲜,在中国东北迎击俄军。把40万俄军的作用自我夸大,导致库罗帕特金拙劣的指挥,沙俄最终失败。这正像孙子所说:"夫惟无虑而易敌者,必擒于人。"(《孙子兵法·行军篇》)

为了做到"知彼",探知敌情,孙子主张多手段并用。如调动敌军,以了解敌人的活动规律;侦察一下情况,以了解哪里有利哪里不利;进行一下小战,以了解敌人兵力的虚实强弱。但是他最重视的,是广开情报来源,使用各种间谍来获取第一手的敌情资料。

孙子把间谍分为"因间"(利用敌方人员做间谍)、"内间"(诱使敌方的人做自己的间谍)、"反间"(利用敌人的间谍使敌人获得虚假的情报)、"死间"(潜入敌人内部散播假情报)、"生间"(派出侦察后亲自回来送情报)五种。对这五种间谍,孙子主张"五间俱起",同时并用。

孙子创立了世界上最古老的谍报学。敌人的一般情况,我们可以通过公开的事实加以了解,至于隐藏于背后的敌人军力的配备和分布,战争计谋的具体计划和步骤,军事决策的内幕以及各种机密的隐情信息,则必须依赖于间谍来获得。使用间谍,还不只是索取情报,还可以通过"内间"离间敌人君、将之间的关系。如战国时秦国为了顺利统一,用间使赵王不用廉颇,杀掉李牧,使齐国信任佞臣后胜,不战而溃,用间成为"不战而屈人之兵"的秘密所在。用自己的"死间"散播假情报,干扰敌人的判断和决策,也成为诡诈权变取胜的重要一环。

正因为间谍在战争中的作用如此之大,孙子认为必须以"上智为间",间谍必须由智慧超群的人来担任。同样,"三军之事,莫亲于间,赏莫厚于间,事莫密于间"(《孙子兵法·用间篇》)。担任间谍的都是最亲信的人,赏赐必须格外优厚,而且对间谍的身份要保密,甚至有时还要由君主亲自掌握。所以孙子把用间放在了一个很高的位置上,称为"五间俱起,莫知其道,是谓神纪,人君之宝也"(《孙子兵法·用间篇》)。这种神秘莫测之道,正是一个国家胜敌的法宝。

孙子的用间理论不但在古代产生了深刻而广泛的影响,在当今世界仍然享有崇高的地位。日本谍报界历来把这方面作为研究《孙子兵法》的重点。美国情报学专家桑契·德·格拉蒙特在他所写的《秘密战》中说:"美国和苏联的间谍工作首脑们可能都愿意把中国军事理论家孙子当作他们精神上的祖先。"

(2)致人而不致于人

孙子在《虚实篇》中提出一个著名的命题:"善战者,

致人而不致于人。"所谓"致人",就是调度敌人,使敌人听从我的指挥;"致于人",则是被敌人调度,我被动地应付敌人,受他人摆布。一句话,掌握了战场的主动权,就有了军队的行动自由权,这是取得战场胜利的重要条件。

要取得战争的主动权,关键是一个"先"。这也需要把先知先胜、先至先利、先下手为强、先发制人贯穿于战争的全过程。从战争准备到战略指导和作战指挥,都有一个"致人而不致于人"的问题。

知彼知己,这是掌握战争主动权的根本前提和首要条件。这里的知,不仅包括战前庙算从宏观上把握的"五事""七计",也包括全部作战过程中的具体情况及其变化,如敌军的兵力配置、作战计划、军心士气、后勤供应、活动规律以及指挥部中"守将、左右、谒者、门者、舍人之姓名"(《孙子兵法·用间篇》)等细微之情,都必须"先知"。在先知的基础上,才能制订正确的行动计划,"十则围之,五则攻之,倍则分之,敌则能战之,少则能逃之,不若则能避之"(《孙子兵法·谋攻篇》),等等,只有先知才能有主动。

在"知彼"的另一面,还要防止敌人了解我方的真实状况和行动规律,使敌对我"深间不能窥,智者不能谋"(《孙子兵法·虚实篇》),达到"形人而我无形"(《孙子兵法·虚实篇》)的目的。必要的时候,还可采用欺骗敌人的"示形"

的办法，如示形于东而击其西，能而示形于不能等，造成敌人的不知和失误。

这是做到"致人而不致于人"的第一个层次：先知。

《孙子兵法》中还贯彻这样一个思想，战争主动权的争夺，虽然是以实力的强弱、装备的优劣、环境的利弊等客观条件为基础，但只要发挥主观能动性，正确的主观指导也可以使劣势的、弱小的一方争得主动。所以在充分客观的"先知"之后，接下去就要进行充分的战争准备，"先为不可胜，以待敌之可胜"（《孙子兵法·形篇》）。

所谓善战者"先胜而后求战"（《孙子兵法·形篇》），也就是首先消除己方的疏漏和薄弱之处，以防被敌人利用而使自己陷入被动。在战前就使自己立于不败之地，然后才能利用敌人的弱点去争取胜利。用近代人的话说，这就叫作"不打无准备之仗，不打无把握之仗"。如西晋灭吴统一全国之战，考虑到南方的东吴有长江天险和军队善于水战的长处，而晋方的北国士兵不但不善水战，而且船只也又少又小。于是晋方从建计到用兵延续了六年之久，专门派龙骧将军王濬在巴蜀地区督造大船，"舟楫之盛，自古未有"（《晋书·王濬传》）。而且在造船的同时训练了大批水军，这期间朝野上下还反复讨论作战计划。这样一来，晋方有了充分准备，把自己原来的弱点转化为优势，结果"王濬楼船下益州，金陵王气黯然收。千寻铁锁沉江底，一片降幡出石头"(刘禹锡《西塞山怀古》)。由于晋军取得主动权,仗打得势如破竹。相反,在前秦苻坚匆忙发动的"淝水之战"中,尽管以众击寡,但因敌情不明,准备不足,兵士没有会齐就仓促会战,结果败得一塌糊涂。

这是做到"致人而不致于人"的第二个层次:先胜。

战争是激烈竞争的场所,处处争先是制胜的必要条件。《军争篇》开头就说:"凡用兵之法,将受命于君,合军聚众,交和而舍,莫难于军争。"

所谓"军争",就是在两军相对之后,如何争夺有利的态势和战机,以掌握战争的主动权,获取胜利。

在古代的作战条件下,有利的作战地形是双方争夺的主要目标。既然地形有"高下、远近、险易、广狭、死生"之分,每方都想抢先占领易守难攻的隘形之地,而把不利的险恶之地留给对方。孙子就说:"隘形者,我先居之,必盈之以待敌。"(《孙子兵法·地形篇》)即使同样的地形条件,"凡先处战地而待敌者佚,后处战地而趋战者劳"(《孙子兵法·虚实篇》)。这里就会产生军争,特别是对于双方必争之地,谁"早占一筹,能先手也"(《兵经百篇》)。

对于军争,孙子既看到其有利的一面,也看到它十分危险的地方。如果全军装备辎重全带着,就不可能按时抵达预定地;如果轻装前进,装备辎重又会损失掉。而没有这些东西军队生存都谈不上,更何况作战!再加上敌军会在我方路途采取反措施，我军虽然卷甲急进，倍道兼程，日夜不停，仍有可能造成军将被俘，少数强壮士兵赶到，而多数疲软之卒却散乱掉队的结果。

对此，孙子主张采取谋略，"以迂为直，以患为利。故迂其途，而诱之以利，后人发，先人至"。(《孙子兵法·军争篇》)意思就是为节省时间，本来应该走直路的，但现在偏要迂回绕道，并以小利引诱敌人，这样由于阻力小，虽然比敌人后出发却抢先到达必争之地。

英国军事理论家利德尔·哈特在《战略论》一书中说，军事上最漫长的迂回道路，由于敌人最不注意，因而抵抗力最弱，再加上你的佯动迷惑措施，常常成为达到目的的最短路径。这正好成为孙子"以迂为直"(《孙子兵法·军争篇》)观点的注脚。

三国时曹魏灭蜀，钟会从正面久攻不下，难以推进；而邓艾向西，偷渡阴平（今甘肃文县西北），凿山开路，架桥造阁。当他突然出现在据守剑阁的姜维背后，刘禅不得不降。险关一失，蜀国大军遂无用武之地。

这是做到"致人而不致于人"的第三个层次：先至。

战争一旦展开，情况千变万化，没有一成不变和一蹴而就的主动权。双方都在不断改变自己的作战手段、条件和策略，"致人"和"致于人"的对象在不断变换。孙子说："不可胜在己，可胜在敌。故善战者，能为不可胜，不能使敌之可胜。故曰：胜可知，而不可为。"(《孙子兵法·形篇》)也就是说，胜败的主动权都掌握在敌对双方自己手里。自己只要不犯错误，就可以使自己不被战胜，却不能保证一定能战胜敌人。关键是如何调动敌人，迷惑敌人，让敌人犯错误，丧失主动权，如此一来胜利才必将属于我们。

孙子是主张"先发制人"的。他说："善动敌者，形之，敌必从之；予之，敌必取之。"(《孙子兵法·势篇》)只要表面上让敌人觉得有利可图，只要以假象掩盖好我方的真实意图，就能把敌人调动起来，使他们乖乖听从我们的指挥，落入圈套之中。

要伪装和掩盖自己，同时要想法削弱敌之优势：能打的装作不能打，要打的装作不要打，要向近处来偏装出朝远走的模样，要远走高飞偏在近处留下疑兵，敌人贪利就引诱它，敌人混乱就攻取它，敌兵势强实就防备它，敌兵强卒锐就避开它，敌盛怒之下就扰乱挫伤它，敌小心谨慎就设法使它骄傲自大，对休整之师要调动它使之疲惫不堪，对内部和睦的对手要离间他们相互间的关系。这就是孙子提出的"诡道十二法"。

一旦调动了敌人，就能使安逸从容的敌人疲于奔命，使粮食充足的敌人忍饥挨饿，使稳居利地的敌人让出地盘。不想让敌人去的地方，敌人就不敢去；让敌人自动投向什么地方，敌人也不能不去。这里调动敌人的主要办法就是

"利之""害之"和"攻其所必救"。

对垒双方无不为利而战,为利而夺,但高明之将故意露出破绽,诱使鲁莽之将贪利心切,上当受骗。孙膑减灶擒庞涓,就是示敌以战机之利,诱其钻进设好的圈套。

同样,战场上双方都要避害而行,生怕一招不慎而满盘皆输,那些谨慎多疑的将帅尤其是这样,于是这正好被我利用。如历史上曾有"增灶"智退敌兵,也有诸葛亮的"空城计"智退司马懿,这还属于保全自己。而《三国演义》描写的"诸葛亮智算华容",说曹操兵败赤壁,面临两条出路:一条是隘险难行的华容小道,数处起烟;一条是平坦大路,并无动静。曹操分析说:"诸葛亮多谋,故使人于山僻烧烟,使我军不敢从这条山路走,他却伏兵在大路等着。吾料已定,偏不教中他计!"于是命令部下走华容道,结果恰恰遇上关羽伏击。这是用一种更复杂的"示害"办法,使敌人听从我的安排。

孙子说:"我欲战,敌虽高垒深沟,不得不与我战者,攻其所必救也。"(《孙子兵法·虚实篇》)这实际是变攻坚战为运动战,把难啃的骨头变成易吞的肥肉,把选择战场的主动权握在我的手里。这方面最精彩的例子是战国时的桂陵之战,孙膑活用"攻其必救",调动魏军,创造了"围魏救赵"的典型战例。

孙子还有一句名言:"投之亡地然后存,陷之死地然后生。"(《孙子兵法·九地篇》)这是在我军陷于不利和被动的境况下,激励将士,拼死一战,化险为夷,转危为安,变战场的被动为主动。秦朝末年项羽率主力渡漳水后,"破釜沉舟",每个士兵仅带三日口粮,与秦军决战。结果楚军"呼声动天","无不一以当十"(《史记·项羽本纪》),终于九战九捷,扭转了整个战争的形势,奠定了反秦斗争的胜利基础。

这是做到"致人而不致于人"的第四个也是最重要的一个层次:先发制人。

总之,掌握战争的主动权,包括先知、先胜、先至和先发制人,是一个带有战争全局性的关键问题。不仅是调动敌人,还包括致敌劳,致敌乱,致敌虚,致敌害,致敌误,致敌无备等,这样才能"敌虽众,可使无斗",才能做到"胜可为"(《孙子兵法·虚实篇》)。后人在《李卫公问对》中说,《孙子兵法》"千章万句,不出乎'致人而不致于人'而已",这正道出了对孙子战争主动权思想的深刻认识。

(3)攻守兼用 避实击虚

攻与守是作战的两种基本形式。攻是为了消灭敌人,守是为了保存自己,都是体现战争目的的作战手段。同时在敌我双方中,攻与守是交替变化,并不是绝对的。克劳塞维茨说:"防御的特征是什么?等待进攻。……单纯粹的防守和战争的概念是完全矛盾的……"所以进攻是防守的转机,防守是准备进攻的手段,二者相辅相成。

孙子对两种手段都不放弃,主张弱守强攻。他说:"凡用兵之法,十则围之,五则攻之,倍则分之,敌则能战之,少则能逃之,不若则能避之。"(《孙子兵法·谋攻篇》)有十倍于敌的兵力就将它团团围困,有五倍于敌的兵力就发起进攻,有两倍于敌的兵力则努力分散它,有相等于敌的兵力就必须想法战胜敌人,兵力少了只有避开,太弱了就得逃避敌人。也就是"不可胜者,守也;可胜者,攻也。守则不足,攻则有余"。(《孙子兵法·形篇》)在优势情况下必须进攻,劣势情况下只能防御。

历史上由弱守转为强攻的战例是很多的。如战国末年赵将李牧戍守北边,因兵力不如胡骑,所以他明示弱,暗蓄锐,十年守而不攻,专心畜养战马,训练骑兵。虽然他因此屡被国君诘责,还一度被免职,但初衷不改,直到最后条件成熟,"北逐单于,破东胡,灭澹林,西抑强秦,南支韩、魏"(《藏书·武臣传》)。西汉吴楚"七国之乱",大将周亚夫坚壁昌邑,敌人"数挑战,终不出"(《汉书·张陈王周传》),同时派小股兵力切断敌人的粮草供应。等到敌人粮草不继,兵疲势弱而回师撤军时,周亚夫大举攻杀,一举平定叛乱。这都是以"弱守"为"强攻"创造条件。

因为只有进攻才能达到战争胜利的目的,只有进攻才能缩短战争日程,所以杰出的军事家往往对进攻更加青睐。拿破仑就说:"整个战争艺术,就是在合理而慎重的防御之后,又继之以迅速而大胆的攻击。"在作战方针上,孙子也很强调进攻速胜,"兵贵胜,不贵久";"兵闻拙速,未睹巧之久也。夫兵久而国利者,未之有也"。(《孙子兵法·作战篇》)因为战争久拖不决会使兵力疲惫,财政枯竭,还会吸引别的诸侯国乘虚而入,所以宁肯要笨拙的速胜,也不要善巧的拖延时日。

但是孙子的进攻速胜绝不像莽汉子的强拼硬碰,因为那样不可能带来"胜"的结果。比如不用计谋的"攻城之法",这是孙子竭力避免的。认为它不但不能达到速胜的目的,还会造成"攻城则力屈"(《孙子兵法·作战篇》),将士气挫伤,兵力耗尽,那后果就不堪设想了。要进攻,孙子主张"攻而必取者,攻其所不守也"(《孙子兵法·虚实篇》),也就是攻击敌人该守而不守的地方,攻击敌人戒备松懈十分虚弱的"柔软的下腹部",才能达到进攻速胜的目的。

这就是孙子的进攻原则,即我专敌分,以众击寡,避实击虚,出奇制胜。

在兵力配置上,孙子主张要营造一种数量上的优势,"善战者,求之于势,不责于人,故能择人而任势"。(《孙子兵法·势篇》)什么样的势呢?"兵之所加,如以碬投卵者"(《孙子兵法·势篇》),又如从万丈悬崖决开奔激之水,还如从万丈高山滚下转动圆石。这样双方一接战，就摧枯拉朽，势不可当。孙子反对"以少合众，以弱击强"（《孙子兵法·地形篇》），认为善战者首先应考虑先立于不败之地，这叫作"胜兵先胜而后求战"（《孙子兵法·形篇》）。

那么如何才能造成这样的势呢？孙子认为对我方来说，首先要抓住战略重点，"并敌一向"（《孙子兵法·九地篇》），集中使用兵力，避免四面出击。也许在全局上我们的兵力不占优势，但只要做到"我专为一"（《孙子兵法·虚实篇》），就可能形成局部甚至某一点上的优势。其次对敌人方面，要想法调动和分散敌人的兵力，使敌人不知道我军将来的突击点，不得不处处设防，使他们"备前则后寡，备后则前寡，备左则右寡，备右则左寡。无所不备，则无所不寡"（《孙子兵法·虚实篇》），敌人必然处于劣势。这样"我专而敌分。我专为一，敌分为十，是以十攻其一也"（《孙子兵法·虚实篇》），就形成了我军在战场上的高屋建瓴之势。

战争并不像棋盘一样是黑白清晰的几何图形，而是一件色彩朦胧的斑斓迷彩服。双方都处于制约和反制约中，就看谁能更胜一筹，出乎敌人意料，谁就能掌控全局，为我所用。这里运用出奇制胜、避实击虚的战法原则就很重要。

"虚"和"实"是《孙子兵法》中一对非常重要的范畴，它是对战争双方各种力量因素和力量状态进行比较的结果，既含有丰富的具体内容，又是一种总体把握。诸如兵力的强弱、众寡、分合，部队的劳逸、饥饱、治乱、懈备，士气的高低，军心的定散、勇怯，部署的密疏、坚乱，处境的安危、险易，后方的通阻，等等，都是构成虚实的因素。同时虚实对双方又是相对的，它随着战局的发展而不断变化。孙子说："夫兵形象水，水之形，避高而趋下，兵之形，避实而击虚。"(《孙子兵法·虚实篇》)用兵就像流水避高就低一样，关键是避开敌人的坚实之处，而专门攻击其虚弱之点。

孙子又说："水因地而制流，兵因敌而制胜。故兵无常势，水无常形。能因敌变化而取胜者，谓之神。"(《孙子兵法·虚实篇》)既然水流只根据地形高低来变化，因此用兵作战也无固定刻板的方式，只要能根据敌情随机应变，灵活机动，出奇制胜，便可用兵如神。所以避实击虚和出奇制胜是相辅相成的，都取决于将帅正确的主观指导。

要做到避实击虚、出奇制胜，主要使用三种手段。

一是示形惑敌。交朋友全凭信义，对敌人则必以诡诈。孙子说："形人而我无形。"(《孙子兵法·虚实篇》)即让敌人的行踪和企图完全暴露，而把自己的形迹隐匿起来，或示假隐真，虚虚实实，真真假假，做到"微乎微乎，至于无形；神乎神乎，至于无声，故能为敌之司命"(《孙子兵法·虚实篇》)。对敌人示形,就是以假象掩盖真相,使敌人产生错觉,该攻的不敢攻,该守的或不去守,或只用很微弱的兵力去守,这样就给我方的出奇制胜、避实击虚创造了机会。如春秋末年,越王勾践大举攻吴,双方在笠泽(今江苏吴淞江,一说今太湖)夹水为阵。越军企图从正面渡江,为了迷惑敌人,故意派出小股部队从离敌较远的两侧乘夜色鸣鼓佯渡。吴王夫差上当,急忙分兵两翼,就在他"两拳分开,胸膛袒露"之时,越军从正面迅速突击,大败吴军。

二是攻其必救。运用调动和疲惫敌人的策略,在大跨步运动中实现以逸待劳,以实击虚的目标。《聊斋志异》中的一则故事说,两个牧童入狼窝抱了两只小狼娃,这时母狼回来,两人各抱一只爬上了相距几十步的两棵大树。一个牧童掐小狼的腿,小狼凄厉嗥叫,老狼闻声奔去,急得在树下乱抓乱跳。另一棵树上的牧童拧小狼的耳朵,小狼哀声阵阵,老狼又急忙向这棵树下奔来。就这样老狼不断狂窜于两树之间,最后终于累得气绝身亡。在军事上养精蓄锐可产生战斗力,疲惫乱撞之军不但会士气沮丧,而且恼怒之下,头脑发昏,很容易"溜子撞墙"。所以孙子说:"故我欲战,敌虽高垒深沟,不得不与我战者,攻其所必救也。"(《孙子兵法·虚实篇》)也就是变攻坚战为运动战。

在进攻作战中,我军上门找敌人决战,由于敌人有坚固的阵地、良好的后勤以及充沛的体力作为依托，他们以逸待劳，掌握着选择战场的主动权，这就像是一块硬骨头一样难啃，还可能把"牙硌掉"。若把敌人引诱出门，没有了高垒深沟，我军反而可以以逸待劳，寻机破敌。

这方面最典型的例子是"围魏救赵"。战国时魏将庞涓率兵8万攻打赵国首都邯郸（今河北邯郸市），从战略方面考虑，齐国决定派孙膑和田忌救赵。若按常规路线，齐军兵赴邯郸，疲兵无锐，又面对刚刚攻下邯郸的魏国气盛之师，结果殊难预料。于是孙膑趁魏军主力在赵，其首都大梁空虚之际，也率兵8万直扑大梁。对此，庞涓不得不急忙回兵救援，而孙膑就在魏军必经的桂陵布置下齐军。结果疲惫不堪的魏军被以逸待劳的齐军打得大败。这就是孙膑一手导演的"攻其必救""批亢捣虚"的桂陵之战。

三是兵贵神速，出其不意，攻其无备。孙子在《九地篇》中集中论述了速度对避实击虚的重要："兵之情主速，乘人之不及，由不虞之道，攻其所不戒也。"一旦出现战机，必须迅速行动，在敌人尚未预料、毫无防备之时，在敌人来不及抗拒的情况下，才能避实击虚，一举将其击败。

迅雷不及掩耳，疾电不及瞬目，历来是用兵名将手中的法宝。拿破仑说他有时取得胜利，不是靠士兵的刺刀，而是靠士兵的双腿。俄国军事家苏沃洛夫把闪电般的冲击看作战争的灵魂，他的豪言壮语是："一分钟可以决定战斗的结局，一小时可以决定战局的胜负，一天可以决定国家的命运。"恩格斯对军事问题有很深刻的理解，他指出：行动的迅速可弥补兵力的不足，正如在商业上时间就是金钱一样，在战争中时间就是军队。

速度是为了出敌意外，同时，只有攻其无备才能实现快速决战，这里要与示形惑敌结合起来。孙子说："始如处女，敌人开户；后如脱兔，敌不及拒。""敌人开阖，必亟入之。"(《孙子兵法·九地篇》)军队开始时要像少女一样柔弱沉静，使敌人放松戒备；一旦敌人出现虚隙，就要像脱逃之兔一样迅速行动，在敌人失去戒备或料想不到的时间和地点实施突然袭击。只有奇袭才能达到出奇制胜、避实击虚的目的。而奇袭，正如克劳塞维茨所说："是以敌人犯了重大的、决定性的、少有的错误为前提的。"

如三国时曹操要千里征乌桓，谋士郭嘉建议说："胡恃其远，必不设备。因其无备，卒然击之。"(《三国志·魏书·程郭董刘蒋刘传》)于是曹操留下辎重，轻兵兼程，结果大败乌桓。第二次世界大战中希特勒在英法等国还在热衷于绥靖政策时，突然发动闪击战，结果在短时间内横扫欧洲大陆。日本偷袭珍珠港，也是在美国"无备"和"意外"中不宣而战，使美国的太平洋舰队几乎全被摧毁。

由于快速奇袭，就可以打乱敌人的部署，迫使敌人处于被动地位，在战场上被我任意分割而各个歼灭。所以孙子说:"所谓古之善用兵者,能使敌人前后不相及,众寡不相恃,贵贱不相救,上下不相收,卒离而不集,兵合而不齐。"(《孙子兵法·九地篇》)

这即是避实击虚。

避实击虚在《孙子兵法》中占有极其重要的地位,是孙子首先提出来的最一般的战争制胜规律。这一理论深受历代兵家的重视和发扬,唐太宗就说:"朕观诸兵书,无出孙武。孙武十三篇,无出虚实。夫用兵,识虚实之势,则无不胜焉。"(《李卫公问对校注》)即使在进入高科技时代的现代战争中,这一理论仍然具有普遍的指导意义。

(4)因粮于敌　合文齐武

孙子在制定一系列战略战术原则的同时,也十分重视军事后勤和军队建设,并对此进行了十分深透精到的论述。

战争不但有伤亡,而且要消耗大量的钱财和物资,古今中外概莫能外。经济制约着战争,成为操纵着战争走向的巨手,这不单纯是一个简单的后勤问题,也是一个战略和战术的问题。孙子不能不在他的兵学体系中给予重视。

孙子充分认识到战争对国家经济力量的依赖,同时更认识到无节度的战争会破坏经济。兴兵十万,出征千里,就要"日费千金",而且百姓馈粮,"怠于道路,不得操事者七十万家"(《孙子兵法·用间篇》)。为了维持庞大的战费,还会使"百姓财竭""急于丘役"(《孙子兵法·作战篇》)。正是由此出发，才有了孙子"慎战""上兵伐谋""兵贵胜，不贵久"等军事战略的提出。

一旦军队走上战场，没有后勤保障总是不行的。在冷兵器作战时代，作战的兵器和防御器械固然重要，但其消耗和补充总是有限的，与粮食不可同日而语。孙子说："军无辎重则亡，无粮食则亡，无委积则亡。"(《孙子兵法·军争篇》)用兵制胜，以粮为先。饥饿之师不能生存，粮食是保持士气、维护战斗力的重要保证；而粮食占军事物资的比例最大，运输最困难。

对此，孙子提出的解决办法是："善用兵者，役不再籍，粮不三载。取用于国，因粮于敌，故军食可足也。"(《孙子兵法·作战篇》)即武器装备由国内带足，粮草不需要多次从国内运送，可在敌国就地补充，以战养战，如此我军粮秣方能充足。

"因粮于敌"的具体办法可多种多样，既可以"掠于饶野，三军足食"(《孙子兵法·九地篇》)，即从乡野掠夺；又可以"遣轻兵，绝其粮道"(《孙子兵法·九地篇》)，直接从敌军手中缴获；还可以利用市场就地采买。

"因粮于敌"思想的意义也是多方面的。一是保证我方有充足的粮食供应。孙子在配置军队时一再强调"先居高阳，利粮道"(《孙子兵法·地形篇》)，"养生而处实"(《孙子兵法·行军篇》),一旦军需补给线被敌人切断,我方不至于饥饿困顿。二是可以节省本国粮草和"千里馈粮"(《孙子兵法·作战篇》)的巨大人力物力消耗,保护本国经济实力。三是可以削弱敌人的经济潜力,破坏敌军的粮食供应,甚至成为战胜敌人,夺取战场主动权的战术手段。这种战策一石三鸟,确实是一种高明的后勤保障原则。

孙子说:"智将务食于敌,食敌一钟,当吾二十钟;萁秆一石,当吾二十石。"(《孙子兵法·作战篇》)这里,孙子看问题的角度,已经超出单纯后勤的范围,而是当作战略战术来对待。同样,在《火攻篇》,孙子还主张火攻敌人的粮仓和断绝敌人的粮道。如东汉末年曹操大败袁绍的官渡之战,其序幕就是曹操亲率轻骑五千,夜袭袁绍囤积大批军粮的乌巢,并放火焚粮。由于粮囤被焚,袁绍军心动摇,这才奠定了曹操以弱胜强的基础。

作为一项原则,"因粮于敌"并不仅限于粮食。孙子说:"故车战,得车十乘已上,赏其先得者,而更其旌旗,车杂而乘之,卒善而养之,是谓胜敌而益强。"(《孙子兵法·作战篇》)这里孙子主张缴获敌人车辆,奖赏立功人员,换上我方旗帜,混合编入我方队列;优待敌人战俘,也让他们为我方作战。指导思想都是削弱敌人,加强自己。

"因粮于敌"对进攻者来说,是一种明智的选择。东晋刘裕北伐南燕,正好五月间遍野的庄稼使军队粮食补给完全就地解决，结果刘裕很顺利灭掉南燕。古代波斯王薛西斯远征希腊，为了以后能用当地粮食补充军队给养，他首先考虑在谷物收获的季节行动，要进攻务农的城邦。

（5）令之以文　齐之以武

军队由千万个活生生的人组成。要使全军打起仗来，"携手若使一人"（《孙子兵法·九地篇》）；使将帅指挥三军之众，"若使一人"，才能充分发挥军队的战斗力。这里就存在军队的平时管理和士气的激励问题。孙子说："将军之事，静以幽，正以治。"（《孙子兵法·九地篇》）"令之以文，齐之以武，是谓必取。"（《孙子兵法·行军篇》）即管理部队要沉着冷静，严正而有条理。对待士卒要恩惠和威严并施，要重赏和刑罚兼用。

在中国古代，管理军队称为"治兵"。孙子认为，"法"是军队管理的根本。在《计篇》中，孙子提出决定战争胜负的基本条件"五事""七计"，其中"法"是很重要的一项。"法"的内涵包括军队的组织编制、训练教育、军纪军法和装备军需供应等方面的各种条令，管理军队只有"修道而保法"（《孙子兵法·形篇》），确保法令制度的执行，才能掌握胜败的决定权。"七计"之中"法令孰行？兵众孰强？士卒孰练？赏罚孰明？"（《孙子兵法·计篇》）的"四计"，都是讲的强化军队基本素质。

要以法治军,一是"严",二是"信",并以赏和罚来作为贯彻法制的手段。

孙子说:"卒已亲附而罚不行,则不可用也。"(《孙子兵法·行军篇》)如果不以严明的军纪要求士卒,士卒违犯了军纪也不敢执行处罚,那就会使之成为骄惰之卒,很难有战斗力。只有执法严明,士卒才能对将领敬畏,才有战斗中的令行禁止。法令的认真贯彻要从平时开始,"令素行以教其民,则民服;令不素行以教其民,则民不服"(《孙子兵法·行军篇》)。

贯彻法令,执行赏罚还要公正可信。孙子论选将的五条标准——"智、信、仁、勇、严",其中"信"就指的赏罚有信。正如孙子出山后"吴宫教阵",首先要做的就是诛杀两名不服从军令的吴王爱姬。没有这种"罚不迁列"(《司马法》)的守信原则,军队就不可能管理好。要做到赏罚有信,还不能感情用事,如果对士卒"厚而不能使,爱而不能令,乱而不能治"(《孙子兵法·地形篇》),那就把他们惯成败家的"骄子",害了军队也害了他们自己。

正由于贯彻执行法令既严且信,当作战命令下达之时,尽管"士卒坐者涕沾襟,偃卧者涕交颐(《孙子兵法·九地篇》)",但他们还会像勇士那样奋然上阵。

拿破仑曾经说过:一支军队的实力,四分之三是由士气构成的。这个说法或许并不科学,但士气却是构成军队战斗力重要的精神要素。一支部队士气的高低，直接影响着战争的胜负。楚汉战争的垓下一战，韩信用"四面楚歌"瓦解了楚军斗志。古代斯巴达人被外敌围困时，向雅典求援，据说雅典只派了一名瞎眼跛足的艺人去教斯巴达人唱军歌，结果勇气倍增的斯巴达人很快转败为胜。

正像宝剑需要经常磨砺一样，孙子认为军心士气也应该不断激扬。他说："视卒如婴儿，故可与之赴深溪；视卒如爱子，故可与之俱死。"(《孙子兵法·地形篇》)将帅平时要把士卒视同婴儿爱子，予以无微不至的关心爱护，也就是体现出一种仁慈之心。作战时，士卒才会报答将帅的知遇之恩，宁肯进死，不愿退生，赴汤蹈火，所向披靡。

孙子这种"爱兵"思想一直为后代的军事家所继承发扬。战国名将吴起，"与士卒最下者同衣食，卧不设席，行不乘骑，亲裹赢粮，与士卒分劳苦"(《十一家注孙子校理》)。甚至士卒有背上生疮的，他还亲自为其吸脓疗病。所以每战，士兵都十分勇敢，"战不旋踵"(《史记·孙子吴起列传》)，无不大捷。

在孙子看来，军心的凝聚关键还不在这里，而在于利益目标的一致。他说："上下同欲者胜。"(《孙子兵法·谋攻篇》)"道者，令民与上同意也，故可以与之死，可以与之生，而不畏危。"(《孙子兵法·计篇》)他利用人类独有的群体意识,抓住君主、将帅、士卒、民众共同利益上的需要,诸如国家危难、敌人残暴、亲人死别、家园凋残等来撞击军人心中仇恨的燧石,使之迸发出战场上的"无畏之火"。一旦人人"气勇怒盈",又岂会因惧怕不与敌人拼死一搏?

孙子说:"卒未亲附而罚之,则不服,不服,则难用也;卒已亲附而罚不行,则不可用也。"(《孙子兵法·行军篇》)他在军队管理方面是主张爱先威后、爱威结合的。以怀柔和重赏,使士卒"亲附"和顺从,使之不怀二心。以威严和严刑,使士卒"畏服",建立将帅必要的威信,使之不敢抗命。孙子就这样"令之以文,齐之以武"(《孙子兵法·行军篇》),文武兼施,以提高军队的战斗力。

5. 阴阳燮理寓万机

思维是人类智慧园地中最美妙的花朵,它作为我们高级动物独有的"专利",可以借助于抽象的方式来揭示客观世界的本质和规律。理论思维如同人们手中的火炬,举得越高,照得越远,适应范围越广,生命力就越强。

工欲善其事,必先利其器。当我们感叹于孙子绝妙完美的兵学体系时,不由就想了解,他是运用了什么样的思维模式,来思考那个波澜壮阔的时代给他提出的问题,并熔铸了睿智和敏思,拿出如此精辟深刻的用兵策计。

"问渠那得清如许？为有源头活水来。"（朱熹《观书有感》）只有在理论思维园地里勤耕深耘的人，才能迸发出智慧的雷电，照亮悠悠历史的行程。

（1）战争规律是可以被认识的

战争是一个幽灵，但并非不可捉摸。古往今来，多少人对神秘难测的战争风云感到恐惧，一筹莫展。就如同一个赌徒，正为一笔意外之财而兴奋不已时，转瞬间又掉进了冰窟窿，全部家当被输得一干二净。于是人们跪倒在祭坛之下，祈求那冥冥之中的昊天上帝、列祖列宗、战神蚩尤抑或其他神灵的呵护、庇护，或能赐予一本百灵百验的"素女天书"。

在19世纪以前的西方，几乎没有人认为战争规律是可以被认识的。18世纪法国元帅萨克斯以为"战争是一种充满阴影的科学""它的基础就是惯例和偏见"，并声言"所有的科学都有原理,惟战争独无"。德国铁血首相俾斯麦说："在战争问题上，一个人永远无法有把握地预料上帝是怎样安排的。"英国人劳埃德认为战争是一种"艺术"，认为"它只是天才的产物，而天才是自然赐予的"。

就连杰出的克劳塞维茨也有意无意夸大战争的偶然性和无规律性。他说："战争无论就其客观性质来看，还是就其主观性质来看，都近似赌博。"他认为："在人类的活动中，再没有像战争这样经常而又普遍地同偶然性接触的活动了。而且，随偶然性而来的机遇以及随机遇而来的幸运，在战争中也占有重要的地位。"

正如《孙子兵法》俄文译本《序》的作者、著名军事理论家拉津教授所说的那样："在古代的理论家中，企图证明战争不是各种偶然性的凑合，而是有其客观基础的人屈指可数，孙子就是其中的佼佼者。""孙子是提出战争计划问题的第一人。"

孙子说："明君贤将，所以动而胜人，成功出于众者，先知也。先知者，不可取于鬼神，不可象于事，不可验于度，必取于人，知敌之情者也。"(《孙子兵法·用间篇》)也就是说，要取得战争的胜利，一不靠祈求鬼神，二不靠推演附会，三不靠星象验度，而只能靠脚踏实地地去分析各种敌情条件。这充分体现了孙子明朗的反天命、反荒诞穿凿附会的无神论观点。

孙子对战争的认识，对各项战略、战术、谋略原则的提出，无不立足于现实的物质条件和社会条件。如"五事"中的道、天、地、将、法，"道"之民心向背，"天"之阴阳、寒暑、时令，"地"之广狭、远近、险易，"将"之才能素质，"法"之完备健全，都是客观的现实存在。在"十三篇"中，孙子更是从宏观上把政治、经济、外交等条件与战争密切联系起来，并且还注意到这些因素处于不断发展变化之中。

这些东西既不是来自上天神灵的安排，也不是来自天才头脑的想象，它们与战争间存在一种不以人的意志为转移的客观联系，可见战争也是有客观规律存在的。

正是在这种朴素唯物主义认识论的基础上，孙子从对战争的物质条件和社会条件的分析认识入手，从敌我双方对抗的角度"知彼知己"，从各种条件联系的普遍性角度来"尽知"，从双方竞争的角度力求"先知"，从灵活反应的角度去"知常知变"，尽量避免认识的盲目、片面、凝固，从而把战争决策建立在一种确切可靠的基础之上。战争是必然性与偶然性的统一，战争不可知论者的陷阱往往是夸大了偶然性的作用。实际上偶然性往往是必然性的一种曲折表现形式，偶然性的背后往往隐藏着必然性。人们把握客观条件的准确程度越高，越能避开偶然性的羁绊，战争决策的必然性也就越强。

理性求实的认识路线，使孙子得出了"知彼知己，百战不殆""敌虽众，可使无斗""胜可知""胜可为"的正确结论。战争规律是可以被人们认识的，战争这匹狂奔不羁的野牛是可以被人们驾驭的。

（2）辩证思维索兵机

在战争的茫茫雾海之中，感性的事物和具体的矛盾层出不穷，如何从大量繁杂的个别事实中准确抽象出一般原则，又反转过来指导战争实践，这就需要超越经验的框架，依靠逻辑思维来考察战争中的一切事物及其基本矛盾。在这方面，《孙子兵法》显现出丰富的辩证法思想。

战争的基本活动，就是敌我双方所进行的各种形式的矛盾斗争，孙子从中进行比较、分析、归纳、证明，提炼出诸如敌我、彼己、主客、动静、进退、攻守、速久、胜负、迂直、强弱、虚实、奇正、分合、利害、优劣、安危、险易、广狭、远近、众寡、劳逸、治乱、勇怯等一对对矛盾范畴。这些都是战争运动中的基本矛盾，它们是孙子总结出制胜法则的基础。

孙子认为，战争矛盾是互相联系和制约的。

在他的杰出命题"知彼知己"上，彼和己既互相对立，又互相依存，失去一方另一方也就不存在了，所以不能只知一方的情况，而不知另一方的情况。在谈到"道、天、地、将、法"五方面时，孙子说："凡此五者，将莫不闻，知之者胜，不知者不胜。"（《孙子兵法·计篇》）也就是研究战争，要将与之相关的诸多因素联系起来，进行全面比较、分析和把握，切忌主观、片面、孤立地看问题。将帅考虑问题时，要"杂于利害。杂于利，而务可信也；杂于害，而患可解也"（《孙子兵法·九变篇》）。要兼顾利和害两个方面，在有利时考虑到不利的一面，才能防患于未然；在不利时也看到有利的一面，才不至于失去败敌的信心。

孙子认为，战争矛盾是不断运动和发展的。

战争中的一切都不是静止停顿和一成不变的，而是不断推进更新的。孙子说："乱生于治,怯生于勇,弱生于强。"（《孙子兵法·势篇》）在一定条件下，治乱、勇怯、强弱都可以向相反的方向改变。孙子提出："五行无常胜，四时无常位，日有短长，月有死生。"（《孙子兵法·虚实篇》）正如自然界充满了辩证法一样，战争中也是"战胜不复，而应形于无穷（《孙子兵法·虚实篇》）""兵无常势，水无常形。能因敌变化而取胜者，谓之神"。（《孙子兵法·虚实篇》）无论对敌我双方条件的认识，还是对用兵法则的制定，都不能墨守成规、机械呆板，应因敌制变，灵活反应。

孙子认为，发挥人的主观能动性可以促使战争矛盾向有利于我的方向转化。

在战争矛盾面前，人并非全然无能为力，通过发挥人的主观能动作用，往往可以化劣势为优势，变被动为主动。孙子说，"敌佚能劳之，饱能饥之，安能动之"（《孙子兵法·虚实篇》），"利而诱之，乱而取之，实而备之，强而避之，怒而挠之，卑而骄之，佚而劳之，亲而离之"（《孙子兵法·计篇》）。这是努力促使敌人由有利向不利方面转化，而条件是我方主动采取"示形""动敌""分敌"等手段。在战争过程中，胜敌之法"不可胜穷"（《孙子兵法·势篇》）。针对敌人将帅性格上的弱点，比如："必死,可杀也;必生,可虏也;忿速,可侮也。"(《孙子兵法·九变篇》)爱死拼的我就诱杀你,贪生怕死的我就诱降你,脾气暴躁的我就用"激将法"挑逗你。甚至在有时,利用敌人将帅的优点也可以做文章:"廉洁,可辱也;爱民,可烦也。"(《孙子兵法·九变篇》)廉洁本不错,但过分清高则难以承受恶名的侮辱;爱民是美德,但不审利害,无微不至地营救,反而会使自己疲于奔命而误中圈套。这便是从优点中看缺点,是对矛盾转化规律的深刻认识。

孙子认为,对战争现象要"见微察隐"(《十一家注孙子校理》),透过现象看本质。

对战争现象,一般人是用简单直观的办法去认识,而孙子却能用辩证认识来进行深度透视。他说:"见胜不过众人之所知,非善之善者也。"(《孙子兵法·形篇》)他不满足于众所易见的事物表象,而要把隐藏在背后那个"当见未萌"(《十一家注孙子校理》)的东西找出来。在《行军篇》中,孙子提出的"相敌之法三十二",如"众树动者,来也""鸟起者,伏也""尘高而锐者,车来也""辞卑而益备者,进也""半进半退者,诱也""夜呼者,恐也""谆谆翕翕,徐与人言者,失众也"。众树摇动,鸟起惊飞,飞尘漫卷冲天,众人可能习见而不怪,孙子经过思索分析却能看出表象背后敌人偷袭、设有伏兵、战车出动等敌情。同样,敌人表面措辞谦卑,孙子看出加紧战备是其真实一面；半进半退，孙子看出"诱我"是敌人举动的本质，辩证思维带来了火眼金睛。敌人夜呼表明内心恐慌，敌将低声下气与部属谈话，是他已失去人心。这也不是用直观法所能得到的，唯有用心思索才能辨出众人不晓得的弦外之音。

人们往往爱拿孙子和老子的辩证法加以比较。老子辩证法也讲对立面的转化，讲"柔弱胜刚强"（《道德经》）。但他脱离了转化的条件，相反认为"有为"必然失败，人在这种转化中完全无能为力，因此是一种消极的辩证法。而孙子"弱生于强"（《孙子兵法·势篇》）的命题却比老子更深刻、更精彩。第一，孙子认为，在没有转化的条件出现之前，弱还是弱，还不能胜强，因此作战中要避免"以少击众，以弱击强"。第二，孙子认为，战争和其他事物一样，无时不在推移变化之中。因此"弱"与"强"也可以互相转化，但必须具备一定的条件。第三，孙子认为，只要善于发挥人的主观能动作用，"善战者,致人而不致于人"（《孙子兵法·虚实篇》)，就可以变不利为有利，达到"弱生于强"。孙子的辩证法无疑是一种积极的辩证法，是对老子辩证法的深入和发展，更符合客观实际。

（3）思虑精严　词约义丰

德不优者，不能怀远；才不大者，不能博见。孙子所以能够处于他那个时代的智慧之巅，挥动如椽巨笔，写下这样一部遗教百代的不朽之作，与他博才广学的知识结构、深邃缜密的理论素养、条理流畅的语言功底都有很密切的关系。

虽然饱学之士并非都智谋超群，但智谋超群者必为饱学之士。从《孙子兵法》可以看出，里面几乎融进了当时所能有的各门知识。

孙子把"道"列为决定战争胜负的"五事"之首，把政胜看成战胜的基础。这里的"道"，包括国家政治的好坏，上下是否一心，发动战争是否合乎道义等。孙子把军事斗争的胜利归之于"修道而保法"，即修明政治，确保法制。即使是军事斗争结束，夺取城邑而不能及时"修其功"，即从政治上巩固成果，也将徒耗人力物力。这说明战略家必定先是政略家，孙子在政治上也是富于远见卓识的。

孙子强调外交和国际环境对军事的影响，一举一动，不只关系敌我双方，也关系到邻近国家和地区。在准确判断各诸侯国意图的情况下，应尽量争取同盟和外援。在可能的情况下，利用"伐交"孤立和威慑敌人，也不失为兵略上策。这说明孙子富于外交知识和眼光。

通过对战争问题的精辟论述，显现了孙子睿智的哲学头脑。他精通《易》理，以《易》演兵，他以"五行"说喻解用兵之变，他提出一系列战争矛盾范畴及其转化规律。

这说明孙子哲学方面的造诣之深。

孙子具有丰富的天文气象知识。他把"五事"之"天"解释为"阴阳、寒暑、时制"等自然现象。实施火攻，要选择干燥的季候和月亮运行在"箕""壁""翼""轸"等容易起风的日子，还要注意风向的变化。

孙子把地形看作用兵重要的辅助条件，"知天知地，胜乃可全"(《续资治通鉴长编》)。他把地形按自然形态分为"通、挂、支、隘、险、远"六种，又按战略影响分为"散、轻、争、交、衢、重、圮、围、死"九地，还提出"绝涧、天井、天牢、天罗、天陷、天隙"为"六害"。在每种地形上，他都指出了不同的作战方法和配军原则。自古战争没有不讲究地形运用的，从孙子的"九地藏形"到今天的军事地形学，地形知识都是将领不可缺少的素养。

《孙子兵法》中贯穿了军事心理思想。从战争准备中的心理备战，到战争进程中注意控制将帅的情感因素；从注意"庙算""相敌"中对敌人的心理观察，到主张"伐谋""伐交"，从心理上慑服敌国，孙子都把心理制胜作为重要的胜敌韬略。他还提出"治心"和"治气"的主张，认为敌人"朝气锐，昼气惰，暮气归"，要"避其锐气，击其惰归"(《孙子兵法·军争篇》)。对己方士兵，利用其"不得已则斗"的心理，"投之亡地然后存，陷之死地然后生"(《孙子兵法·九地篇》)。可见孙子具有丰富的心理学知识。

数学知识在《孙子兵法》中也得到广泛运用。一是统计学。如孙子在《作战篇》一开始就计算"驰车千驷,革车千乘,带甲十万,千里馈粮"的经济消耗,要把前后方和作战器材维修等几方面的经费加在一起,最后结论是"日费千金",然后十万大军才能出动。二是定量分析。如久战不决将使"百姓之费,十去其七""丘牛大车,十去其六"。又如远途奔袭使部队减员,100里只有十分之一的人按时到达,50里可有半数到位,30里会有三分之二的人到达。尽管还显简略,但比单纯依赖定性分析是前进了一大步。三是与布阵有关的空间分布方法。如孙子说的"战势不过奇正"(《孙子兵法·势篇》),奇正即指兵力的不同配置,利用变换阵形重新编组部队力量。

孙子的战场经济学是以他的经济学知识为基础的。他主张"因粮于敌",知道"食敌一钟,当吾二十钟;萁秆一石,当吾二十石"(《孙子兵法·作战篇》),这是把我方转运粮草的费用折算后的比例。在宏观上,孙子能够考虑土地面积大小决定物产资源多少,物产资源多少又决定可提供多大的兵力数额,从而判断军事力量的强弱。

除以上所谈各项,孙子还具有广博的历史知识、力学知识、风土民情知识等,至于军事方面,更是熟稔于胸,运用纯熟,不需多说。

狡诈者轻鄙学问,愚鲁者羡慕学问,唯聪明者善于运用学问。博学广才只是理论创造的基础,还必须有良好的思维方法,才能超出个人经验的狭隘天地,在兵学园地里开花结果。

逻辑思维是《孙子兵法》最基本的思维方式之一,也是它以理论著作面目出现的基础。逻辑思维又叫作程式化思维,即按照一定的程式进行推理判断,这在科学理论创造上起着十分重要的作用。中国远古的军事文献,最初只是由史官在编年史中做简单记录,如甲骨文、金文中记载战争的一些夹叙夹议的内容。后来人们不断积累战争经验,对战争史实进行对比,开始发现战争中某些反复出现的规律性东西,形成一些军事箴言。如《军志》有"先人有夺人之心,后人有待其衰""知难而退""有德不可敌"。《军政》有"见可而进,知难而退""强而避之"等,但只是只言片语,尚形不成完整体系。

中国古代兵书成熟的标志是《孙子兵法》的出现。孙子采用"舍事而言理"的归纳推理方法,从个别事实中概括出一般性原理。《孙子兵法》一书基本上不谈历史事实,摆脱了原来那种夹叙夹议的著述范式,使全书显得逻辑严谨,理论精辟。如孙子在论及国君危害军事行动问题时,先把它的表现归纳为三种情况。一是"不知军之不可以进,而谓之进;不知军之不可以退,而谓之退"(《孙子兵法·谋攻篇》),这叫作羁绊军队。二是不了解治军之事而硬要插手,会使将士迷惑。三是不懂得军事权谋而硬要干涉指挥,会使将士疑虑。接着孙子指出"三军既惑且疑"(《孙子兵法·谋攻篇》),诸侯列国就会趁机进犯发难,结果造成自乱其军,自取败亡。由此,孙子总结出"将能而君不御者胜"(《孙子兵法·谋攻篇》)这样一个制胜之道,于是将帅有指挥才能而君主不加牵制就成为一条战争公理。几个层次之间的逻辑递进关系十分显明,从而产生一种理论穿透力。

正是由于孙子的这种逻辑思维能力,才使得他能够揭示出"知彼知己""避实击虚"等战争中最常见和最根本的规律,使《孙子兵法》具有不朽的理论价值,成为超越军事领域之上的杰出思辨之作。

朴素的系统思想也是《孙子兵法》基本的思想方法,孙子站在历史发展的高度,把握战争、战略问题的全局,从整体上分析与战争有关的一切条件,从而构成一个完整系统的兵学理论体系。

如孙子"庙算"战争胜负的各项基本条件,列出"五事"和"七计",进行了比较全面的覆盖。它们之中互相联系,虽有主次轻重之别,但缺一不可。人们在认识树木的同时,也必须了解树林,以及树木与树林之间的统一关系。这就是整体性原则。

战争存在着多种选择性,在系统思维的基础上,孙子还特别致力于取胜的最优化方法,即求"善"或求"善之善者"。无论战法、兵势、战地都有"善""次"和"不善",那就择善汰劣。"上兵伐谋,其次伐交,其次伐兵,其下攻城"(《孙子兵法·谋攻篇》),攻城为不得已,只有"不战而屈人之兵",才是"善之善者也"。(《孙子兵法·谋攻篇》)与这种选择相对应,就有了各种政治、军事、经济战略及具体的战术方法。这反映了孙子军事思维的系统性和整体性。

在孙子的思维模式中,还有前边已经谈到的定量分析方法和辩证思维方法。正是由于孙子深邃缜密的思维功力,才使得他的著作在理论上达到完整性、创造性、预见性和灵活性的完美结合。

《孙子兵法》虽是一部严谨的理论著作,以冷峻的推理判断为主,但为了增大说服力,也调动丰富多彩的语词手段,运用形象的夸张比喻,具有独特的语言风格。

如比喻灵活用兵,则以常山之蛇为解:"击其首则尾至,击其尾则首至,击其中则首尾俱至。"(《孙子兵法·九地篇》)贴切而鲜明,遂成为后人常用的文学典故。

形容因敌施变,说:"始如处女,敌人开户;后如脱兔,敌不及拒。"(《孙子兵法·九地篇》)令人击掌叫绝。

描述军事行动,为:"其疾如风,其徐如林,侵掠如火,不动如山,难知如阴,动如雷震"(《孙子兵法·军争篇》)。形象直观,蕴含深厚。

阐发将帅与士卒的关系，说："视卒如婴儿，故可与之赴深溪；视卒如爱子，故可与之俱死。厚而不能使，爱而不能令，乱而不能治，譬若骄子，不可用也。"(《孙子兵法·地形篇》)这也很生动深刻。

孙子善于以水言兵，如："兵形象水，水之形，避高而趋下，兵之形，避实而击虚。水因地而制流，兵因敌而制胜。故兵无常势，水无常形。能因敌变化而取胜者，谓之神。"(《孙子兵法·虚实篇》)把用兵的一般规律讲得深入浅出，使人极易心领神会。

对比军事态势的强和弱，说："兵之所加，如以碫投卵者，虚实是也。"(《孙子兵法·势篇》)形容军力强大，说："若决积水于千仞之溪者。"(《孙子兵法·形篇》)形容有利态势，说："如转圆石于千仞之山者。"(《孙子兵法·势篇》)比喻兵胜兵败，说："胜兵若以镒称铢，败兵若以铢称镒。"(《孙子兵法·形篇》)不但取譬极为自然，且寥寥数语便能引申出深刻内涵。说《孙子兵法》词约义丰，实不为过。

像以上这种比喻的运用在全书中有20多处，往往就是在深奥难解之处，通过物化形象，使人们通晓易懂。

孙子还善于巧妙地运用排比手段。如："全国为上，破国次之；全军为上，破军次之；全旅为上，破旅次之；全卒为上，破卒次之；全伍为上，破伍次之。"(《孙子兵法·谋攻篇》)"乱生于治，怯生于勇，弱生于强。治乱，数也；

勇怯，势也；强弱，形也。"(《孙子兵法·势篇》)这样，行文如高山流水一泻而下，节奏鲜明，条分缕析，酣畅淋漓，气势贯通。

后人曾评论《孙子兵法》在语言文字上"妙喻迭出"，说："即后代文士犹难措手，孰谓孙子武雄哉！"（朱君复《诸子斠淑》）孙子在文学方面的造诣和成就也是匠心独具，特色鲜明，对战国诸子不能不产生影响。所以人们高度评价孙子"是当之无愧的语言文学艺术大师……《孙子兵法》不仅是一部卓越的军事、哲理著作，而且也是一部开议论散文之先河的文学精品"（刘伶《〈孙子兵法〉的语言文学艺术》）。

三 《孙子兵法》与中国古代军事文化

1. 一部兵书可为王者师

中国古代帝王,用心所为,不过"文治"和"武功"两件事。如车之两轮,鸟之双翼。文治靠的是孔、孟儒家,故有"半部《论语》治天下"之说;武功离不了孙吴兵家,这就有"一部兵书可为王者师"的故事。

(1)哺育历代名将的乳汁

公元前221年,秦灭六国,一统天下。亡国之后,那些在一夜之间就被剥夺了全部既得利益的旧贵族并不甘心,切齿的仇恨全集中在秦始皇身上。

张良是韩国相门之后,父祖为韩国五代国君之相国。他年少气盛,不惜变卖全部家财,"弟死不葬",收买刺客刺杀秦始皇。但个人的刺杀行为注定是不能成功的,结果

120斤的铁锤没有落在秦始皇身上,在通缉令的逼迫之下,张良隐姓埋名,东躲西藏,流亡到了下邳(今江苏睢宁北)。

一天张良闲步于圯上,见一个神秘的老头儿搭腿坐于桥头之上,故意把鞋甩到桥下,让张良为他取鞋。张良忍气取来鞋,老头儿又让他亲手给穿到脚上。老头儿连谢也不谢,拈拈胡子笑着走了。张良觉得此人不凡,恭敬地目送着他。果然不一会儿老头儿回身说:"孺子可教矣。五天后黎明时,咱们还在此会面。"

这个老头儿谁也不知道他的名字,史称圯上老人,又有人称其为黄石公。黄石公必定对张良的身世了如指掌,而且又对他百端考察,确认他为仁人君子而非残暴武夫,才肯以兵书授受。因为古代兵书含有谋略神机,可造福社会,也可为害天下。所以,持有者是不肯轻易授人的。五天后张良去晚了,黄石公责他不敬老人,张良急忙跪拜认错。又五天张良鸡鸣则往,但仍晚一步,只得怪自己诚心尚缺。最后张良在第四次干脆不睡觉,夜未半就等在桥头,一会儿黄石公来到,夸奖说:"为人就应该这样。"于是他拿出一编书交给张良说:"读此则为王者师矣。"(《史记·高祖本纪》)张良翻开一看,原来是一部古兵法。黄石公将兵书授予张良后,头也不回地消失在昏暗之中。

不管司马迁在《史记》中所记载的这个故事可信程度如何,通过对古兵法的学习研读,张良的确由一个仗恃匹夫之勇的血气青年，很快成长为刘邦麾下"运筹策帷帐之中，决胜于千里之外"(《史记·高祖本纪》)的军师，成为新王朝治国理军的头号功臣。

这正如苏轼诗言："濠梁空复五车多，圮上从来一编足。"(《张竞辰永康所居万卷堂》)与张良同时，还有一位杰出的历史人物，就是原来楚国大将项燕的孙子项羽。在秦灭楚的战斗中，项燕兵败自杀，项羽跟随叔父项梁，一心要雪国破家亡之恨。项梁看侄儿人还聪明，就亲自教他诗、书、礼、乐，项羽学习几天，就感到耐不下性子，不想学了。项梁看他学文不成，就改教他习剑练武，可刚开了头，项羽又不干了。项梁气得直骂他没出息，项羽却自有道理，说："念书只要能记名和姓就行了，多了也无用处；击剑到了战场只能敌一二人，也不行。我既学就要学能一人敌万人的大本事！"

项梁一听这家伙的口气不小，倒高兴了，于是开始给他一篇一篇地讲解兵法。后来叔侄两个避仇来到吴中（今江苏苏州），图谋反秦，就开始以兵法组织训练江东子弟。

后来，项羽在战争中叱咤风云，成为推翻秦王朝的关键人物，也许正得力于这"万人敌"的学习。

兵书是哺育中国历代名将的乳汁。

（2）中国传统兵学的开山

中国古代兵书，据近人陆达节在20世纪30年代所编《历代兵书目录》统计，上自神农黄帝传疑时代，下迄明清，共有1 304部。但其中绝大部分今已失传，流传下来的为288部。限于作者当时的局限，他的著录遗缺仍很多，据今人估算，存世的兵书当有四五百种。

这些兵书中，影响最大的是《孙子兵法》。

首先，从数量上看，在古代的兵书中，直接为《孙子兵法》校勘、注释、阐发、考证、辑佚和进行研究的著作共有312部，而今天仍可看到的达207部，这还不包括其他书中的零篇论文和记载类文献。历代研究《孙子兵法》的学者，仅留下姓氏的就有237家，这还不包括论文和记载类文献的作者。

其次，即使是后世自著书的兵家作者，他们在书中明取暗引孙子的观点，并没有推翻《孙子兵法》所确立的兵学框架，缺乏脱离经典而独立发挥的创新精神。他们所做的，只是根据时代的发展和战争手段的进步来补充孙子的兵学体系，使一些原则具体化，并改铸一些旧范畴，使之更合理充实。所以三国时曹操说："吾观兵书战策多矣，孙武所著深矣。"（《孙子序》）明人茅元仪说得更直截了当："前《孙子》者，《孙子》不遗；后《孙子》者，不能遗《孙子》。"(《武备志·兵决评序》)殆非虚言。

所以,说《孙子兵法》是中国古代第一部自成体系的军事学著作,说孙子是东方兵学体系的奠基人和开山鼻祖,说《孙子兵法》充当了中国古战场上将帅们不在位的"军师",遗教百代,似乎并不过分。

中国古代名将都承认,他们的文韬武略、聪明才智,多来源于《孙子兵法》。翻开史籍和历代名将传记,说他们"幼明古学""熟读兵书""暗诵兵法"的词句充盈其间。所以孙膑、尉缭、韩信、曹操、诸葛亮、李靖、岳飞、戚继光这些一代名将,都因为以《孙子兵法》为智慧源泉,才能在沙场上建立传世武功。

(3)武圣人登坛

南北朝以后,历代统治者治军经武,进一步认识到《孙子兵法》的价值,开始尊之为"兵经"。南朝刘勰《文心雕龙·程器》说:"孙武"兵经",辞如珠玉,岂以习武而不晓文也。"唐人在《隋书·经籍志》中就直接著录"孙武《兵经》二卷"。到了北宋元丰年间,官方颁布《武经七书》,首席正是《孙子兵法》。这时,《孙子兵法》不只作为指导战场用兵的不二法宝,而且平时的治军练兵,武学(古代的军官学校)的兵法教授,武举考试(选拔武举人)的命题答卷,它都是钦定的教材和标准。

中国古代尊奉文武圣人，文圣人孔子早已有定论，武圣人却有几位，如孙武、关羽、岳飞等。"圣人"是古代对一个人品格的最高评价，用今天的眼光，从品格、理论造诣和对后世的深远影响而论，关羽和岳飞都有其不足之处。宋朝人郑厚在《艺圃折衷》中说："孙子十三篇，不惟武人之根本，文士亦当尽心焉。"《孙子兵法》对后代的影响，不仅是在军事方面哺育代代将帅，指导疆场厮杀和充当武学、武举教范，而且拓展到政治、经济、思想文化等许多方面。所以，"武圣人"的称号非孙武子莫属。

《孙子兵法》在中国古代后期登上"兵经""武经"的宝座，当然是一种自身价值的肯定和成功，有助于它的流传和扩大影响，但同时也蕴涵着一种悲哀，而这种悲哀不是《孙子兵法》所独有的。中国古代的经学思维模式，使得后代许多兵家尽管不乏个人的深刻见解，但只能以继承人的面目出现，只能以对《孙子兵法》推演引申的方式来表达，而不敢越雷池半步。这不仅在某种程度上阻碍了中国军事学的深入发展，也是高呼"战胜不复，而应形于无穷""兵无成势，无恒形"（《孙子兵法·虚实篇》），提倡创新精神的孙武所始料不及的。

2.《孙子兵法》与战国兵家

孙武身后，依然是一个干戈扰攘的时代。

战国时期，由于武器的改进，步兵和骑兵的崛起，各强国兵员激增百万，战争规模扩大，常常一战数年才见胜负，中国古代军事史进入了一个新阶段。

好风凭借力，送我上青云。

战争是人类社会各种矛盾发展的最尖锐形式，事关"生死存亡之道"。为了赢得战争，人们不但把当代最先进的技术装备配给军队，也把最高智慧用于战场。《孙子兵法》的巨大价值和社会需求的肥沃土壤，使它广泛传播，影响也迅速扩大，于是形成了历史上最早的"孙子热"。

（1）"藏孙、吴之书者家有之"

《韩非子·五蠹》："境内皆言兵，藏孙、吴之书者家有之。"

《荀子·议兵》："善用兵者，感忽悠暗，莫知其所从出，孙、吴用之无敌于天下。"

《吕氏春秋·上德》："阖庐之教，孙吴之兵，不能当矣。"高诱注："吴起孙武也，吴王阖庐之将也。"

《尉缭子·制谈》："有提七万之众而天下莫当者谁？曰吴起。有提三万之众而天下莫当者谁？曰武子也。"

其他如《战国策》《鹖冠子》《商君书》《孙膑兵法》《吴子》等先秦著作都曾明引暗用孙子其书或记载其事迹。后来班固在《汉书·刑法志》中就说：战国时，"世方争于功利,而驰说者以孙、吴为宗"。当时人已形成一种共识,即"孙、吴之策得一而天下无敌"。

(2)吴起与《孙子兵法》

吴起是战国初期著名的军事家。他主张以法治国,提倡耕战政策,先在鲁国为将,后到魏国担任西河守,"与诸侯大战七十六,全胜六十四,余则钧解。辟土四面,拓地千里"(《吴子·图国》)。在吴起辅佐魏文侯、武侯两代君主时,使魏国的军力达于极盛。最后吴起又到楚国辅佐悼王变法,"南平百越,北并陈、蔡,却三晋,西伐秦",使"诸侯患楚之强"(《史记·孙子吴起列传》)。

吴起不但久经战阵,富于实战经验,还曾著有兵书《吴子》四十八篇,《史记》和《汉书》称为《吴起兵法》。可惜这本兵书在隋唐之后大部散佚,今存《吴子》六篇,主要是吴起和魏文侯、魏武侯的论兵问对记录,据研究成书较晚,是后学将《吴起兵法》的残简散篇整理而成。但是,抛开其不太古涩的文体之表,内容仍大体反映了战国时期的军事特点和作战规律。

由于吴起在战国的崇高声望,《吴子》一书在相当长的一个历史时期内,取得了与《孙子兵法》并列的兵学代表地位。司马迁在《史记》中将二人合立《孙子吴起列传》,并说:"世俗所称师旅,皆道《孙子》十三篇,吴起兵法,世多有。"以后北宋颁布《武经七书》,《吴子》紧挨《孙子兵法》坐在第二把交椅上。

《吴子》虽然结合战国特点,对中国古代的军事思想有所发展:如对战争性质的探讨,提出禁暴救乱的"义兵"说(反映了兵学与诸子百家的相互渗透);强调积极利用险要地形,论述了《孙子兵法》没有涉及的"水战"原则;最早提出"治军"一词,并明确"以治为胜"的军事思想。但是,《吴子》一书是在《孙子兵法》基础上的发展,在军事理论原则上,它并没有超过孙子,而且一些词句往往可在《孙子兵法》中找到征引之源。

如《吴子·治兵》中"以近待远,以佚待劳,以饱待饥",语出《孙子兵法·军争篇》;《吴子·论将》中"治众如治寡",语出《孙子兵法·势篇》;《吴子·应变》中"敌若绝水,半渡而薄之",源于《孙子兵法·行军篇》中的"客绝水而来,勿迎之于水内,令半济而击之"。

由此可以看出二者之间明显的师承关系。

(3)《尉缭子》与《孙子兵法》

《尉缭子》也是战国时期的一部重要兵家著作,在后来的《武经七书》中占有一席之地。由于史载不明,长期以来人们对其作者和成书年代存有争论,甚至将其列入"伪书"。1972年银雀山汉墓竹简出土,其中有六篇内容与今本《尉缭子》基本相合,书体是隶书中带有明显的篆体风格,不避讳汉初几个皇帝的名字,如"邦""恒""启""彻"等。这说明,竹简应为秦汉之际或更前遗物,伪作之说应予排除。

《尉缭子》一书内容宏富,思想精辟,从中也可以看出《孙子兵法》的影子。如《战威篇》说:"凡兵,有以道胜,有以威胜,有以力胜。讲武料敌,使敌之气失而师散,虽形全而不为之用,此道胜也。审法制,明赏罚,便器用,使民有必战之心,此威胜也。破军杀将,乘闉(yīn,指古代瓮城的门)发机,溃众夺地,成功乃返,此力胜也。"他又说:"兵胜于朝廷。不暴甲而胜者,主胜也;阵而胜者,将胜也。"(《尉缭子·兵谈篇》)这正是对《孙子兵法》把"道"列为五事之首,重视"庙算",主张"上兵伐谋","不战而屈人之兵"思想的继承和发展。

《尉缭子》主张"量土地肥硗而立邑,建城称地,以城称人,以人称粟。三相称,则内可以固守,外可以战胜"(《尉缭子·兵谈篇》)。这与孙子的"地生度,度生量,量生数,数生称,称生胜"(《孙子兵法·形篇》)的综合国力观又是一脉相承的。

《尉缭子》强调"人事",不求鬼神;主张"先料敌而后动,是以击虚夺之也"(《尉缭子·战威篇》);提倡决战要迅速坚决,一旦兵之所加,"如山如林,如江如河""如垣压之，如云覆之"(《尉缭子·兵谈》)，以磅礴之势压垮敌人，反对旷日持久。这些与孙子军事思想息息相通之处，俯拾即是。

除了这些，《尉缭子·将理篇》直接引用孙子原话："《兵法》曰：'十万之师出，日费千金。'"还如前举称扬孙武以弱胜强的战场功绩，都再明显不过地表明了《尉缭子》对孙武思想的继承与发展。

（4）孙膑与《孙子兵法》

战国时期兵家与《孙子兵法》的师承与渊源关系，最紧密的还是孙膑以及他的《孙膑兵法》。

司马迁在《史记·孙子吴起列传》中说："孙武既死，后百余岁有孙膑。膑生阿、鄄之间，膑亦孙武之后世子孙也。"孙膑虽和孙武有亲缘关系，但一个生长在北方的齐国，一个活动在南方的吴国，两人都被尊称为孙子，后代为了区别，有时称孙膑为"齐孙子"，称孙武为"吴孙子"。据说，孙膑与庞涓同向鬼谷子学习兵法，鬼谷子器重孙膑，将孙武的兵法十三篇偷偷地独传给他。孙膑后来韬略出众，受到同归魏国的同学庞涓的忌妒和陷害，孙膑被"以法刑断其两足"(《史记·孙子吴起列传》)，于是连真名字也没有留下来，以"膑"（同"髌"，古代剔去髌骨的酷刑）为名行世。

后来，孙膑被人从魏国营救回齐国，以军师之任策划指挥了齐、魏两国之间的桂陵、马陵两大战役，终于制服强魏，逼杀庞涓，威震天下。在这两次著名的战役中，孙膑创造的"围魏救赵"与"减灶诱敌"，成为军事史上的光辉战例，显露出他杰出的军事才华。

孙膑的"围魏救赵"，运用的正是《孙子兵法·虚实篇》"攻其所必救"的谋略原则（汉简《孙膑兵法·十问》就直接引用了这句话）。孙膑"减灶"擒庞涓，他说："兵法：百里而趣利者蹶上将，五十里而趣利者军半至"。正是《孙子兵法·军争篇》的精神再现。从某种程度上说，孙膑的赫赫战功正是创造性地学习和运用《孙子兵法》的结果。这是问题的一个方面。另一方面，孙膑还有篇籍垂著于世，他的《孙膑兵法》则从理论上推进和发展了孙子学。

据《汉书·艺文志》，有"《齐孙子》八十九篇"，但从东汉以后久已失传，因此在历史上留下许多疑误。或说只有孙膑而无孙武，或说二人实际为同一人，《孙子兵法》十三篇为孙膑所作，等等。1972年银雀山汉墓发现不但有《孙子兵法》残篇，而且还有失传一千多年的《孙膑兵法》（只有一万多字，非全书）出土，这就为我们了解《孙子兵法》在历史上的最初传播提供了新基础和新材料。

经整理竹简，《孙膑兵法》分上下两编，各十五篇，共三十篇。其中给人印象很深的一点是，处处皆见孙子的风格和精神,甚至其兵法语言都与《孙子兵法》有许多相同、相似之处。如"避而骄之,引而劳之""攻其无备,出其不意""料敌计险,必察远近"(《威王问》)等,都几乎是《孙子兵法》原文。

今人刘春志撰有《略论〈孙膑兵法〉与〈孙子兵法〉的师承关系》一文,从三个方面阐述了两本兵家著作的内在联系和师承关系。

一是孙膑祖述孙武,为传播和运用《孙子兵法》进行了不懈的努力。首篇《擒庞涓》,孙膑先后为主将田忌谋划四条妙计,条条都与孙子的理论惟妙惟肖。第一条"南攻平陵",向敌"示之疑""示之不知事",实即孙子"强而避之""用而示之不用"。第二条"平陵佯败",故意牺牲齐城、高唐二大夫,实即孙子"顺佯敌之意""能而示之不能"和"利而诱之"。第三条"遣轻车西驰(大)梁郊,以怒其气,分卒而从之,示之寡",实即孙子"怒而挠之""攻其所必救"。第四条桂陵设伏,一举歼敌,实即孙子的"出奇制胜"和"攻其无备,出其不意"。像这样活用活学《孙子兵法》的例子各篇皆有,反映了二者在意境神韵上的息息相通,水乳交融。

二是孙膑继承和发展了孙子的基本理论。在新的历史条件下,孙膑对孙子不只是简单地模拟和承袭,还有推进和发展。如孙子在战争观上只提出"利战"说,对战争性质的区分默无一词；而孙膑在《见威王》一篇中不但转述了孙子重战、慎战、利战、备战等观点，还提出"战胜而强立"，"卒寡而兵强者，有义也"的新见解，对战争性质作了更多区分，如主张通过正义之战而令"天下服"，即实现国家统一。又如"阵法"是孙武极少谈及的，为适应战国时代大规模机动野战的需要，孙膑更重视这种对兵力进行有机协同配备的作战形式。《孙膑兵法》"三十篇"，其中《八阵》《十阵》《十问》《官一》四篇专谈阵法，其他篇也间有涉及。他如此系统阐述阵法的名称、功能、布阵方法以及如何破敌之阵，这在历史上看还是最早的。其他还有许多方面，不复一一列举。

三是与《孙子兵法》成一家之言，孙膑成为孙武的正宗传人。在先秦典籍中，有些著作出于门户之见，不采孙武其人其事，在《吴子》《司马法》《尉缭子》《六韬》等兵家著作中，虽不同程度地反映了孙子的某些思想，或明引暗借孙子的一些语意，但远非对孙子理论的系统阐述和传播，孙子对它们的影响也是一般的。而孙膑祖述和再现孙武的思想，二人的关系类似于儒家的孔子和孟子。"孟轲好辩，孔道以明，辙环天下，卒老于行。"（韩愈《进学解》）同样孙膑的弟子也说："明之吴越，言之于齐，曰知孙氏之道者，必合于天地。"（《孙膑兵法·陈忌问垒》）

正因为《孙膑兵法》与《孙子兵法》这种突出的内在

联系，所以古人才把孙膑看作孙武的真正继承者，司马迁将二人并称为"孙子"，合为一传。说孙膑是《孙子兵法》"十三篇"的真正作者已被考古发现确证其谬，但既然《孙子兵法》被涂上那么厚重的战国色彩，说孙膑及其弟子整理阐发过十三篇，并在润色时掺进一些新的语言和称谓，这也是很自然的事情。

《孙子兵法》在战国誉满天下，流风所及已不限于军事领域。

白圭是战国著名的"货殖家"，以经营工商业见长。他早年跻身行伍，"为中山将，亡六城，君欲杀之，亡入魏，文侯厚遇之，还拔中山"（《史记·鲁仲连邹阳列传》注）。后来白圭退伍"治生"，把兵家经验用于商业经营，成绩卓然。他谈自己体会时说："吾治生产，犹伊尹、吕尚之谋，孙、吴用兵，商鞅行法是也。"（《史记·货殖列传》）

成书于战国（一说在秦汉前期）的《黄帝内经》是我国最早的一部医书，奠定了中医学发展的理论基础。其中引语说："兵法：无迎逢逢之气，无击堂堂之阵。"（《灵枢·逆顺》）这正是《孙子兵法·军争篇》中"无邀正正之旗，无击堂堂之阵"一语的转化。由此可见《孙子兵法》在先秦时期流传之广，并初步奠定了其在兵学上的权威地位。

3.《孙子兵法》与秦汉兵坛

秦王扫六合,虎视何雄哉!

西方的秦人终于翦灭群雄,一统华夏,中国出现了空前版图的大帝国。老百姓想的是过和平日子,"元元黎民,得免于战国"(《史记·平津侯主父列传》)。秦始皇志得意满,一心想着他万世一系的王朝如何"传之无穷"。为了消弭敌对势力的反抗,他不但收缴所有的民间兵器,还放了一把火,除官府可以收藏外,把《诗》《书》和先秦诸子百家的著作统统烧了,这里面当然包括《孙子兵法》等兵家书。

幸亏历史的长河仅甩了个急转弯,秦王朝不过威风了15个春秋就灰飞烟灭。等到刘邦的大军一开进咸阳城,萧何做的第一件事,就是把秦朝的皇家藏书和档案接收下来。《孙子兵法》劫后余生,幸哉!

战国末年"藏孙、吴之书者家有之",短时间内秦人也未必能烧光,尤其是那些素有异志的六国旧贵族,如项梁叔侄,仍把兵书视为珍宝。从银雀山汉墓出土竹简可以看出,这里各类先秦兵书门类齐全,儒经却一无所获,《孙子兵法》仍以顽强的生命力发挥着巨大的社会功用。

(1)"韩信所学,孙武是也"

韩信是楚汉战争中的风云人物。他辅佐刘邦,"连百万之军,战必胜,攻必取"(《史记·高祖本纪》),开两汉四百年基业,同萧何、张良一起被誉为"三杰"。

《汉书补注》引唐人李靖的话说:"张良所学,《六韬》《三略》是也;韩信所学,《穰苴》《孙武》是也。"尽管韩信过早成为政治斗争的牺牲品,没有留下理论著作,但他活用《孙子兵法》所创造的光辉战例,却使他英名长存。《汉书·艺文志》有《韩信》三篇,入兵权谋家可证。

韩信在汉中拜将之后,明修栈道,暗度陈仓,以声东击西之计一举攻入关中。不久,韩信北上破魏,他一面在临晋(今陕西大荔)佯装渡河,一面潜军夏阳(今陕西韩城),以木罂缶(即瓮筏)突然飞渡黄河,一举袭灭魏国。这是一遇河川,偷渡成功。

破魏后,韩信东越太行,出井陉口准备灭赵。这时韩信人马数万,而赵军号称20万,又以逸待劳。韩信一方面夜派轻骑二千隐蔽在赵营附近,一方面不顾兵家之忌,进到绵曼水东岸背水列阵。第二天接战,韩信佯败诱敌,赵军全部出击,两军在背水阵前激战。这时韩信预先埋伏的轻骑乘虚袭占赵军营垒,正面的主力又奋勇拼杀,赵军腹背受敌,大败。

事后,韩信手下将士不解地问:《兵法》:'右背山陵,前左水泽。'今者将军令臣等反背水阵,曰破赵会食。臣等不服,然竟以胜,此何术也?"韩信说:"此在《兵法》,顾诸君不察耳。《兵法》不曰:'陷之死地而后生,置之亡地而后存？'"(《史记·淮阴侯主父列传》)这是二遇河川,背水阵为胜。

韩信连战连捷,不久即以迅雷不及掩耳之势,攻下齐国都城临淄,齐王田广退守高密。这时楚将龙且率兵20万援齐,和田广合兵,与韩信夹潍水而对阵。韩信在一天夜里,派万人用沙囊偷偷在潍水上游筑起一道水坝,下游顿时河浅。次日天明,韩信率少数军队涉水进攻,又佯败诱敌。楚将龙且下令全军渡河,乘其半渡之时,韩信破决上游水坝,大水汹涌而至。韩信再挥军反击,楚军溃散,杀龙且,俘田广,齐地平定。这是三遇河川,水攻得手。

韩信指挥三大战役,三遇河川,却能根据作战对象和具体情况的不同,三变战法,三获大捷,证明他确实有战场上的大手笔。

(2)汉代对《孙子兵法》的整理和著录

秦汉时期,"孙子学"的主要成就,一是对兵书包括《孙子兵法》进行多次整理定型,从而进一步使其广为流传,扩大了影响；二是将领们注意在治军用兵中实际运用。

西汉时期,为适应专制政治和封建文化发展的需要,曾三次对兵书进行整理、分类和编订,开始有意识地对兵学理论体系进行归纳。

第一次是汉初,由张良和韩信"序次兵法,凡百八十二家，删取要用，定著三十五家"（《汉书·艺文志》）。所谓"序次"就是进行筛选、校理，然后分类，再按一定顺序编排起来，还要写出序录。《孙子兵法》必定在三十五家之中，而且还保持着十三篇的原貌。因为汉简中明确有"十三篇"字样。可惜这次整理出来的具体成果今天已不知道了。

第二次是在汉武帝时期，因为此前皇家所藏兵书"诸吕用事而盗取之"，已经篇简散乱，所以汉武帝命令军政官杨仆"捃摭遗逸，纪奏兵录"，但"犹未能备"（《汉书·艺文志》），已经很不完整。这次整理的成果是编出了中国古代最早的兵书目录《兵录》。这时的《孙子兵法》仍然是十三篇，因为司马迁得见皇家"石室金匮"藏书，他在《史记》中说："世俗所称师旅，皆道《孙子》十三篇。"（《史记·孙子吴起列传》）后来《兵录》也失传了。

第三次是在汉成帝时，朝廷一方面派人"求遗书于天下"，从民间广泛搜求各类图书，以补充皇家藏书；一方面任命步兵校尉任宏专门整理兵书。任宏按兵权谋、兵形势、兵阴阳和兵技巧把兵书分成四类，每类各有定义，编成中国古代最早的兵书分类目录《兵书略》。后来《兵书略》被刘歆收入《七略》，此书虽已失传，但《兵书略》通过班固的《汉书·艺文志》被大体保存下来。

至于为什么《汉书·艺文志》著录"《吴孙子兵法》

八十二篇，图九卷"，使它与以前和后代的本子相比都多出来六十九篇？原因可能是由于汉代军事学术的繁荣，孙子学派的传人写出大量阐发解释"十三篇"的篇章，这时被搜求出来，就附在《孙子兵法》中，但并未打乱原来"十三篇"的结构和篇目。这类内容不但在汉简中的"十三篇"之外有一些佚文，在《通典》《太平御览》和历代注解孙子的注文中也都引用过。

由于汉代官方组织力量进行整理，有利于《孙子兵法》等兵书的流传和定型。今天我们看到"十三篇"的题名和次序，应该在这时被确定下来。因为从银雀山竹简《孙子兵法》看，汉初本与今本仍有一些不同。

在汉代，随着《孙子兵法》的传播，迅速繁衍出这一体系的许多兵法著作。这些孙子后学、弟子在整理"十三篇"的同时，也写出一些并不一定符合孙子旨意的东西，但为了便于推销，就采取欺世盗名的手法，伪托祖师爷的威名。如前边所谈到的《汉书·艺文志》中附在孙子名下的另外六十九篇，《通典》等书收载的《孙子兵法》佚文等。见解平庸一些，也还罢了，特别是被隋唐史书所著录的《孙子兵法杂占》《吴孙子牝牡八变阵图》《孙子战斗六甲兵法》《吴孙子三十二垒经》《孙子兵法秘要》等，竟迎合汉代风行一时的神学迷信思潮，把原本十分严肃科学的孙子兵学体系，硬塞进一些荒诞不经的占卜之学。看来历史上一些伟大的思想和学说，往往会被一些不肖之徒曲解和庸俗化。《孙子兵法》是这样，古今中外的学术史上也不乏这样的例子。但时间是最好的试金石，三国时曹操对中国古代军事学的伟大贡献之一，就是抛掉这些乌烟瘴气的产物，还《孙子兵法》的本来目，只把正宗的"十三篇"注释传世。

汉代《孙子兵法》作为军事文化的主流，占据着兵学舞台的中心地位。同时由于儒、道、法、阴阳等诸子学说对兵学的渗透，也出现了带有杂家色彩的诸子兵法文化，作为军事文化的支流而产生影响。如《三略》和《淮南子·兵略训》，它们虽然自起炉灶，也不及《孙子》那样博大精深，但同样明显承袭了孙武的一些军事理论，二者有许多相通之处。

（3）《三略》与《孙子兵法》

《三略》又名《黄石公三略》，也被宋人收入《武经七书》。相传为秦末向张良亲授兵书的黄石公所作，《隋书·经籍志》直接题曰"下邳神人撰"。但据学者们研究，这本书是后人的伪托之作，作者是一位熟悉张良事迹和谋略运用特点，又博览诸子群籍的隐士，成书时间应在两汉之际。因为《后汉书·吴盖陈臧列传》记载汉光武帝刘秀在《诏报》中有一段源于《黄石公记》的引文，同今本《三略》几乎完全相同。而《三略》书名的首次出现，是在东汉末建安年间陈琳的《武军赋》中,《三略》和《黄石公记》正是同一本书。另外,《三略》在书中自称"为衰世作",也是本书著成时间的一个佐证。

《三略》全书分《上略》《中略》和《下略》三卷,在形式和内容上都有不同于以往的特色。从《孙子兵法》之后,兵书多以问答的形式出现,而本书则以引文论证为主,主要征引了《军谶》《军势》这两本今已失传的兵书。汉以前的兵书大多以人名作为书名,如《孙子兵法》《吴子》《尉缭子》等,而本书以内容题名,首开古代以"略"题名兵书之先例。

在思想体系上,《三略》杂取儒家民本思想、道家"柔弱胜刚强"思想和法家"令出必行"法治思想,然后与孙子的兵学理论结合起来,重点阐述安邦治国、统军驭将的政治谋略。《三略》基本上是儒道兵本论和以《孙子兵法》为代表的将略论相结合的产物。

孙子非常强调"道",重视民心在战争中的作用,强调"令民与上同意",同生共死。《三略》继承了这一思想,指出:"夫主将之法,务揽英雄之心,赏禄有功,通志于众。故与众同好靡不成,与众同恶靡不倾。治国安家,得人也;亡国破家,失人也。""以寡胜众者,恩也;以弱胜强者,民也"(《上略》)。说的都是要想战场取胜,必须先收揽人心。

孙子主张对士兵要视为"婴儿""爱子",这样才可以

"与之俱死"。《三略》也强调将帅要爱护和尊重士卒,"必与士卒同滋味而共安危""冬不服裘,夏不操扇,雨不张盖",士卒感激奋发,才能"使三军如一心,则其胜可全"(《上略》)。

孙子非常重视对将帅的选拔,提出"知兵之将,生民之司命,国家安危之主也"(《孙子兵法·作战篇》),并以"智、信、仁、勇、严"作为选拔标准。《三略》主张选拔将帅要任人唯贤,反对任人唯亲,因为"贤人所归,则其国强"(《下略》)"贤者所适,其前无敌"(《上略》);而"贤去,则国微;圣去,则国乖"(《下略》)。作者也提出"虑、勇、动、怒"四字,作为将帅明诫。《孙子兵法》中提出"将有五危:必死可杀也,必生可虏也,忿速可侮也,廉洁可辱也,爱民可烦也"(《孙子兵法·九变篇》)。《三略》也分析将帅性格上的弱点说:"使智、使勇、使贪、使愚。智者乐立其功,勇者好行其志,贪者邀趋其利,愚者不顾其死。因其至情而用之,此军之微权也。"(《中略》)都显示了对选将的重视。

孙子把"将能而君不御"看作是战场取胜的必要条件,反对君主随意干涉军事指挥。《三略》也接受兵家这一思想,明确指出:"出军行师,将在自专;进退内御,则功难成。"(《中略》)强调了君主只有对将帅放手使用,才能使他们"统军持势","制胜破敌"。

"知彼知己"和"兵者诡道"是孙子兵学体系的两大基石,《三略》虽然不把论述重点放在一般的作战谋略上,但在这方面也继承了孙子的理论。如"用兵之要,必先察敌情"(《上略》),"非计策无以决嫌定疑,非谲奇无以破奸息寇,非阴谋无以成功"(《中略》)都表明《三略》虽对各家兼采并蓄,但在对战争一般规律的认识上,仍不能越《孙子兵法》之雷池。

像这种明显受到《孙子兵法》的影响之处,还可以举出许多。尽管《三略》和《孙子》处于不同的时代背景,各自兵学体系的哲学基础也不一样,谈论军事理论的角度会有不同,但它们的研究对象,战争客体是共同的,它们的兵学理论就必然会有相通之处,会表现为一种前后相继的承递关系。

这种情况也适用于《淮南子·兵略训》。

(4)《淮南子·兵略训》与《孙子兵法》

《淮南子》是西汉前期淮南王刘安集中手下门客集体编著的一本书,带有黄老学派的思想色彩。全书21篇,各按不同主题构思而成,《兵略训》是其中专论军事的一篇。

作为一篇军事论文,《兵略训》虽然保留了汉初黄老之学的若干特点,但由于受先秦兵学著作如《孙子兵法》《孙膑兵法》的深刻影响而与其一脉相承。据日本学者谷中信一的研究,《兵略训》与《孙子》相应的地方共有 12 处,与竹简《孙膑兵法》语意相近的段落也有 14 处。《兵略训》不仅在许多方面发挥了《孙子兵法》的思想,还直接提到孙武,如"君臣乖心,则孙子不能以应敌"。

孙子非常重视战争之前的谋划和决策,称之为"庙算"。孙子还具体提出双方实力对比的分析方法,如"主孰有道?将孰有能?天地孰得?法令孰行?兵众孰强?士卒孰练?赏罚孰明?"(《孙子兵法·计篇》)《兵略训》也说:"凡用兵者,必先自庙战。"庙战实际就是庙算。为此,《兵略训》也把这种对策较量具体化为:"主孰贤?将孰能?民孰附?国孰治?蓄积孰多?士卒孰精?甲兵孰利?器备孰便?故运筹于庙堂之上,而决胜乎千里之外矣。"对于天地条件,《兵略训》也没有遗漏,强调作战必须"上知天道,下习地形,中察人情",然后"以虑论之"。由此可以看出,这种"庙战"思想正是继承孙武的"庙算"而来的。

孙子十分重视"势"这一兵法概念,强调"善战者,求之于势,不责于人"(《孙子兵法·势篇》)。"水因地而制流,兵因敌而制胜,故兵无常势,水无常形,能因敌变化而取胜者,谓之神"。(《孙子兵法·虚实篇》)《兵略训》明显受孙子的影响,说:"兵有三势,有二权。有气势,有地势,有因势。""夫地利胜天时,巧举胜地利,势胜人。"那么如何"因势"胜人呢?《兵略训》解释为乘敌人饥饿、冻渴、疲劳、混乱、懈怠、恐惧之时，我方突然袭击而歼灭敌人。这正是孙子一贯主张的"因敌制胜"之术。

"奇正"思想来源于老子的"以正治国,以奇用兵"(《道德经》)。但真正把它体现在用兵谋略上，则始之于孙武。《孙子兵法·势篇》》说："三军之众,可使必受敌而无败者,奇正是也。""凡战者,以正合,以奇胜。""战势不过奇正,奇正之变不可胜穷也。"《兵略训》对孙子这种灵活出奇的战术思想也有深刻理解，也强调"明于奇正",说"奇正之相应,若水火金木之代为雌雄也";"同莫足以相治也,故以异为奇。两爵相与斗,未有死者也;鹯鹰至,则为之解,以其异类也"。所以在用兵之术上,《兵略训》"善用轻出奇者"的思想与《孙子兵法》是相通的。

孙子的用兵"诡诈"思想是其军事理论体系的一个支点，强调用各种手段包括使用间谍去迷惑扰乱敌人，同时隐蔽和保护自己。《兵略训》同样对这种思想加以继承和发挥，说："兵贵谋之不测也,形之隐匿也,出于不意,不可以设备也。谋见则穷,形见则制。故善用兵者,上隐之天,下隐之地,中隐之人。"这是指的隐蔽自己。对于迷惑敌人,《兵略训》说："用兵之道,示之以柔而迎之以刚,示之以弱而乘之以强,为之以歙而应之以张,将欲西而示之以东,先忤而后合,前冥而后明,若鬼之无迹,若水之无创。故所乡非所之也,所见非所谋也,举措动静,莫能识也。"这同《孙子兵法·计篇》的"能而示之不能，用而示之不用，近而示之远，远而示之近"连词义都很相近。《兵略训》也承袭了孙子的"用间"思想，说："善用间谍，审错规虑，设蔚施伏，隐匿其形，出于不意，敌人之兵无所适备，此谓知权。"

"爱兵如子"是孙子的重要治军思想，《兵略训》同样要求官兵一体，而达到的途径就是"上视下如子，则下视上如父；上视下如弟，则下视上如兄。""上亲下如弟，则不难为之死；下视上如兄，则不难为之亡。是故父子兄弟之寇，不可与斗者，积恩先施也。"因为要使军队有战斗力，必须调整好内部关系，使之官兵一心，同仇敌忾。

当然，必须承认，由于《三略》和《淮南子》这类军事著作偏重于从社会政治方面来论及军事理论，不像《孙子兵法》完全从战争矛盾的规律入手，即它们谈兵的角度有所不同，互相之间的相异之处也是很突出的，这里就不多说了。

（5）司马迁与《孙子兵法》

言兵者不止兵书。

中国是一个史学传统非常悠久的国度，谈到《孙子兵法》的传播和影响，不能不提第一个为孙武其人其事树碑立传的司马迁及其不朽的《史记》。

《左传》成书于战国初期，它曾以泼墨重笔描述了春秋末年吴、楚、越一系列战争中伍子胥的事迹，却对孙武只字未提。直到西汉中期，太史公司马迁才在《史记》中特为这位东方兵学鼻祖立传，记载了他的国籍、经历和用兵业绩，还明确指出他以所著"十三篇"见吴王阖闾，并揭示《孙子兵法》的广泛传布："世俗所称师旅，皆道《孙子》十三篇，吴起兵法，世多有，故弗论，论其行事所施设者。"

正因为大家对"十三篇"都很熟悉，所以司马迁在《孙子列传》中侧重谈孙武的事迹、业绩，而没有论及他的兵法著作。这不是因为《孙子兵法》不足道，相反司马迁在记述战争史上的名将时，都有意把他们的军事成就与《孙子兵法》联系起来，以昭示《孙子兵法》的不朽价值。

孙膑是"孙武之后世子孙"。司马迁浓墨描绘他解赵之围，如何活用孙子"攻其所必救"和"避实击虚"的用兵原则。在马陵之战前，孙膑又直接引用孙子的话说："兵法：百里而趣利者蹶上将，五十里而趣利者军半至。"减灶擒庞涓，也是孙子"兵者诡道"和"能而示之不能"原则的生动实践。司马迁正是通过战史来高度评价《孙子兵法》的。

赵奢是赵国名将，他在阏与之战中对地形与战争胜败关系的论断与《孙子兵法》的语言大同小异。针对不肖子赵括善于纸上谈兵，赵奢说："兵，死地也。"（《史记·廉颇蔺相如传》)正是暗引孙子"兵者,死生之地"来作为批评儿子的理论根据。

田单是齐国力挽狂澜的名将,司马迁在记述了他离间燕国君将关系,以"火牛阵"奇谋复国的事迹后评论说:"兵以正合,以奇胜。善之者,出奇无穷。奇正还相生,如环之无端。夫始如处女,适人开户;后如脱兔,适不及距:其田单之谓邪!"(《史记·田单列传》)这种直接引自《孙子兵法》的语言,正好证明司马迁也是一位孙子学的专家。

秦汉之际的名将祖述《孙子兵法》来指导战争实践,也都被太史公一一记述在《史记》的有关篇章中。像前边谈到韩信在井陉之战中以《孙子兵法》的原则布下"背水阵",从而大获全胜。有趣的是,战前他的对手赵将陈馀也在高唱"孙子经"。当时韩信兵力数万,而陈馀兵力20万,当有人劝陈馀"坚营勿与战",同时以小部兵力绝敌辎重时,陈馀却以"吾闻兵法十则围之,倍则战"拒绝"用诈谋奇计"(《史记·淮阴侯列传》),结果大败。这说明对《孙子兵法》也有灵活运用或机械理解的问题。

汉初英布反叛,楚王刘交奉刘邦之命与英布作战。战场摆在淮南"徐、僮间",刘交自己的军队分为三支,意图能互相救援。有人对刘交说:"(英)布善用兵,民素畏之。且兵法,诸侯战其地为散地。今别为三,彼败吾一军,余皆走,安能相救?"刘交不听,结果英布"破其一军,其二军散走"(《史记·黥布列传》)。这里所说兵法即指《孙子兵法·九地篇》所说的"诸侯自战其地,为散地","散地则无战"(《孙子兵法·九地篇》)。因为"士卒恋土,道近易散"(《十一家注孙子校理》),所以不宜布兵作战,更忌分散兵力。

(6) 两汉名将与《孙子兵法》

通过另一史籍《汉书》的有关记载,我们可以进一步了解《孙子兵法》在两汉时期的巨大影响及其在治军作战中具体的指导作用。

"将在军,君令有所不受"(《史记·黥布列传》)是孙子一项重要的治军原则,这也为汉代军制所沿袭。汉文帝前往周亚夫细柳营中劳军,却不能随意进入营门,因为"将军令曰'军中闻将军令,不闻天子之诏'"(《史记·绛侯周勃世家》)。赵充国屯兵河湟,汉宣帝仅根据天文"五星出东方"之兆,便令远在万里之外的军将深入急战,赵充国以为"将任兵在外,便宜有守,以安国家"(《汉书·赵充国辛庆忌传》),因而上书拒战。

赵充国是西汉的一代名将,曾被皇宫麟阁绘图题名。他少年时即"好将帅之节,而学兵法",因而"沉勇有大略",有人称他是历史上运用孙子思想最充分也最有效的将领之一。他在边疆多次上书言兵事,皆直引孙子之言为立论根据，如："全师保胜""先计而后战""攻不足者守有余""善战者，致人不致于人""穷寇不可追""帝王之兵，以全取胜，是以贵谋而贱战；战而百胜，非善之善者也，故先为不可胜以待敌之可胜""顺天时，因地利""兵以计为本，故多算胜少算"等等。所以赵充国奏章每上，皇帝总是报以"将军计善"，丞相称扬"其言常是"，大臣皆服。

汉武帝要求爱将霍去病学习"孙吴兵法"，从而使得"功成画麟阁，独有霍嫖姚"（李白《塞下曲·其二》）。卫青伐匈奴，右将军苏建亡军独归，讨论如何对他治罪时，军正、长史都引用《孙子兵法·谋攻篇》的"小敌之坚，大敌之擒"来为他开脱死罪。汉宣帝时名将冯奉世在上书论陇西平羌时说："臣闻善用兵者，役不再籍，粮不三载。"（《汉书·冯奉世传》）这也是语出《孙子兵法》。

飞将军李广以勇敢著称，一次追击三名匈奴射雕者，仅率百余骑兵而突然与敌人数千骑相遇。李广部下十分恐惧，准备后逃，李广却要大家大胆向匈奴迎去，在距敌仅二里之处停下，解鞍放马。李广部下都把心悬在嗓子眼上，说："虏多且近，即有急，奈何？"（《史记·李将军列传》）李广却用《孙子兵法》中"强而示之弱""虚而虚之，使敌转疑以为我实"（黄之瑞《草庐经略·虚实》）的谋略解释说，如果我们百骑而逃，敌人就把我们底细看破，立刻会把我们消灭；可是如果我们不走，敌人就会把我们看成大部队的诱敌之兵，而不敢向我们进攻。这种类似"空城计"的做法果然使匈奴"终怪之，不敢击"。天黑后，匈奴撤走，李广等人也安全返营。可见李广也是很精通孙子"示形诱敌"之术的。

在汉代，作为一个军事将领，熟知《孙子兵法》是必要的任职条件。每年的立秋之日，从京都到地方各郡，都要举行讲武之礼，皇帝亲乘戎车，赐武官以束帛，"武官肄兵，习战阵之仪"（《晋书·礼志下》），演习孙、吴兵法六十四阵，名曰"乘之"。每当战场形势紧张，需要从民间选将时，皇帝诏书规定的选拔条件即是"明《兵法》"。如汉武帝时衡山王谋反，求"能为《兵法》者"；汉哀帝时诏"举明《兵法》有大虑者"；汉平帝时"举勇武有节明《兵法》，郡一人，诣公车"；王莽时"除用征诸明《兵法》六十三家术者，各持图书"；等等。可见民间通晓《孙子兵法》者也大有人在。

东汉时，儒学在整个社会的影响日益扩大，也不断浸润军事领域。《汉书》的作者班固承继荀子"仁义之兵"的标榜，非议《孙子兵法》为"权谋势利"。班固在《汉书·刑法志》中说"孙、吴、商、白之徒，皆身诛戮于前，而国灭亡于后"，甚至说这是他们"因势辅时，作为权诈"的应得"报应"。这就为后世儒家鄙视和贬低以孙子为首的兵家文化开了先河。

尽管儒生们指手画脚嘴强牙硬,但在血与火的战争舞台上,他们仍不得不把主角的地位拱手相让。东汉名将冯异"好读书,通《左氏春秋》《孙子兵法》"(《后汉书·冯岑贾列传》),议兵时随口引述孙子"守则不足,攻则有余"(《孙子兵法·形篇》)作为自己的立论根据。东汉末杨赐提出镇压黄巾军的"釜底抽薪"战略,刘陶回答:"此孙子所谓不战而屈人之兵,庙胜之术也。"皇甫嵩与董卓一起往陈仓(今陕西宝鸡市东)平叛,董卓力主速战,皇甫嵩却主张先固守后出战,他直引《孙子兵法》说:"百战百胜,不如不战而屈人之兵。是以先为不可胜,以待敌之可胜。不可胜在我,可胜在彼。彼守不足,我攻有余。有余者动于九天之上,不足者陷于九地之下。"(《后汉书·皇甫嵩朱儁列传》)据此,皇甫嵩从冬至春坚守80余日,趁敌疲惫,一击而取"全胜之功"。另外,袁绍想与曹操一争北方之雄,手下谋士郭图、审配也引孙子"十围五攻,敌则能战"(《后汉书·袁绍刘表列传》)的话劝他早日下手。

这时一些进步的思想家对孙子仍是赞誉备至。如王充在《论衡·量知》中称孙子"善用兵"。王符也在《潜夫论》的《劝将》《边议》等篇中引用《孙子兵法》。

秦汉时期是《孙子兵法》在中国古代兵坛上被确立至高地位的重要阶段。

4. 魏晋战乱　兵经弥重

（1）诸葛亮与《孙子兵法》

在中国人的眼中，"军师"代表着聪明、智慧和神机妙算，而历史上最有名的军师，恐怕要数诸葛亮了。妇孺皆知的孔明先生，虽身着鹤氅，手摇羽扇，但对用兵却能掐会算，料敌如神。他上知天文，下晓地理，身居茅庐，便知天下三分；借来东风，便火烧曹操战船。虽然最终"出师未捷身先死，长使英雄泪满襟"，但那是由于"虽得其主，不得其时"，他也不能有超越时势的奢求，客观环境的力量毕竟比个人的力量更强大。若论人谋，诸葛亮的确算得上是一代人杰。

诸葛亮不是神，学而成谋，他的过人智慧当然是博览群书，熟读兵法的结果。据说诸葛亮14岁就进入刘表开办的学业堂攻读兵法。隐居隆中后，更是一边读书，一边与学友切磋学问，同时还遍求名师。庞德公、司马水镜、向朗都曾向他传授兵法韬略。这些兵法，当然包括《孙子兵法》，这从以后诸葛亮的军事思想中可以得到印证。

兵法著作《将苑》一书，虽然不是诸葛亮所亲撰，但大致也反映了他的军事思想。在《揣能》篇中，诸葛亮以孙子庙算的"五事七计"为尺度，分析战争双方的优劣长短，提出判断战争胜负的基本方法。如："主孰圣也？将孰贤也？吏孰能也？粮饷孰丰也？士卒孰练也？军容孰整也？戎马孰逸也？形势孰险也？宾客孰智也？邻国孰惧也？财货孰安也？百姓孰安也？由此观之，强弱之形，可以决矣。"这里面也包括军事、政治、经济、外交、地形诸因素的综合衡量，在"未战先谋"这一点上，与《孙子兵法》是一致的。

孙子曾提出："将军可夺心。"张预注："心者，将之所主也。"李筌注："怒之令愤，挠之令乱，间之令疏，卑之令骄，则彼之心可夺也。"这就是有名的"将军可夺心"的谋略一法。夺心就是对敌展开心理战，而诸葛亮正是创造性地发展了孙子的这一谋略。他用兵作战，非常注意攻心，"用兵之道，攻心为上，攻城为下；心战为上，兵战为下"（《三国志·蜀书·董刘马陈董吕传》），成为兵学宝库中的著名法则。如平定南中，诸葛亮为了一劳永逸地使少数民族不再叛乱，并变害为利，为蜀汉的北伐中原提供人力物力支援，于是以和抚为主，七擒七纵，收服孟获，可谓攻心的典范之作。无怪清人赵藩在成都武侯祠写下这样一副对联："能攻心则反侧自消，从古知兵非好战；不审势即宽严皆误，后来治蜀要深思。"

治军严明，这是诸葛亮的一大特点。他挥泪斩马谡，对蒋琬解释说："孙武所以能制胜于天下者，用法明也。是以扬干乱法，魏绛戮其仆。四海分裂，兵交方始，若复废法,何用讨贼邪!"(诸葛亮《论斩马谡》)马谡临死上书诸葛亮说:"明公视谡犹子,谡视明公犹父,谡虽死无恨于黄壤也。"(《三国志·蜀书·董刘马陈董吕传》)诸葛亮在治军中,确实是怀柔与威制并用,贯彻了孙子"令之以文,齐之以武"的原则。

孙子贵势,诸葛亮也认为作战成功主要在于掌握全局的"势"。孙子说:"善守者藏于九地之下;善攻者动于九天之上。"(《孙子兵法·形篇》)诸葛亮在论述进攻和防守问题时也指出,善于进攻的,要使敌人不知从何处防守;善于防守的,要使敌人不知从哪里进攻。孙子论及军队行动时,指出以分散和集中作为变化手段,"其疾如风,其徐如林,侵掠如火,不动如山"(《孙子兵法·军争篇》)。诸葛亮则说"退若山移,进如风雨,击若崩崖,合战如虎"(《将苑·将诫》),基本上是孙子原话的翻版。

对于孙子"虚实""奇正"等军事谋略,诸葛亮更是谙熟于心,在用兵中演化得炉火纯青,"战非孙武之谋,无以出其计远"(《便宜十六策·治军》)即是他的自我总结。

诸葛亮生前一直把曹操视为最大敌人。殊不知在精通运用《孙子兵法》方面,曹操不比诸葛亮弱;在对《孙子兵法》的理论研究和阐释传扬上,曹操又胜过诸葛亮。

（2）开风气之先的魏武《孙子注》

曹操生当汉末乱世，从小就"博览群书，特好兵法"(《三国志·魏书·武帝纪》注引孙盛《异同杂语》)。后来，他广泛搜集整理东汉以前的各家兵法著作，把精华部分摘录归纳，编成《兵书接要》《兵书要论》《兵书略要》等。在古兵书中，曹操最佩服和赞赏的是《孙子兵法》，他说："吾观兵书战策多矣，孙武所著深矣。"(《孙子序》)而且作为一代枭雄，曹操深知研究兵法的重要。史称他"御军三十余年，手不舍书。昼则讲武策，夜则思经传"，"其行军用师，大较依孙、吴之法，而因事设奇，谲敌制胜，变化如神"（《三国志·魏书·武帝纪》）。足证曹操以武称雄，仰赖于《孙子兵法》者甚多。

《孙子兵法》成书后的最初600多年间，并没有一个统一的定本和注释本。汉代虽有人进行过收集整理，但使《孙子兵法》卷帙变得越来越庞杂。从司马迁所称的"十三篇"，变成了班固著录的"八十二篇"，文字繁多，把原著的精神实质淹没了。《孙子兵法》不但内容变得良莠不分，而且文字到这时也显得深奥费解。正是鉴于对这本著作"世人未之深亮训说，况文烦富，行于世者，失其旨要"(《孙子序》)，于是曹操决定对《孙子兵法》进行删定和注解，除去后人附益的六十九篇，恢复《孙子兵法》十三篇的本来面目，增加解说文字，并写了序言。这样，不但诞生了《孙子兵法》的第一部注释本，也开启了后代注解兵书的先河，从而确立了曹操军事理论家的历史地位。

曹注《孙子兵法》文笔简洁，以把握旨要为准。今本《孙子兵法》全书约6 000字，而曹注仅3 861字，这在古籍注疏中鲜有其偶。但简练的同时又不失确切，如原文"通形者，先居高阳，利粮道以战，则利"(《孙子兵法·地形篇》)，曹注仅"宁致人无致于人"七字，言简意赅。又如原文"是故胜兵先胜而后求战，败兵先战而后求胜"(《孙子兵法·形篇》)。曹注仅"有谋与无虑也"，可谓要言不烦。正因为如此，曹注对后世各家注影响极大，常见"曹说得之""曹公说是也"一类批语。曹操既有军事家的经验，又有文学家的功底，才使曹注本成为《孙子十家注》中最早也最享盛誉的一种。近人周传铭就说："十家之注，概为书生，故惟曹操所注尚属近情。"(《孙子兵法古今释例》)

曹操对《孙子兵法》既有精深的理解，又根据自己的实战经验和读其他兵书的体会，作了创造性的阐发。如对孙子庙算之"五事""七计"，曹操注曰："计者，选将量敌，度地料卒，远近险易，计于庙堂也。"并且对于"道、天、地、将、法"五种决定战争胜负的基本因素都作了深入分析。特别是对于"天"，孙子只说"阴阳寒暑时制也"(《孙子兵法·计篇》)，如何顺从天理，则没有谈。曹操则引证它书，说：'顺天行诛，因阴阳四时之制，故《司马法》曰："冬夏不兴师，所以兼爱民也。"'这就使孙子本意变得深入而明了。再如孙子主张谋攻，说："上兵伐谋，其次伐交，其次伐兵，其下攻城。"（《孙子兵法·谋攻篇》）但是否攻城在任何时候都是下策呢？曹操注则指出其条件性："敌国以收其外粮，城以攻之，为下政也"，但若是固城之敌疲且困，"主弱客强，操所以倍兵围下邳生擒吕布也"。曹操以自己率军攻围吕布于下邳之战例，说明攻而取之也是可行的，这就丰富和发展了孙子的见解。

在注释《孙子兵法》时，曹操也继承发扬了原著蕴涵的朴素唯物论和辩证法思想。如孙子说："禁祥去疑，至死无所之。"（《孙子兵法·九地篇》）即在军中禁止迷信妖言，消除疑念，士兵就会死战而不退避。曹操注曰："禁妖祥之言，去疑惑之计。"孙子说："先知者，不可取于鬼神。"（《孙子兵法·用间篇》）曹操注曰："不可祷祀而求。"二者思想都同样闪耀着唯物论的光辉。孙子把战争看作是一个矛盾对立、统一和转化的过程，所谓"兵无常势，水无常形"（《孙子兵法·九变篇》），并提出对形和势、奇和正、虚和实、后和先等矛盾的运用原则，对此曹操都加以继承。对孙子所说"智者之虑，必杂于利害"，曹注中阐发为"在利思害，在害思利，当难行权也"，从而丰富了原著的辩证法思想。

在《孙子兵法》的理论研究上，曹操有开创之功。清人孙星衍说："秦汉以来用兵皆用其法，而或秘其书，不肯注以传世，魏武始为之注。"(《孙子兵法序》)曹操研究《孙子兵法》，确有筚路蓝缕之功，其影响主要表现在两方面。一是自曹操之后，历代《孙子兵法》注家蜂起，粗略统计也有151家，这些注本皆以曹注本为基础，沿袭了曹操注释的原则和方法，有的甚至直接因袭曹注，这对《孙子兵法》的传播意义重大。二是从版本学的角度看，曹操首先拨乱反正，恢复了《孙子兵法》十三篇的本来面目，再加上他评论精当，所以宋代之前，《孙子兵法》主要是靠曹注单行本流传的。即使还有一些集注本，也是以曹注为首。宋以后，出现了《武经七书》和《十家孙子会注》两大传本系统。前者奉宋神宗之旨，《孙子兵法》只用曹注，"其余注文并删去"。后者即由原集注本汇成，曹注为其中头一家。

可以说，正是由于曹操的整理、研究和注释，才使《孙子兵法》十三篇这颗文化明珠涤荡污垢，流传至今，并继续大放异彩。

曹操不仅仅是对《孙子兵法》进行书斋中的理论研究，更主要的是学以致用。他在实践中行军布阵"仿佛孙、吴"，巧妙运用孙子提出的战略战术，打了一个个胜仗，成为群雄之佼佼者。

孙子重视系统周密谋划的庙算，主张以"多算"胜"少算"。曹操自谓"吾任天下之智力，以道御之，无所不可"（《三国志·魏书·武帝纪》），即胸有全局，全面谋划，从而使自己一开始就处于战场形势的有利地位。

建安元年（196年），曹操完成了两项重要的战略决策。一是"奉天子以令不臣"。他把走投无路的汉献帝迎到许昌，从而取得优越的政治地位，并一直借天子的名义征讨其他军阀。在以汉为"正统"的三国初期，天子还是一张有力的政治王牌。因为军阀集团间的力量均势未被打破，谁拥有天子谁就有了道义人心。曹操眼明手快，一下就把孙子"五事"之首的"道"抓住了。二是"修耕植以畜军资"。曹操在经济上始兴屯田。孙子十分强调军粮问题，"军无辎重则亡，无粮食则亡，无委积则亡"（《孙子兵法·军争篇》）。这是战争胜负的又一关键。当时粮食缺乏，甚至有以人肉充干粮的，曹操即使"因粮于敌"也难以解决军粮筹集，最根本的办法只有发展生产。结果"州郡例置田官，所在积谷。征伐四方，无运粮之劳，遂兼并群贼，克平天下"（《三国志·魏书·武帝纪》）。

曹操运用孙子"庙算"之策，很有些青出于蓝而胜于蓝的味道。

避实击虚、机动灵活是孙子思想的灵魂。"攻而必取者，攻其所不守也"成为用兵警言。汉献帝初平三年（192年），曹操为东郡太守。黑山军首领于毒攻东郡武阳，诸将多请求前往救援，曹操却不救武阳而西攻于毒屯兵的大本营。他说："孙膑救赵而攻魏，耿弇欲走西安攻临菑，使贼闻我西而还，武阳自解也。"结果曹操就靠这种战术，不但解武阳之围，还一举击败敌人。著名的官渡之战，曹操也是靠夜袭乌巢，出敌意外，战败了来势汹汹的袁绍。诸葛亮在《隆中对》中就分析说："曹操比于袁绍，则名微而众寡。然操遂能克绍，以弱为强者，非惟天时，抑亦人谋也。"

曹操最初也是个不起眼的小军阀，但却在中原逐鹿中元气不伤，越战越强，其超人之处，就是能巧妙地把孙子灵活的战略战术运用于战场实践。

孙子说："知兵之将，生民之司命，国家安危之主也。"（《孙子兵法·作战篇》）可见其对慎选将领的重视。曹操之所以能成为实力最雄厚的一方霸主，一个很重要的因素就是他善于广罗人才，知人善用。但是，即使是猛将如云，也要随短长以任之。曹操将要亲自征讨汉中的张鲁，命令张辽、李典、乐进3人率7 000人守合肥，临行交代："若孙权至，张、李二将出战，乐将军守城。"（《三国演义》）众人初时不解，后来孙权果然率10万大军来攻合肥，三将按曹操旨意分工战守，挫败了孙权的围城计划，使之退兵。孙盛评论此战说："至于合肥之守，悬弱无援，专任勇者则好战生患，专任怯者则惧心难保……是以魏武推选方员，参以同异，为之密教，节宣其用，事至而应，若合符契，妙矣夫！"（《三国志·魏书·张乐于张徐传》）可能乐进过于胆烈，所以委以防守之责。

陈寿《三国志》评曹操是"非常之人，超世之杰"，鲁迅也称他至少是一位英雄。这位英雄的功成名就离不开《孙子兵法》的乳汁，而他对军事理论的精研和身体力行，又使《孙子兵法》光大流芳。这真是中国古代兵学史上的一段奇缘和佳话。

（3）历代名将"急读《孙子》"

魏晋南北朝的四方板荡，成了兵学兴盛和孙子备受青睐的肥厚土壤。谁都想把《孙子兵法》作为"利器"。置人于死地，运用之妙就看各自的悟性了。孙权少荷家国重任，受命于危难之际，自称："少时历《诗》《书》《礼记》《左传》《国语》，惟不读《易》。至统事以来，省三史、诸家兵书，自以为大有所益。"（《三国志·吴书·周瑜鲁肃吕蒙传》）正因为尝到读兵书的甜头，所以他力劝部将吕蒙和蒋钦"急读《孙子》"（《三国志·吴书·周瑜鲁肃吕蒙传》）。后来，吕蒙白衣渡江智战荆州，使关羽殒命麦城，看来也不是偶然的。

三国时，司马懿常引用《孙子兵法》之言指挥战争，其他如张郃、邓艾、钟会、袁涣、满宠、丁奉、和洽、陈群、辛毗之流皆口引孙子之意，不胜枚举。西晋时，不但汉人将相以习读《孙子兵法》为务,就连匈奴贵族刘渊也深受汉文化熏陶,师事上党崔游,"尤好《春秋左氏传》、孙吴兵法,略皆诵之"(《晋书·刘元海载记》)。后来学生打败老师,刘渊用孙子之谋把西晋君臣杀了个落花流水。

还有更多的将领,在战场上自觉运用《孙子兵法》的谋略原则,创造了战争史上一个个光辉的奇胜范例。

士气,是组成军队战斗力的精神要素。拿破仑说,一支军队的实力,有三分之四是士气构成的。固然不一定准确,但古今中外的名将都重视激励自己军队的士气,而设法挫敌锐气,也就是孙子说的"三军可夺气"(《孙子兵法·军争篇》)。楚汉战争最后的垓下一战,韩信用"四面楚歌",使楚军丧失斗志。西晋末,大将军刘琨被胡骑团团围在晋阳城中,窘迫无计。他忽然乘月夜登于城楼之上,面对旷野寂静,用胡笳吹起深沉哀怨的思乡曲。初时胡兵"皆凄然长叹";中夜又闻胡笳,他们"流泪歔欷"(《晋书·刘琨列传》);拂晓刘琨再吹奏,胡兵无不盼归故乡,弃围而去。结果刘琨不但变被动为主动,还"不战而屈人之兵"(《孙子兵法·谋攻篇》)。

虚则实之,实则虚之,一个是败战计,一个是胜战计,都是以诡诈迷惑敌人。南朝名将檀道济的"唱筹量沙",就是运用"虚则实之"以突围撤退的典范。刘宋文帝时,檀道济出征伐魏,当打到历城(今山东济南历城区)时,因粮草不继，准备退兵。不料此时军中有人降敌，把宋军底细全端给魏军。为了防止魏军乘隙穷追，也为了稳定军心，檀道济趁夜幕遮掩，命士兵以斗量沙，并有人大声报数，远近皆闻。然后把仅剩之粮覆撒在沙堆之上，置于明处。天明，魏军就判断宋军并不缺粮，而且认降敌者为诱兵之间谍，斩首示众。这时，檀道济身着白衣，卸下盔甲，悠然坐于车上，谈笑风生，徐徐率军后撤。魏军则怀疑前有伏兵，并不追击。

使用间谍，不只是索取情报，孙子所说"五间俱起，莫知其道"（《孙子兵法·用间篇》），有时常常成为作战"伐谋"的直接手段。北周有位大将韦孝宽，善于用间。敌对国北齐有位战功卓著的大将斛律光，字明月，英武可畏，韦孝宽就设计除掉他。韦孝宽让人编造歌谣："百升飞上天，明月照长安。""高山不推自崩，槲树不扶自竖。"（《北齐书》）然后把歌谣写在传单上，让自己的间谍散布于北齐京城的大街小巷中。按当时容积单位，百升等于一斛，槲树也是影射斛律光，而北齐皇帝姓高。多疑是君主的共同特征，北齐宰相祖珽与斛律光又有私仇，急忙把民间传闻当作斛律光造反的证据报告给皇帝。于是斛律光被杀，北周也很快吞并了实力并不弱的北齐，韦孝宽用间就在其中起了很大作用。

（4）兵经意识的萌发

一本兵书在社会上的影响和地位，是多方面因素促成的。不但要有武人顶礼膜拜，还要有文人推波助澜。如萧统编的《昭明文选》、左思的《魏都赋》、潘岳的《西征赋》、张华的《鹪鹩赋》、曹植的《求自试表》、东方朔的《非有先生论》、张景阳的《杂诗》以及王元长的《曲水诗序》等，在本文或注文中都引用有《孙子兵法》之文。虽然他们笔下堆砌的华丽辞藻和寻章摘句无益于切实的学术研究，但却可以造成更大的社会影响，由此促成了人们的"兵经"意识。

古人之书本无"经"，后来儒家首先尊自家的典范之作为"儒经"，两汉经学之言，即指儒经。以后宗教在社会上滋蔓，佛有佛经，道有道经。到了南北朝，人们觉得兵学也应当有"兵经"。沈约撰《宋书·周朗沈怀文列传》开始有"授以兵经战略"之语，刘勰在《文心雕龙·程器》中说："孙武兵经，辞如珠玉。"进一步把《孙子兵法》一书明确为"兵经"。张子尚为此时《孙子兵法》的又一注解者，他的书则直名《孙武兵经》。

由"兵经"再到唐宋的"武经"，《孙子兵法》正日益从学术领域走向皇家朝堂的神龛，被确立为权威的兵学经典。

5.《孙子兵法》与盛唐气象

（1）李世民与《孙子兵法》

隋唐之际的风云人物是李世民。

隋朝将亡，群虎争食。李渊父子也从太原起兵，破霍邑，渡龙门，却被隋军守将屈突通阻于河东坚城之下，屡攻屡挫。选择摆在了李渊和李世民面前：绕过河东，直趋长安，还是必破坚城，避免腹背受敌。部将裴寂力主先破河东，理由就是一旦不能攻取长安，退有所据。李世民则认为，不能屯兵坚城，空耗时月，否则使长安有备，或其他人乘虚先入关中，对大局不利。

结果李世民的意见被采纳。少数兵力继续围攻河东，主力则以迅雷不及掩耳之势攻克长安，隋朝统治一朝瓦解，河东守将屈突通见大势已去，很快投降。从此李渊集团就有了争夺天下的主动权。

李世民的河东决策，用的正是孙子"途有所不由，军有所不击，城有所不攻，地有所不争"（《孙子兵法·九变篇》）的机变灵活作战思想。

正因为李世民谙熟《孙子兵法》，在唐统一天下的战争中策划、指挥了各主要战役，战功卓著，所以他才成为我国历史上著名的政治家兼军事战略家。天下平定后，他又与麾下大将李靖一起谈论兵法，二人的谈话记录经后人整理成书,这就是被列入《武经七书》的《李卫公问对》(又称《唐太宗李卫公问对》)。

(2)"卫公兵法,悉出《孙子》"

李靖,字药师,少年时即潜心研读孙吴兵法,有"文武材略"。他的舅舅韩擒虎,隋朝大将,曾在统一南北的灭陈之战中,亲率轻骑五百自采石矶(今安徽马鞍山长江岸)渡江,奇袭建康(今南京),因功被封为上柱国。韩擒虎十分赏识李靖的才华,甥舅二人每每一起讲论兵法,韩擒虎都感慨地说:"可与论孙、吴之术者,惟斯人矣。"(《旧唐书·李靖列传》)李靖后来成了李世民手下大将,屡立奇功。

唐初,突厥成为主要边患。李靖仅以3 000轻骑,深入突厥腹地千里,斩首万余,俘获10万,使西、北两边相对稳定下来。李世民称赞他说:"昔李陵提步卒五千,不免身降匈奴,尚得书名竹帛(史书)。卿以三千轻骑深入虏庭,克复定襄,威振北狄,古今所未有。"(《旧唐书·李靖列传》)

李靖64岁时,本已准备退休,西边又发生吐谷浑之乱,便不顾老病,毅然请缨,说"靖虽年老,固堪一行"(《旧唐书·李靖列传》)。结果西越积石山,前后数十战,平定边寇之乱,唐太宗封他为卫国公。

李靖作为一个出入戎阵30多年的名将，既有丰富的实战经验，又有深厚的理论素养，曾著有《六军镜》《李卫公兵法》《玉帐经》等著作，可惜多已不传。《李卫公问对》三卷可看作他运用兵法的总结之作，旧题李靖撰。但也有人认为此书为北宋人阮逸所作，其书真伪，至今仍有不同意见。

不管《李卫公问对》经谁手成书，都无损于它的兵学价值。它能被后人列入《武经七书》，厕身官学就说明了这一点。

《李卫公问对》以李世民和李靖多次问答的形式写成，共98个问题，每一问答都有相对的独立性。这本书虽涉及了广泛的军事问题，但中心是用唐代人的战争经验去补充、丰富和发展孙子思想，是对《孙子兵法》的继承与发扬。首先是在二人谈话中，处处表现出对孙子的崇敬之情。唐太宗就说："朕观诸兵书，无出孙武。孙武十三篇，无出虚实。夫用兵，识虚实之势，则无不胜焉。""《孙子》谓多算胜少算，少算胜无算。凡事皆然。"李靖也说："分合所出，唯孙武能之。吴起而下，莫可及焉。""故《孙子》之法万代不刊。"

其次李世民和李靖对《孙子兵法》十分熟悉，在谈话中信手拈来，广征博引，几乎无处不见《孙子兵法》之言。孙子的理论原则，孙子的兵学范畴，孙子的名言警句皆充斥其间，无怪《通典》说"卫公兵法，悉出《孙子》"。这都显示了《李卫公问对》与《孙子兵法》之间紧密相连的传承关系。

但如果仅此而止,《李卫公问对》就失去了它在兵学领域的存身之地。还有最重要的一个方面是,它能够在深得《孙子兵法》精义的同时,又显示自己的独创见解,发扬了孙子精神。

奇正是兵学理论的一个重要命题。孙子说:"凡战者,以正合,以奇胜。""战势不过奇正,奇正之变,不可胜穷也。"(《孙子兵法·势篇》)但孙子并未能给奇正概念规定一个确切的含义,这就给后人留下解说的余地。曹操《孙子注》说:"正者当敌,奇兵从傍击不备也。"还有人解释为"正兵贵先,奇兵贵后","动为奇,静为正"等。

这就引得唐太宗李世民发问:"奇正素分之欤,临时制之欤?"奇和正是预先固定好的一成不变的模式呢,还是依战场的形势变化而临时应对呢?李靖认为,曹操的说法虽大略不错,但这是"教战之术耳",是为了方便教阅士卒操练而制定的"各认旗鼓,迭相分合"之术。灵活用兵不是演习场上所能学到的,哪可能预先固定好呢?还是孙子说得好:"奇正相生,如循环之无端,孰能穷之?"(《孙子兵法·势篇》)最后,唐太宗和李靖二人达成共识,战阵之中,无不正,无不奇,使敌莫测。吾之正,使敌视以为奇;吾之奇,使敌视以为正。于是,正亦胜,奇亦胜,关键是摆脱奇正运用只知"以奇为奇，以正为正"的呆板认识，只要善于"示形"，奇和正是可以互相转化的。这就发展了《孙子兵法》的奇正学说。

进攻和防御是战争中最基本的矛盾范畴。孙子有言："守则不足，攻则有余。"（《孙子兵法·形篇》）意思是由于我方兵力不足而防守，由于兵力有余而进攻。历代注家对此泥而不化，似乎非进攻而不能得胜。《李卫公问对》对此却有深刻独到的见解，李靖说："攻是守之机，守是攻之策，同归乎胜而已矣。"即进攻是防御的转机，防御是进攻的手段，两者不可分割，都是为了争取胜利，不一定和兵力强弱有必然联系。唐太宗也说："攻守一法，敌与我分为二事。若我事得，则敌事败；敌事得，则我事败。得失成败，彼我之事分焉。攻守者一而已矣，得一者百战百胜。"这就揭示出攻守两者对立统一的辩证关系，后发制人的积极防御，同样可以达到战胜敌人的目的。

所以李靖认为，敌之强弱并不是决定守或攻的依据，关键是用哪种战术才可以处于有利的作战态势，掌握战争的主动权。他批评有些人"虽口诵《孙》《吴》，而心不思妙"，结果囫囵吞枣，不解精义。李靖根据自己的体会，认为《孙子兵法》"千章万句，不出乎，致人而不致于人，而已"。这正是吃透了孙子思想，切中了军事斗争的根底。

此外，《李卫公问对》以战例来阐述和探讨军事理论的研究方法，对古阵法迷信之风加以澄清，同时创造了用于队法训练的李靖"六花阵"等，都对中国古代兵学的发展做出了贡献。宋人就说："《问对》一书，兴废得失，事宜情实，兵家术法，灿然毕举，皆可垂范将来。"（戴少望《将鉴论断》）

（3）杜牧文人亦研兵

在兵书的著录上，隋唐时期相比之前还有一个变化。《汉书·艺文志》将兵书独立于诸子百家之外，作为一个应用学科为《七略》之一。到了《隋书·经籍志》，则按"经、史、子、集"四部分类法，兵书正式列于诸子之中，显示出其学术地位的提高。这就改变了前代多由韩信、任宏、杨仆、曹操等武人编校兵书的做法，而变成一大群文人蜂拥而上，争相注解《孙子兵法》。

隋代注解《孙子兵法》的仅有萧吉一人，而唐代共有李筌、孙镐、贾林、杜牧、陈暤、纪燮六家，如果算上在《通典》中大量引录《孙子兵法》佚文并附以自己的看法的杜佑，则为七家。其中成就和影响较大的是杜牧和李筌。

杜牧是唐代著名文学家，其诗作"远上寒山石径斜，白云生处有人家。停车坐爱枫林晚，霜叶红于二月花"远近播扬，《阿房宫赋》也是千古名篇。可谁又知道，他又是一位心存戎机，志图报国的兵书作者呢？杜牧青年时，痛感藩镇跋扈，立志经邦济世，于是探讨历代"治乱兴亡之迹，财赋兵甲之事，地形之险易远近，古人之长短得失"（《上李中丞书》），却总是仕途坎坷，不受重用，在别人"幕府"中投闲置散，但他并不气馁，坚持研读兵书战策，为《孙子兵法》作注。

杜牧注《孙子兵法》，博大恢宏，还大量征引战史，开后人以史作注的先河。如在孙子"途有所不由"（《孙子兵法·九变篇》）句下，杜牧据东汉马援讨武陵蛮，因择路不当而失利之事，来说明用兵之术。在"城有所不攻"（《孙子兵法·九变篇》）句下，杜牧一口气举出曹操、刘宋顺帝、后周武帝和本朝唐宪宗四则战例，来说明"敌于要害之地，深浚峻城隍，多积粮食，欲留我师，若攻拔之，未足为利，不拔则挫我兵势，故不可攻"（《孙子兵法·九变篇》）的道理。在"地有所不争"句下，杜牧也举出春秋伍子胥和东晋陶侃的战例，来说明这些可弃之地为"得之难守，失之无害"。由此可见杜牧《孙子兵法》注的风格。

杜注《孙子兵法》在各注家中篇幅最长，多数注文也合于孙子本旨，而且多引证具体事例，使《孙子兵法》深蕴奥义豁然可见，所以人们称杜牧是曹操以来《孙子兵法》的第二大注家。但是，他作为一个文人，未跻身行伍而言兵，毕竟有一层隔靴搔痒的味道。因为他缺乏实战经验，底气未足，注文之失误也不免有之。尤其是他错误地认为孙子

"十三篇"是曹操对原孙武众多著作"削其繁剩,笔其精切"(杜牧《注孙子序》)的斧凿余物,这种看法不但遭到明清以来众人屡屡批驳,而且银雀山汉墓竹简明言孙子书为"十三篇",已足证其谬。

杜牧注解了《孙子兵法》,更以国是为念。当回纥南侵,朝廷调兵遣将之时,他急切地写诗自荐:"臣实有长策,彼可徐鞭笞。如蒙一召议,食肉寝其皮。"(《雪书中怀》)可惜回报他的仍是冷淡与闲置,他只能终老于樊川别墅的花草虫鱼之中。

(4)《太白阴经》与《孙子兵法》

在兵学理论的构建上,唐朝更可注意的人物是李筌。

李筌不见史传,唯《集仙传》称他是唐玄宗时人,曾仕至荆南节度副使、仙州刺史,生卒年代和籍贯均不详。此时"天宝盛世",经济繁荣,"行千里不持尺兵"(《新唐书·食货志》),人们也重文轻武,"士大夫讳言兵事"。李筌却居安思危,深恐孙武兵学失传,于是隐居少室山(今河南登封)中,经过多年努力,不但为《孙子兵法》作注,还写下《阴符经疏》《青囊括》《六壬大玉帐歌》《太白阴经》等一大批兵家著作,其中尤以《孙子注》和《太白阴经》对后世影响较大。

李筌注《孙子兵法》,不但是各家注中较早的一家,也是比较重要的一家。《十一家注孙子》和《十家注孙子》都照收李筌注文,而且按时代先后,为次于曹操的第二家。李筌之注详于曹而简于杜,特点也是不单纯停留于字义训诂和义理阐释,必要时则举战史来说明孙子本旨。如在《孙子兵法》首篇《计篇》的注文中,李筌就引取了范增辞楚、陈平归汉、娄敬出使匈奴、韩信潜师破魏、姚兴伐鲜卑、吕蒙取荆州、楚子伐随、陈平离间项羽范增、石勒擒王浚、伍子胥伐楚、赵括代廉颇等前史多例。

但是,李筌注文有一个致命弱点,就是以阴阳遁甲作注,夹杂了一些荒唐怪诞的东西,使之蒙上一层迷信色彩。如开篇释"计",李筌说:"《太一遁甲》,先以计神加德宫,以断主客成败。"释"庙算",他又说:"《太一遁甲》置算之法,因六十算已上为多算,六十算已下为少算。"在解释孙子"治乱,数也"(《孙子兵法·势篇》)一句时,曹操说:"以部曲分名数为之,故不乱也。"杜牧说:"言行伍各有分画,部曲皆有名数,故能为治。"二人之说都很符合本旨,唯有李筌说:"历数也。百六之灾,阴阳之数,不由人兴,时所会也。"

李筌这种引谶纬神学入兵学的做法,虽然在他的整个思想体系中不占主导地位,但也确是军事领域中的一股逆流,不但歪曲了孙子的原意,也对后代产生了不好的影响。如宋代许洞的《虎钤经》就深受李筌的影响。

李筌的《太白阴经》也是一本瑕不掩瑜的兵家著作。

《太白阴经》又名《太白阴符》《阴符太白阴经》《神机制敌太白阴经》等，共 10 卷百篇，约 2 万余字。这本书在继承孙子的军事思想，发展古代军事文化方面主要表现在以下几点：

一是继往开来，承上启下。今天所见兵书，《孙子兵法》出现较早，《六韬》《孙膑兵法》《吴子》《尉缭子》等继之，而从汉至唐初几百年中流传下来的兵书仅有屈指可数的几本。所以在唐代，杜佑撰《通典》，当朝兵书只通论二家，一是《李靖兵法》，另一本就是《太白阴经》。由此可见它在唐朝的巨大影响力。

二是丰富和发展了古代兵学体系。《太白阴经》全书分人谋、杂仪、战具、预备、阵图、祭文、捷书、药方、杂占、遁甲和杂式等门类。它已经从以前兵书的庙算、谋略、选将、励士、作战等单纯理论范围中超越出来，目光所及还兼顾到军需、战具、技术、气候、工程、屯田、营垒、阵图等，其他更细微的如犒赏、宴乐、人粮、马料、医方、文书等也一一具载。可以说，《太白阴经》是中国现存最早的综合性兵书。特别是《太白阴经》保存了一些兵书异文，在兵法史上第一个为我们留下 16 幅阵图，这都使它具有很高的军事史料价值。当然，为了展示自己的宏富无遗，李筌在《太白阴经》中也罗列了星云望气、遁甲杂占等东西，这当然是背离军事科学的。

三是继承和弘扬了孙子的军事思想。《太白阴经》第一卷、第二卷为《人谋》上下篇，内容是综合前人的军事理论，采自《孙子兵法》尤多。李筌强调战争的决定因素是人，而地形只是"兵之助"，人可以利用地形条件，"地之险易因人而险"（《太白阴经·地无险阻》）。他批驳了只有富强大国才能取胜战争的观点，认为只要发挥人的主观能动性，国家强弱可以改变，敌人企图可以尽早把握，不用求神问鬼也可以取得战争胜利。李筌对孙武等兵家传统的"天、地、人"观点，进行了精辟的分析和阐明。《太白阴经》还重视对敌人充分使用权谋。"上兵伐谋"，是孙子军事思想的特色，李筌提出"文伐十二节"，对战场内外的阴谋奇计系统立论并确立了它在兵法中的重要地位。这在目前所见兵书中也是不多见的。

《太白阴经》也是一部重要的哲学著作，它"贵和重人"，提出"以正理国，以奇用兵，以无事理天下"。并称："正者，名法也；奇者，权术也；以名法理国则万物不能乱，以权术用兵则天下不能敌，以无事理天下则万物不能挠。"这显示了兵家理论与其他学说的融合，《太白阴经》已把儒、兵、道三家在中国古代兵学理论体系中的地位、作用和相互关系作了一次明确规定。无怪乎今人任继愈先生称李筌"是一位长期被忽略了的唐代唯物主义哲学家"（见

《李筌的唯物主义观点和军事辩证法思想》)。

(5)广泛影响四方纵横

除了杜牧、李筌而外,唐人在他们所编的类书中,也十分抬举《孙子兵法》。如魏徵等的《群书治要》、虞世南的《北堂书钞》、欧阳询等的《艺文类聚》,都大量引录《孙子兵法》,并非常赞赏孙子"兵以诈立,以利动"(《孙子兵法·军争篇》)的用兵原则。唐人赵蕤还写了一本杂家著作《长短经》,多引古书以谈王霸经权的要略。其中不但多见孙子十三篇旧文,赵蕤还以《孙子兵法》为指导,来评议有关军事问题。这本书可称为后代依据《孙子兵法》而编撰一般兵学著作的先驱。

唐代是中国古典文化灿烂辉煌的一个高峰,也是文学的黄金时代。诗人们似乎也未能忘情于孙子,刘希夷、高适、李商隐、韩愈、罗隐都曾在他们的诗文中提到孙子,或引用其名言警句。罗隐《题杜甫集》:"忍教孙武重泉下,不见诗人说用兵。"用兵和孙武已合而为一,须臾不可离分。杜牧(《刘侍郎大夫恩知上四十韵昧》)诗云:"周孔传文教,萧曹授武经。"这里"武经"指的正是《孙子兵法》。杜牧高度评价孙子说:"孙武所著十三篇,自武死后凡千岁,将兵者有成者,有败者。勘其事迹,皆与武所著书一一相抵当,犹印圈模刻,一不差跌。"(《注孙子序》)这恐怕已成为当时人们的普遍观念。

所以，唐朝皇帝总是拿《孙子兵法》作为标准，来衡量一个人是否知兵。唐玄宗下令两京中都及天下诸州，无论官吏还是百姓，"有智合孙吴，可以运筹决胜"（《唐大诏令集·求访武士诏》），都把姓名报往朝廷待选。唐睿宗也曾下诏征举"习韬略，学孙吴，识天时人事者"（《全唐文·令所司举人制》）。

谈到《孙子兵法》在唐代的影响，有一笔是不能不提的，这就是随日本遣唐使到中国留学的吉备真备，在中国经过18年受业兵学，回国时把《孙子兵法》等兵书也带回日本。《孙子兵法》的东流和西渐，今天《孙子兵法》能够产生世界影响，这是一个光辉的起点，其时间是唐玄宗开元二十二年（734年）。关于这个具有深刻历史意义的话题，我们将在本书的另一部分来谈。

经过隋唐，《孙子兵法》犹如风帆尽张的航船，正日益走向辉煌。

6. 积贫积弱中的武经冠冕

（1）修文偃武禁兵书

滚滚长江东逝水，浪花淘尽英雄，是非成败转头空。唐朝灭亡之后，天下大乱。短短的53年中，那些赳赳武夫们"你方唱罢我登台",一下就轮换了五朝八姓十四个皇帝,这还不算遍布南北的那些大大小小草头王。到了显德七年(960年),后周的禁军统帅赵匡胤,欺人孤儿寡母,来了个陈桥兵变,黄袍加身,建立了大宋王朝。这宋太祖坐上了皇帝宝座,最担心手下的兵将骄横跋扈,对他也来个如法炮制。于是他经过几天几夜的思考,就用"杯酒释兵权"的办法,把军权一下都揽在自己手里。他还用种种措施,使得"兵无常帅","帅无常师"。在军事部署上,大量精锐之师驻防京城和内地要冲,边境只屯驻少量军队,名之曰"守内虚外"。

赵匡胤为了修文偃武,还把兵书列为禁书,"士大夫讳言兵事",武将们卸甲去胄而缓带轻裘,兵学遭到禁锢。

于是《孙子兵法》只得静静躺在皇宫秘阁之中,冷眼旁观天下大势。

宋朝皇帝自以为算盘打得很好:"国家若无外忧,必有内患。外忧不过边事,皆可预防;惟奸邪无状,若为内患,深可惧也。"(《续资治通鉴长编》)也就是说外敌入侵事小,内叛作乱事大。殊不知这样一来,就种下了"积贫积弱"的祸根。如实行兵将分离,不但造成将帅无权,而且将帅和士兵互不认识,指挥不灵,士兵在战场上还常常弃将而逃,这不能不导致军队战斗力的削弱。

《孙子兵法》说:"将能而君不御者胜。"(《孙子兵法·谋攻篇》）而宋朝偏偏实行"将从中御"，反其道而行之。皇帝对率军出征的将领，不给以机断行事的指挥全权，事事必须秉承旨意而行。在古代那种交通和通信条件下，出征将帅或墨守成规，或事事请示军机，怎能适应瞬息万变的战场形势呢？宋朝皇帝都自命为军事天才，不但主观武断，遥控战场，以内臣监军，还制定所谓"平戎万全阵图"，预先赐给诸将，成为不可改变的刻板教条。在这种瞎指挥之下，宋朝军队不打败仗才怪呢！

虽然北宋豢养了100多万士兵，每年耗费的军事开支占了财政总收入的十分之六七，却仍然抵挡不住辽和西夏的侵扰。每次战争的结果，宋朝一方都是屈膝求和，并奉献出大量的银两和丝绢。仁宗和英宗时，宋朝每年对辽的"岁币"为银10万两，绢20万匹；对西夏也是银7.2万两，绢15.3万匹，茶叶3万斤。以后其银绢之数仍不断增加。

为了解决庞大的财政开支，北宋王朝又不得不对农民加征赋税。农民穷苦，官逼而反，外忧加上内患，直使得朝廷焦头烂额。

（2）武学、武举与《武经七书》

没办法，北宋皇帝只得再把孙武及其《孙子兵法》重新请出来，而且待之比前朝更加优礼有加，推崇备至。因为对统治阶级来说，文武之道在任何时候都是不可或缺的。

首先是宋仁宗康定元年（1040年），朝廷命令曾公亮、丁度等人主持，组织人集体编写了一部百科性的军事教程，皇帝亲自写了序言，名之曰《武经总要》。这是历史上以"武经"命名的第一部兵书。全书共四十卷，分前后两集。在前集谈历代军事制度和用兵谋略方面，它大量引用《孙子兵法》的原文，分条阐发孙子制定的军事原则，把《孙子兵法》作为它整个兵学理论体系的基石和支柱。后集二十卷多辑录前代战史，其子目也多以孙子之语为题，如"上兵伐谋""多方以误之""不战屈人之师"等，然后再举例诠解，体例类似唐代杜佑的《通典·兵典》。

整理和校正古代兵书，《武经总要》并不是最早的。据说宋初兵书未完全开禁之时，朝廷命郭固等人秘密整理《孙子兵法》等书，只是其详情多不可知。宋太宗时，李昉等人奉敕编纂大型类书《太平御览》，其中"兵部"九十卷，大量征引古代兵书，尤其在论作战和治军部分，《孙子兵法》被见引的频率相当高。

在《武经总要》开始编修三年之后，即宋仁宗庆历三年（1043年），边境日益增大的压力迫使朝廷进一步重视军事，于是中国历史上第一个专门培养军事人才的学校——"武学"被创设出来，以阮逸为教授。同时又恢复了唐代已开始的选拔武官的"武举"制度。如宋仁宗于"天圣八年，亲试武举十二人，先阅其骑射而试之，以策为去留，弓马为高下"(《宋史·选举志》)。

尽管武学制度在宋仁宗时没有被坚持下来,但它对社会的刺激和影响犹如一石激浪,"仁庙时,天下承平久,人不习兵。(西夏)元昊既叛,边将数败,朝廷颇访知兵者,士大夫人人言兵矣。本朝注解孙武书者,大抵皆当时人也"(晁公武《郡斋读书志》)。

正是在这种背景下,仁宗嘉祐年间(1056—1063年)胡瑗上书朝廷,建议恢复武学,并让梅尧臣"讲孙、吴,使知制胜御敌之术"(《宋史纪事本末·学校科举之制》)。宋英宗治平元年(1064年),翰林学士贾黯首先倡导武举考试要"答兵书墨义(《宋史·选举制》)",兵书内容为《孙子兵法》《吴子》《六韬》《三略》《司马法》五种。宋神宗熙宁三年(1070年),根据殿直雷洵的建议,宋朝正式规定,武举考试只以《孙子兵法》《吴子》两部兵书来出题。

宋神宗在王安石的辅佐下,也算是个进取有为之君。他一方面改革军事制度,实行新的"置将法",改变以前"兵不知将,将不知兵"(《宋史·兵志》)的局面,增强边防实力;一方面又恢复了仁宗朝的武学。熙宁五年(1072年)在京城的武成王庙,相当于近代军官学校的武学正式建立。以韩缜为负责人,选拔朝臣中谙熟兵法的人为武学教授,招收武生100人,专门学习诸家兵法,还酌量配给兵卒,以演试阵队。武学制度健全起来,学制三年,最后学员考试合格毕业。

有了武学,官方还要规定相应的教科书。元丰三年（1080年）,出于武学教育的需要,宋神宗诏命朱服、何去非等人校定《孙子兵法》《吴子》《六韬》《司马法》《三略》《尉缭子》《李卫公问对》等书,镂版行世,命名为《武经七书》。从此,《武经七书》颁之于武学,并列学官,还设置了武经博士。参与校定《孙子兵法》等书的何去非被任命为右班殿直武学教授,不久升任武学博士,他是中国历史上第一位武学博士,恐怕在世界上也是最早的。

《武经七书》中各书的排列次序,也是官定的,以后虽多次相互易位,重列次序,但《孙子兵法》却始终稳坐头把交椅,一直为《武经七书》之首。《武经七书》最初刻板时,其他兵书都没有注,只有《孙子兵法》有注,但只保留曹操的注释,其他人的皆不采用。由于朱服、何去非等人曾对《孙子兵法》等书的内容进行"校正",所以从这时开始,《孙子兵法》就有两个不同的版本系统流传于世。一个是《武经七书》中的《孙子兵法》,一个是宋人吉天保辑刊的《十家孙子会注》。后者包括《孙子兵法》正文和曹操、李筌、杜牧、王晳、张预、贾林、梅尧臣、陈皞、孟氏、何延锡等人的注文,资料丰富集中。后来南宋宁宗刻本又加上曾撰《通典》的杜佑之注,名之曰《十一家注孙子》。两种版本系统的《孙子兵法》,文字差异有近百处,同时流传到后代,影响都很大。

《武经七书》的颁定,确定了《孙子兵法》在中国古代社会的正统地位,使之成为官方军事理论的经典和浩如烟海般兵书(北宋所存有240种之多)的冠冕。自秦汉以来,《孙子兵法》虽然影响越来越大,但儒家多以"诡诈之道"而不屑与论,污蔑之词充盈于耳,历代统治者虽借重不废,却始终未能给予应有地位。宋朝终于认识到了它的价值,把它作为武经之首,设博士、立学官,这在儒家经典"四书"尚未置博士、设学官的当时,其意义确实不凡。以后,凡武将必须研习通晓之,才能求得进身之阶;士大夫以文人而著述《孙子兵法》,理论色彩较浓,使得孙子兵学的研究学术水平不断提高。这些,都有利于《孙子兵法》的传播和中国古代军事理论的发展。

(3)《孙子兵法》注家蜂起

宋代文人纷纷言兵,在对《孙子兵法》注解讲义,专题研讨,少数民族文字翻译以及探讨其作者和成书年代方面,都有成果传世。

宋人注解《孙子兵法》,有梅尧臣、王皙、何延锡、张预(都汇集于《十家孙子会注》中),各有特色。梅尧臣之注共有484条,言简语粹,明达畅顺,多中要旨,深得欧阳修称赞,评价它当与"曹、杜二家并传"。宋人学风重义理而忽视文字训诂,这一特色在梅注中得到充分体现。王晳也是宋仁宗时人,往往以古本校正传本缺误,但其注解有得有失。何延锡的注解失之过简,且发明无多。张预是南宋时人,他对《孙子兵法》的注解共530条,集诸家之长,成一家之言,堪为上乘之作。张预注征引战史博而不繁,切要精练。他对原书一些词句辨微索隐,中肯条理,且多有新见。他不只是孤立地注解某些词句,还能注意研究《孙子兵法》各篇之间的内在联系。如首篇张预注曰:"用兵之道,以《计》为首也。"第二篇张预又注:"计算已定,然后完车马,利器械,运粮草,约费用,以作战备,故次《计》。"这样每一篇的中心思想不但被提示出来,还使人了解篇与篇之间层次分明的逻辑联系,可以更好地揭示《孙子兵法》所构筑的思想体系的结构。

据文献记载,宋代还有胡箕、叶宏、陈直中、王自中、宋奇等人注解过《孙子兵法》,可惜都遗失无传。

在《十家孙子会注》之外,还有《孙子遗说》,是郑友贤考虑孙武之意"不得谓尽于十家之注",乃"撮(孙)武之微旨"而作。这本书最大的特点,是从哲学高度来考察阐发《孙子兵法》,将之视如"儒者之《易》",而不仅看作一部兵书。如他论及孙子的"因利制权"思想时说:"兵法之传有常,而其用之也有变。常者,法也;变者,势也。书者,可以尽常之言,而言不能尽变之意。五事七计者，常法之利也；诡道不可先传者，权势之变也。"郑友贤也注意从整体上把握孙子的兵学体系，他说："(孙子)要在从易而入难，先明而后幽，本末次序而导之，使不惑也。是故始教以计量校算之法，而次及于战攻、形势、虚实、军争之术，渐至于行军、九变、地形、地名、火攻之备，诸法皆通，而后可以论间道之深矣。"(《十家注孙子遗说并序》)在这样的基础上来阐发孙子的具体观点，可谓高屋建瓴。

《武经七书》颁布于学官之后，第一个把七部兵书作为整体来注释的是施子美的《七书讲义》，其中当然包括《孙子兵法》。据《施氏七书讲义》序言介绍，施子美人很聪慧，"年少而升右庠（国子学），不数载而取高第，为孙、吴之学者多宗师之"。他的书因读者对象明确，具有官学教本辅导书的性质，所以主要不是写给学者看的。他注讲《孙子兵法》，先解题，讲此篇要义；然后再分段讲解正文，集字注、句解、段析、章讲于一体，开武经义疏之先。中国古代兵书历来重抽象，轻实用，在操作性的理论研究上一直比较薄弱。施子美注解《孙子兵法》时，广引史传为之参证，更着重于对前人成果的总结，着眼于实际运用，所以内容宏富，有较强的说服力。这本书初刻于金朝兴定六年（1222年），在中国评价不高，流传不广，在日本却大受欢迎，有五种版本，传播甚广，目前我国通行的反而是日本刻本。一直到今天为止，日本都是以善于吸纳其他民族优秀文化而著称于世的。他们的基础科学理论建树(如诺贝尔奖的获得)要比美、英、德、法差，可在实用的技术工艺上却长期为世界一流，走在其他国家前面，这种民族根性可谓源远流长。

特别引人注目的是，这时《孙子兵法》还被翻译成西夏文。现存西夏文《孙子兵法》残本据说为曹操、李筌、杜牧三家注本，这是迄今所见最早的少数民族文字译本。（王民信《西夏文孙子兵法》载台湾《书目季刊》第15卷第2期）此外，与宋朝相对峙的金国内也有《孙子兵法》流传。

在边防危机的阴影之下，宋朝举国上下重视《孙子兵法》。宋神宗曾夸奖历史上的韩信为"奇才"，王安石却不以为意。他说："（韩）信但用孙武一两言，即能成功名。"（韩淲《涧泉日记》）浓厚的兵学研究气氛，使兵书在宋代大量涌现，有些书虽非直接考究孙子"十三篇"，却能以孙子思想为指导，去探讨战争问题。

（4）何博士与《孙子兵法》

历史上的第一个武学博士何去非，写了本《何博士备论》。这是中国古代第一部军事人物评论集，全书共28篇，现存26篇，是以孙子思想为准则，评论从秦汉到五代的兴亡得失和战略策略。在《霍去病论》中，何去非提出："善为兵者，不以法为守，而以法为用。"也就是要灵活运用作战原则，而不能死搬教条。在《晁错论》中，他指出由于晁错不知用"上兵伐谋"，促使七国叛乱的早发和本人的悲剧，而吴王刘濞更是犯了不懂"两面作战必须集中力量攻破一方"的原则。在《秦论》中，他举出三次大军东出函谷的史例，秦始皇东出灭六国和西汉周亚夫东出平七国之乱都取得成功，而秦末章邯东出却覆灭。问题不在于攻守是否得宜，而在于民心得失，这就证明了孙子"道者，令民与上同意也"（《孙子兵法·计篇》）和荀子"兵苟义，攻伐亦可，救守亦可；兵不义，攻伐不可，救守不可"（《吕氏春秋·孟秋纪》）等论述的真理性。在《李陵论》中，他认为李陵"以步卒五千当敌骑十万之众"尽管十分"英勇悲壮"，但由于违背了孙子"先计而后战"的原则，结果仍然全军覆没。

《何博士备论》一书很得大诗人苏轼赏识而"亲奏朝廷"。清人在《四库全书总目提要》中也称它"其文雄快踔厉，风发泉涌"。这本书从总结历史的经验教训出发，提出了很多值得后人借鉴的军策之论。这标志着运用孙子思想去总结历史经验和研究现实对策的兵学新方向的出现。

辛弃疾是著名的爱国词人，也是南宋主战派的代表人物。他著有《美芹十论》《九议》等军事著作，也是运用孙子的基本观点来提出个人对时局的主张和建议。如《审势》《察情》《观衅》三论,他用孙子"五事七计"的方法,具体分析当时的政治军事形势,驳斥夸大金人力量的主降派之论,指出"敌之可胜",失地可复。在《自治》《守淮》《屯田》《致勇》《防微》《久任》《详战》七论中,他又论述我方应如何加强战备,激励士气,准备反攻,提出"求己之能胜"。在《议练民兵守淮疏》中,辛弃疾建议以民兵防御,"彼进吾退,彼退吾进",采取类似游击战的灵活策略,而以正规军集中兵力机动作战。辛弃疾的军事思想贯穿了孙子"知彼知己""先为不可胜""攻其无备,出其不意""视卒如爱子"等基本原则。

(5)《虎钤经》与《孙子兵法》

宋代另一部有影响的兵书是北宋许洞撰写的《虎钤经》。许洞字洞天,吴郡(今江苏苏州)人,自幼喜爱武艺,也刻苦钻研兵书。早年曾考中进士,并当过一段军官,不久回乡隐居。有感于《孙子兵法》深奥难懂,其他兵书又往往失之肤浅,或于紧要处语焉不详,难得"酌中之理"(《虎钤经序》),于是许洞决心"上采孙子、李筌之要,明演其术;下撮天时人事之变,备举其占。或作于己见,或述于古人",用四年时间,写成共20卷210篇的《虎钤经》。这本书完成于宋真宗景德元年(1004年),比著名的《武经总要》成书还要早36年。

《虎钤经》精华与糟粕并存。在集中论述用兵作战问题的前十卷,作者主要是汇集前代兵书之论,然后"参以己意",加以综合,首选内容即《孙子兵法》。他继承和发展了孙子"胜兵先胜"(《孙子兵法·形篇》)思想,即征伐前首先要"三和",就是国家和睦、军队和睦和战阵和睦;还要"三有余":力量有余、粮食有余、信义有余。这就把战争的胜利建立在可靠的政治和经济基础之上。许洞还深刻领会了孙子把握战机,以变取胜的军事原则,他认为"用兵之术,知变为大","以变合于事",才能取得战场上的胜利。特别是许洞吸收了孙子的朴素辩证法思想,把敌与我、王与将、将与卒作为对立双方加以研究,他们之间存在着互相制约、此长彼消,既对立又统一的关系。比如将权王授,王为将主,但如果王一味恃智自决,则将就丧失了必要的战场自主权和机动权。"内包犹豫之惑,外丧驭众之威矣。举而御敌,宁免失律之凶乎?"这无疑是对宋初"将从中御"流行做法的一种严厉批判。

在后10卷中,许洞则违背了孙子反对以祈祷鬼神和星象占卜用于作战的思想,全属荒诞不经的兵阴阳之说,大量讲述占候遁甲、星云望气等内容,已失去军事学术价值。这对宋代的军事实践必然产生误导作用,如宋钦宗时郭京用"三甲正兵""六丁力士"和"北斗神兵"来守卫京城,结果招致惨败，这种误区的陷入就不是偶然的了。

（6）岳飞与《孙子兵法》

《孙子兵法》的最大社会功能，当然还是武将在战场上的研习运用，宋代也不例外。

岳飞是宋代著名的抗金将领，他青年时就在贫寒中发奋苦读《孙子兵法》等古代兵书，而且深解其中之精义。他戎马一生，大小凡一百二十余战，未尝一败，武功赫赫，使敌人闻风丧胆。孙子重视庙算为先，谋定而后战，岳飞也总是先用心分析战场形势，"因敌变化而取胜"（《孙子兵法·虚实篇》）。

一次，岳飞奉命去两广岭表招抚"叛贼"曹成。经过试探，曹成果然不接受招安，岳飞上奏皇帝说：贼寇力量尚强，必须先用兵，后劝降。不久岳飞正升帐议事，部下抓到对方一个间谍，绑在帐下。岳飞故意让人进来报告说"军中断粮"，岳飞就说暂且撤退，等待补给。说完又像是无意中看到那间谍，装作因泄密而十分失悔发急的样子，跺着脚进入帐内。接着间谍"脱逃"，岳飞估计曹成会派兵追击，就派出军队绕过山岭，趁黑夜迂回到敌人营垒的侧后，突然高喊："岳家军来了！"敌人腹背受敌，猝不及防，全线崩溃，岳飞攻占许多险关要隘。曹成不得已，这才被岳飞招降。

岳飞这种"临机制胜"、虚虚实实的成功战例不胜枚举。他的名言"阵而后战，兵法之常；运用之妙，存乎一心"（《宋史·岳飞列传》），也被后代用兵者奉为圭臬。

北宋还有一个行伍出身的名将狄青，作战披发而戴铜面具，英勇无比。后来范仲淹感到他仅凭血气之勇，难成大器，于是教他以古兵法，并说："将不知古今，匹夫勇耳！"（《宋史·狄青列传》）从此狄青折节读书，遍读《孙子兵法》等古代兵书，并用于战阵，常常以谋略胜敌。狄青由士兵而为大将，平生指挥20余战，以宋仁宗皇祐五年（1053年）上元夜袭破昆仑关（今广西南宁东北），一举平定侬智高之叛而著名。

南宋刘锜抗击南下金兵的顺昌之战，是古代将帅活用《孙子兵法》的又一典型战例。宋高宗绍兴十年（1140年），金军统帅兀术十几万大军兵临顺昌（今安徽阜阳），而刘锜只有3万人，敌强我弱，只能智取。刘锜根据孙子"卑而骄之"和"无所不用间"的诡诈原则，让手下两名士兵故意被敌俘去，然后在审问时说刘锜是一个只会享乐、不会打仗的花花公子，使兀术信以为真，不把刘锜看在眼中。接着刘锜向兀术下战书，说对方如敢渡颍河来作战，他愿代为架起五座浮桥来迎候。兀术怒不可遏，扬言他的靴尖一动就可踢倒顺昌城，果然在第二天早晨传令渡河。这里用的是孙子"怒而挠之"诱敌法。刘锜不食言，真的就在颖河上架了浮桥，同时在河的上游和金兵渡河立阵之地尽量撒下毒药。金兵渡河后，人马大量中毒，战斗力大减，刘锜又只守不战，让士兵轮番休息。这里又用孙子"避其锐气，击其惰归"之策，相敌待机。等到下半天，金兵"佚而劳之"后，刘锜先派几百人出西城门向敌冲杀。正当金兵注意力转向于西门时，宋军主力数千人各带刀斧，悄悄从南门杀出，直插兀术主力侧翼，猛砍其"拐子马"，大破其"铁浮图"，大获全胜。是夜，兀术败退城西，掘壕自守，刘锜趁雨引军劫营，混乱中斩敌5千多人，兀术只得率残破之部北逃而去。这里刘锜把孙子的"声东击西""乱而取之""攻其无备，出其不意"等谋略运用得出神入化，堪称是活用《孙子兵法》的杰作。

历史在前进，随着火药兵器开始出现在战场上，随着作战区域从传统的陆地向海疆迁延，军队组织和战略战术也必然要有新的变化。《孙子兵法》能否适应新的战场形势，是对它生命力的又一次新的考验。孙子生活在数千年前，他没有也不可能穷尽军事领域中的一切，但只要战争是人与人之间"武装搏斗"这一基本性质没有改变，战争就离不开斗智斗谋，孙子所揭示的战争制胜基本法则就会是超越时代的。

《孙子兵法》面临新时代的挑战。

7.《孙子兵法》与明代外患

（1）明朝盛行讲武风

赫赫有名的朱洪武击败蒙古人建立的元朝，竟打破了中国历史上的一个"惯例"。秦、汉、晋、隋、唐、宋、元各代的统一，都是自北向南推进，北方是最终的胜利者，吃掉了南方。迷信的说法是中国地理"天倾西北，地不满东南"，北方居高临下，阳亢之气不可阻挡。其实真正的原因还是"南船北马"，在冷兵器时代，具有骑兵优势的北方就形成天然的战略优势，一旦再掌握了足够的水军力量，就可以打破南方的偏安局面，统一全国。

朱元璋之所以能够创造出历史"奇迹"，除了以"民族大义"相号召，争取人心归附，大力养马，扩建骑兵等措施外，还在于采取了正确的战略决策。他在北征时，为了避免"悬军深入，馈饷不前"和敌人骑兵机动迅速造成的"援兵四集"，就拒绝了部将常遇春"直捣元都"（《明史·太祖本纪》）的建议，而采取稳妥的"逐步推进"方针，果然开创了由南而北统一中国的先例。

在朱元璋的智囊团中，号称"活神仙"的刘伯温（刘基）往往被比作诸葛亮和魏徵之俦的人物。当初，在朱元璋的势力还很弱时，他就面见之并"陈时务十八策"，以后成为朱元璋最亲信的军师。一次，强大的陈友谅直把朱元璋逼到金陵城下,朱元璋诸将或主张躲入钟山,或主张纳款投降,只有刘基说:"贼骄矣,诱之深入,伏兵徼取之,易耳。取威定霸,在此一举。"(《广名将传》)朱元璋按计诱敌之后,伏兵出击,果然大获全胜。不久,朱元璋攻打陈友谅占据的皖城(今安徽潜山),屡攻不下,刘基说:"弹丸地何足久劳师。友谅胆破矣,急进薄江州,彼必遁江州下,皖城焉往。"朱元璋出其不意,攻下陈友谅的老巢江州(今江西南昌),逼得陈友谅仓皇逃遁。

古书上说刘伯温"未卜先知","知天地之奥妙,通造化之神机"。其实剥下那层神秘的外衣,他运用的正是孙子"知彼知己""避实击虚""攻其无备,出其不意"等作战原则,活用兵法才是他计策多中的主要原因。

明朝建立之后,朱元璋急于培养选拔军事人才,洪武三十年(1397年)下旨,军官子孙必须读《孙子兵法》等武书,"通晓者,临期试用"(《武经七书直解·自序》)。他又下令兵部刻印以《孙子兵法》为首的《武经七书》,发给附属于国子监读书的公侯、驸马、伯、都督以下武职子孙。这主要是因为明代实行卫所兵制,军户军官子孙世袭,从中央到地方设立层层卫所武学,从小对军官子孙进行武学教育。而各级武学生的军事教科书就是《孙子兵法》等七书。

明代继续实行武科举,通过考试来选拔高级军事人才。

科举考试中的策论用《武经七书》出题,有关《孙子兵法》的策题最多。如抗倭名将俞大猷当初参加考试,其策论是关于《火攻》中的"安国全军之道"。民族英雄戚继光投考遇到的策题一是"问兵法有曰:'无所不备,无所不寡。'蓟镇十区,延袤逾二千里,主客军足十五万,岁费仅百万。兹欲无所不备而不致无所不寡,有何道欤?"二是"'小敌之坚,大敌之擒。'蓟镇官军每枝不过三千,胡马动称十余万。将图小敌能坚而不为大敌所擒,岂无策欤?"(《止止堂集·愚愚稿上·策问》)这种通过科举考试,引导武学生谙熟兵法,独立思考,联系实际,学以致用,从而选拔优秀将帅的做法应该是切实有效的,戚继光、俞大猷就由此脱颖而出。同时,这也在客观上造成整个社会的讲武之风,为《孙子兵法》的普及和兵学发展提供了良好土壤。

继春秋战国之后,明代形成了中国古代兵学发展的第二次高潮。据《中国兵书通览》,现存中国古代兵书2 155部,存目1 072部,其中明代兵书存777部,存目948部,合计1 725部,占了总数的53%。在明代兵书中,有关《孙子兵法》的书就有100多部,包括注、评、标题、批点、直解、备旨、参同、引类、辑录、浅说等各种形式。同是注解《孙子兵法》,又有考注、类注、集注、笺注、约注数种。在众多的孙子学著作中,以刘寅和赵本学二人所著比较引人注目。

（2）研究《孙子兵法》的三大家

刘寅是太原人，洪武辛亥科进士，他在所著《武经七书直解·自序》中说："观孙武旧注数家，矛盾不一，学者难于统会。"于是，"取其书，删繁撮要，断以经、传所载先儒之奥旨，质以平日所闻父师之格言，讹舛者，稽而正之；脱误者，订而增之；幽微者，彰而显之；傅会者，辨而析之。"这本书于洪武三十一年（1398年）问世，由于它的读者对象是武学堂的学生和武科举子，所以注文通俗易懂，言简意赅，字解与意解相结合，间以史实相参证，"诠解畅达，为明代七书善本"（莫友芝《邵亭如见传本书目》）。

这本书在明代影响很大，成化年间（1465—1487年）进士李敏称它"注释详明，引据切当，开卷读之，不待师传而自会其意，诚兵家之宝也"《武经七书直解·序二》。而且后代人对它评价也很高，认为在众多《武经七书》的注解之作中，以宋人施子美的《施氏七书讲义》最早，但质量上以刘寅的《武经七书直解》最优。《五十万卷楼群书跋文》说："武经善本，刘寅注实足当之。"清人著《明史·艺文志》，也把这本书列为兵家著作注解本之首。

刘寅以下，适应科举需要而编纂的孙子书纷纷面世，标题本、讲章本发展起来，这些作为科举过关考试的辅导材料被书商大量刻印。它们主要辑录诸家旧说，少有创见，但客观上却使《孙子兵法》从名山精舍走进学堂，走进千家万户，推动了兵学的传播和普及。

赵本学的《孙子书校解引类》在刘寅书的基础上进一步向理论的深度发展，可称为明代孙子学的明珠。

赵本学，字虚舟，晋江（今福建泉州）人。他生活在明朝中后期，潜在的社会危机和社会的重文轻武之风都使他感到不安，于是他选择了钻研兵学之路。他年轻时先跟蔡清先生学习《易经》，学成后回乡隐居，"结庐闭户，不求闻达"，写成《韬钤内外篇》七卷和《孙子书校解引类》三卷。赵本学对《孙子兵法》不仅是一般的字解句注，而且"以《易》推衍兵家奇正虚实之权"《明史·俞大猷列传》，用"易"的变化之理，推演孙武原意，抒发己见，颇受后人重视，如清人魏源的军事思想就受此影响很大。赵本学还注意订正传世兵书的讹误，如《孙子兵法·地形篇》中有一句话，十一家注本作"非天之灾"，武经本作"非天地之灾"，赵本学认为此篇专就地形立论，"天"乃衍文，应该是"非地之灾"。这一看法得到许多学者的认可。

赵本学不是坐而论道，玩赏兵学，而是严肃对待。他闭门60年而完成的兵书，并未轻易授人。"隐括是编，秘藏不露，对人口不谈兵，临终不授其子。盖知用兵之难，不敢轻言，以误毒天下也。"（俞大猷《正气堂全集·续武经总要后序》）却将他的知识传授给抗倭名将俞大猷。俞大猷也是晋江人，久闻赵虚舟大名，带官拜师；赵本学也倾囊相授。后来俞大猷果然技艺日进，在抗倭战争中连连取胜。当有人问他制胜秘诀时，他说是因为尽得赵本学的真传。赵本学去世后，俞大猷把恩师的著作刊行于世。因为日本人崇敬俞大猷，所以《赵注孙子》在日本特别流行。清朝末年这本书在中国本土失传，后来靠运回的日本书版重又印行。

明代值得一提的另一本书是李贽的《孙子参同》。

李贽是一位著名的反正统思想家，对占统治地位的理学曾发起过猛烈攻击，自称"不信道，不信仙释，故见道人则恶，见僧则恶，见道学先生则尤恶"（《阳明先生年谱后语》）。他称道学先生为"鄙儒""腐儒"，说他们"阳为道学，阴为富贵，被服儒雅，行若狗彘"（《三教归儒说》）。但他对孙武却极为崇敬，称其"至圣至神，天下万世无以复加焉者"。他批判当时的重文轻武之风，说《孙子兵法》："儒者不以取士，以故弃置不读，遂判为两途，别为武经，右文而左武。至于今日，则左而又左，盖左之甚矣。如是而望其折冲于樽俎之间，不出户庭，不下堂阶，而制变万里之外，可得耶？（《孙子参同》）"他在《孙子参同·序》中说："吾独恨其不以（武经）七书与（儒家）六经合而为一，以教天下万世也。"所以他的这本书刊行不久,就被官方认为"议论狂悖","非圣无法"(姚觐元《清代禁毁书目(补遗)》),而下令禁毁。

《孙子参同》是以《孙子》十三篇为主线,每篇除收曹操注外,还附录了《吴子》等其他六书的有关论述,同时加上自己的圈点评论。全书大致分四部分,一是孙子原文,二是曹操原注,三是李贽总评,四是其他兵书的参考部分。这本以《孙子兵法》评注为特色的著作,富于现实的批判色彩。李贽肯定并发挥孙子关于军事依赖政治的观点,突出不要忘战,要教民战,所以他能在《兵食论》中提出"家自为战,人自为兵"的口号。李贽十分赞赏孙子"知兵之将,生民之司命,国家安危之主也"(《孙子兵法·作战篇》)的提法,主张要以知兵者为将。他认为那些不懂军事又窃取高位的人,虽被朝廷"高爵以崇之,厚禄以养之",但一遇战争,"栗肱战股,抚髀捻髯,顾后瞻前,张皇错谔"(《孙子参同·序》),只能贻误国家大事。

(3) 外忧内患 多难兴邦

明朝中期之后,现实的战场形势发生很大变化,对军队和作战方略都提出一系列亟待解决的问题。

一是从明太祖开始,对北方塞外的蒙古贵族多次远征,始终不能取得战场上的主动权,不断损兵折将,"功不补患"。明成祖以后，不得不修建一条绵延万里的"边墙"（长城），对北方瓦剌部实行消极防御，但并未能阻挡"土木之变"和俺答汗长驱直入北京城下。再加上内部叛乱，民变蜂起，明政府只能依靠"边墙"和火器进行被动防守，甚至"畏敌如虎"，凡是言战的大臣都以"轻启边衅"的罪名下狱处死。这就潜伏着亡国的根芽。

二是从明世宗嘉靖年间（1522—1566年）后，正处于"战国时期"的日本诸侯，组织一批武士和浪人，在中国沿海进行武装劫掠，越货杀人，还有部分"闽浙大姓"与之相勾结。由于明朝政治腐朽，军备废弛，使得"倭患"越来越严重，滨海千里，同时告警，许多沿海工商业城市遭到洗劫。在对倭作战中，明政府在方略上始终存在着是以政治手段还是军事手段为主的"剿抚之争"，存在着是以水军为主还是以陆军为主的"水陆之争"。

三是从明熹宗天启年间（1621—1627年）后，东北的女真人建立后金政权，攻占辽东。面对能骑善射的八旗精锐，明朝军队除用"坚城与火炮"进行防御外，也尝试以枪炮为主的"车营"扼制敌人精骑的突驰，进行野战对抗。这种火器时代的来临，需要从军事编制到战略战术等各方面都来一个大的改变。

《孙子兵法》是军事理论的高度概括和总结。如何运用它来研究新形势、新问题，在海防建设和火器战法上把这些理论加以发展，使之具有可操作性，这是摆在明代军事家面前的紧迫问题。

（4）戚继光与《孙子兵法》

戚继光既是中国古代一位身经百战的名将，又是一位杰出的军事理论家。他出身于山东登州（今山东蓬莱）的一个武官世家，从小胸存大志，熟读《孙子兵法》。17岁时，他承袭父职为登州卫指挥佥事，先后在山东、浙江、福建等地大战倭寇，屡建奇功。经过多年奋战，终于解除了东南倭患。后来，他又被明政府调到北方，镇守蓟州16年，边备修饬，军容强盛，为九边之冠。晚年还曾镇守广东。不但他本人的文韬武略多来源于《孙子兵法》，还把孙子的高深理论进行发挥，将之具体化、法规化，变得更可操作。他的兵学著作《纪效新书》《练兵实纪》都闪烁着孙子思想的光辉。

戚继光说："大战之道有三：有算定战，有舍命战，有糊涂战。"(《练兵实纪》)他的算定战，就是按照孙子的"庙算"原则，在作战之前，预先计算好战胜敌人的条件和措施，制定正确谋略，充分作好战争准备。如他接任北边蓟镇防务后，通过对敌我状况的分析，认为这里与宣化、大同、山西、陕西等地的作战方针应有不同。蓟镇每次来犯之敌多达数十万，战马膘肥体壮，且一人数骑，人自为战。而明军老弱居半，将无斗志，士无战心，虽有火器，但质量差，难以胜敌。戚继光首先整编军队，淘汰和招募并进，对新兵严格训练，严肃军纪。然后他改进火器制造技术，建立多兵种联合作战的车步骑营。每营有配备佛郎机（一种原始火炮）、鸟铳、火箭的重车128辆，敌进以此阻击。骑兵或对敌人进行侧攻，或追逐败退之敌。步兵以长枪、刀棍、镋钯等兵器近战攻击敌人骑兵。这样，明军以车、步、骑整体作战，火器配备也比敌人弓箭占有优势，作战能力超过了游牧族的单一骑兵，终于使京师北边防卫"数十年得无事"（《明史·戚继光列传》）。

战争的基本形式不过攻守两种。孙子说："不可胜者，守也；可胜者，攻也。"（《孙子兵法·形篇》）戚继光也说："御戎之策，惟战守二端。"（《纪效新书》）他主张把攻和守结合起来，首先是使自己立于不败之地，"战胜之军，未有守不固者"；然后"守是攻之策"（《纪效新书》），在防守的基础上主动进攻和消灭敌人。这种指导思想就体现在戚继光所创建的阵法和战法上。

从明朝中期以后，随着战场火器的增多和火力的加强，原来那种密集的大方阵已不适应新的形势，如何使军队的战斗队形既能减少伤亡，又便于发挥火器的作用，就成为亟待解决的问题。这时，戚继光在抗倭战争中创立的鸳鸯阵和一头两翼一尾阵就应运而生。鸳鸯阵是最小的战斗单位，仅由12人组成：队长和伍长各一人，每人装备鸟枪一支；两名盾牌手，就近掩护火枪；四名长枪手，两名短刀手，又是进攻杀伤敌人的主要力量；两名狼筅手，以筅上利刃刺敌，掩护长枪手进击。这样战斗时火器和长短兵器迭用，互相保护，攻守皆宜。

一头两翼一尾阵是把参战部队分成四部分。前者正兵为头，是主力进攻部队；头的两侧为奇兵，既保护头，又进攻敌人侧翼；尾是作策应支援的预备队。头、翼、尾不是固定不变的，"四面如一，触处为首""为奇正，有分合，利于相救，便于攻守"（赵本学《续武经总要》）。组成头、翼、尾各部的最小单位是鸳鸯阵，每部分也都由车兵（重型火器）、骑兵、步兵混合编成，成为一个攻守的结合体。

戚继光的基本阵形带有鲜明的火器时代战术特色，近似于"散兵群式"，是当时最先进的队形。一直到清朝后期，曾国藩的湘军还在沿用鸳鸯阵，清末才引进西方的散兵战术。

在海防思想上，明代对倭作战，如能歼敌于海上，自然是上策。但戚继光和俞大猷这两位抗倭名将，都主张以陆上作战为主。戚继光说："水陆兼司，陆战尤切。"（《纪效新书》）也就是将陆军主力集中配备在沿海岸战略要地，待敌登陆后，诱其深入，聚而歼之。这主要是由于明朝水军力量不足，而财政窘迫又无力扩充水军，如硬要拒敌于海上,"我就所短而彼用所长,邀击海中,未为良策"。(顾祖禹《读史方舆纪要》)戚继光的海防思想,也体现了他"攻守结合"的原则。

"攻其无备,出其不意"是孙子的用兵箴言,同时也是戚继光克敌制胜的不二法宝。在抗倭战争中,他采取伏击、夜袭、快速机动等战法,不断取得使敌"大创尽歼""一战而心寒胆裂"(《练兵实纪》)的胜利。如花街之战,戚继光率军从宁海日夜奔驰,赶往台州,迅速投入战斗,倭寇大出意料,仓皇中被歼。又如牛田之战,戚继光进至锦屏山,先以"我兵远来,须养锐待时而动,非朝暮可计"(《戚少保年谱耆编》)来麻痹敌人,但当夜就悄然奔袭,大获全胜。用兵中,戚继光常常以弱胜强,就在于他能集中兵力,避实击虚。仙游一战,倭寇10 000多人,四面围攻城门,戚继光虽仅6 000人,但集中优势攻其一面,很快粉碎了敌人的进攻。同样在蓟镇漫长的防线上,如果平均使用兵力,则如孙子所说:"无所不备,则无所不寡。"(《孙子兵法·虚实篇》)戚继光在多设瞭望哨的同时,把边墙内的兵力适当集中,有警随时驰援,一旦敌人突破防御线,又能迅速集中兵力歼灭之。

戚继光以善于治军练兵著称,这与他把孙子治军理论变成具体的军规条令很有关系。孙子说:"治众如治寡,分数是也;斗众如斗寡,形名是也。"(《孙子兵法·势篇》)

针对明朝军队缺乏训练、临阵畏怯、战斗力极差的状况，戚继光提出关于练兵的一系列思想和方法。具体为"练伍""练耳目"和"练将"，强调"法信于众而令可申"《(纪效新书》)，对旌旗金鼓发出的号令，要"人人明习，人人恪守，宁使此身可弃，此令不敢不守；此命可弃，此节不敢不重。视死为易，视令为尊"(《练兵实纪》)。他在练兵中，为让士卒熟悉号令和军规，就用通俗的语言编印成册，要他们"各于长夜，每队相聚一处，识字者自读；不识字者，就听本队识字之人教诵解说，务要记熟"。除练兵从严外，他还要求各级将领"常察士卒饥饱、劳逸、强弱、勇怯、材技、动静之情，使之依如父母"，如此才能使全军"气和""心齐""指呼如一人"(《纪效新书》)。这正是孙子"治气""治心"原则的具体化。

戚继光在他的文集《止止堂集》中，对孙子"十三篇"也有一些注解和发挥。如认为"诡道"，乃指"诡其形以示敌，非在我治兵为将，存心制行，发号施令俱要诡也"。这种看法对《孙子兵法》"师其意，不泥其迹"(《纪效新书》)，确实很有见地，而且对原著"愚士卒之耳目，使之无知"(《孙子兵法·九地篇》)的局限性提法，也是一种克服。

（5）火器时代对《孙子兵法》的运用

明代结合时代特点，对《孙子兵法》进行兵学理论发挥的,是孙承宗及其《车营扣答合编》。

明代后期,孙承宗以兵部尚书身份督师山海关、蓟、辽、天津、登、莱等处军务。根据辽西守御战的经验,他和一些下属讨论军事问题的记录被整理成《车营扣答合编》一书,在中国古代军事思想发展史上具有重要价值。

车战是中国古代最早的作战方式,战车以其特有的打击力、防护力和机动力曾在战场上骄横一时,《孙子兵法》所体现的正是这一时代的战争特点。战国时代以后步兵和骑兵崛起,战车衰落。《孙膑兵法》说:"车者,所以当垒也。"战车的功用主要是作为野战防御屏障,防止敌方骑兵突袭,卫青在漠北之战以"武刚车"环绕为营可证。现在孙承宗面对后金(清)人的八旗精骑,创设车营战法。这里的车营除继承前代以车为屏障进行野战防御的特色外,更主要的是它以枪炮为主的"火力部队",不但用于防守,而且用于进攻。《车营扣答合编》说:"用车在用火。""用火在叠阵。"所谓"用火"就是用战车装载炮与其他火药兵器,充分发挥火力对敌人优势骑兵进行野战,以求得"进不可御,退不可追"(计六奇《明季北略》)。所谓"叠阵"就是步、骑、炮重叠配置,彼此协同,长短互补。

具体来说,孙承宗的车营编制是:四乘为一衡,二衡为一冲,四冲为一营,每营约6 000人。布阵时,以营为单位,战车在前,步骑在后。火器配置上,步兵则鸟铳、佛郎机在前，三眼枪、火箭在后；骑兵则弓箭、三眼枪、火炮交替使用。这种车营不但用以防御，而且用于进攻。孙承宗就设想收复辽东时，一路渡辽河，一路从辽东半岛登陆。海岸登陆时，主力分两军，两处登陆，相互策应。面对敌人坚城的一军，应前后重叠三个车营，以两营分列左右，夹击敌城。此外还应多处设伏，并伴以游骑扰乱敌人。这里正是把孙子的"避实击虚"原则创造性用于海岸登陆战斗，使"敌不知其所守"，使"我专而敌分"（《孙子兵法·虚实篇》）。

在冷兵器时代，孙子不主张攻城，"攻城之法，为不得已"（《孙子兵法·谋攻篇》）。但从明代开始，由于火器和火药的强大威力，攻城已不太困难。如朱元璋攻平江（今江苏苏州），李自成攻开封，均用炮或火药。孙承宗在《车营扣答合编》中就说，车临敌城，若敌坚守，可行强攻。攻城时，应先起土山，架楼台，置炮其上以攻城。外城一破，即将火炮推上外城城墙，以轰击内城，支援巷战。敌人企图突围时，可"开一角以待其奔"，但必须"伏精兵以击之"，不可任其逃逸。这是对孙子"围师必阙"原则的一个发展。

元明之后，军队使用火器日益增多，特别是管形火器的发明和改进，必然影响到传统兵学理论的发展。孙承宗能够适应战场形势的变化，他创造的车营战法在辽西的实践是成功的。史载"承宗在关四年，前后修复大城九，堡四十五……拓地四百里，开屯五千顷"（《明史·孙承宗列传》）。他的继任名将袁崇焕也依靠大炮，屡败清军，坚守辽西达20年之久。在这种"不泥古""不拘常"的学风下，对《孙子兵法》等传统兵学进行了创造性的发展。也只有这样，才能使《孙子兵法》在即将来临的火器时代活力永存，与西方现代军事理论一争高下。

可惜这种良好的势头在清代被扼杀了。

8. 清代"孙子学"的虚假繁荣

清代孙子学，"一道残阳铺水中，半江瑟瑟半江红"（白居易《暮江吟》）。

明朝将领要以火器对抗满洲人那种疾风骤雨式的骑兵突驰，终究没有成功。因为大明天下的丧失，一大半是由于政治的腐败和人心的尽去，而战场上火器的种类、数量和质量，也尚未发展到足以完全摧破敌人八旗精骑的程度。但这种重视新式火药兵器的研制与使用，并从军事编制和战术上加以创新的精神，却代表了一种战场上的发展方向，预示着新时代的来临。

当新的清王朝建立之后，却没有认识到长期主宰着战场形势的骑兵将成为明日黄花，火药枪炮的时代就要到来。他们反而陶醉于自己得天下的辉煌之中，强调"骑射乃满洲之根本"，忽视对火器的研制与创新，甚至连明代已有的成果都不能保持。等到咸丰十年（1860年）的第二次鸦片战争，僧格林沁的3 000蒙古铁骑向英法联军的猛烈火力集团冲锋，勇则勇矣，但几乎全军覆灭。这时，清政府才大梦初醒，可惜为时已晚。欧洲约从乾隆三十一年（1766年）开始的工业革命，百年后已经"船坚炮利"，足以轰开中国"闭关自守"的大门。同时中国古代经典兵学，也因长期缺乏源头活水，日渐僵化萎缩，被引入了一条死胡同。

（1）活用《孙子兵法》的八旗军

想当初，这些崛起于白山黑水间的牧猎民族，是如何的骁勇睿智、生机勃勃。他们也许读书不多，甚至不知《孙子兵法》为何物，却好像是孙武天生的好学生，用兵行阵之间，文韬武略手段，都渗透着绝妙的孙子精神。

当努尔哈赤还只是建州女真部一个小人物时，他八次亲自赴北京朝贡，对明政府一再表白自己的"恭顺"，还接受明朝廷的封赏。这种孙子"示形于敌""能而示之不能，用而示之不用"（《孙子兵法·计篇》）的策略，正好被用来掩盖他统一女真的企图，为日后以武功定天下奠定了基础。

当努尔哈赤"国势日盛"之后，就适时地与明朝公开决裂，宣布建立自己的政权。他很重视孙子强调的"道者，令民与上同意也"(《孙子兵法·计篇》)的政治条件,宣布"七大恨",指责明朝杀人父祖,"欺凌太甚,情所难忍",争取舆论支持和民心拥护。

明朝军队气势汹汹,号称40万兵力,兵分四路,大有"犁庭扫穴"的劲头。努尔哈赤不急不躁,抱定"凭尔几路来,我只一路去"(《明史纪事本末·辽左兵端》)的宗旨,集中八旗兵6万余人,首先在萨尔浒(今辽宁抚顺东浑河南岸)歼敌一路,然后各个击破。结果以劣势兵力,取得辽东决战的大捷。这正是孙子"我专而敌分""避实击虚"等原则的光辉体现。

袁崇焕为明朝镇辽名将,宁远一战,炮轰努尔哈赤,被继父而立的皇太极视为眼中钉。皇太极此时手下有范文程等众多谋士,对《孙子兵法》的运用更自觉也更纯熟。他们只略施一个小小的离间计,就借崇祯的手杀了袁崇焕。这前后,皇太极对明朝的方针是"和谈与自固",在和谈的幌子下争取民心,争取时间,绥蒙古,服朝鲜,逐渐削弱明朝力量。无诚意自然谈不拢,但皇太极和谈的调门一直很高,既麻痹了明朝统治者,又可推诿战争责任,"谈谈打打",一直到攻入关内。

为防御清军,明朝孙承宗、袁崇焕在辽西经营多年,皇太极很难逾越。于是他五次绕道内蒙古,从北面越过"边墙",不断袭扰明军,削弱中原经济,动摇人心。目的是

"从两旁砍削大树""使其自扑"。他同时还想与关内"流寇"结合在一起,共同冲击明朝统治。然而,当李自成攻克北京后,清朝贵族多尔衮又拉拢明朝总兵吴三桂等汉族实力派,提出"满汉官民均为一家""灭流寇以安天下"的口号,甚至首先为崇祯皇帝发表,要为他人"报君父之仇"。就是这种"利而诱之,乱而取之"的孙子谋略,使清军顺利占领了北京。

总之,满洲人由偏处一隅的落后少数民族,仅半个世纪就建立了一个空前盛大的清帝国,绝不是偶然的,一系列成功的"伐谋""伐交""伐兵"战略策略是他们手中的利器,在中国军事思想史上也写下了极为灿烂的一页。

(2)考据孙子学的突出成就

清人以武力夺取了全国政权,入关之后,一方面拜谒孔庙,提倡儒学,以"王道"相标榜;另一方面又以武事为重,对《孙子兵法》等兵学著作也尊崇有加,甚至超过前朝。

在图书分类上,从魏晋南北朝出现"经、史、子、集"的四分法之后,兵书一直列于子部中。但从《隋书·经籍志》开始,由于社会上重文轻武风气的影响,兵书都在诸子之后,忝居末位。宋元时期,兵书的地位进一步降低,从隋唐时的第十位下移到第十四、十五位,甚至连神仙、释氏、五行、占筮、蓍龟都被提到了兵书之前。清朝建立后，却比较重视兵书。清初修《明史·艺文志》，将兵书类提前到第五位，列于儒家、杂家、农家、小说家之后。到乾隆时编纂《四库全书》，为宣扬文治武功，兵书地位进一步提高，首为儒家，次为兵家，一下子升为第二位。

清朝仍沿袭宋、明旧制，实行武举制度，选拔军事人才。武举分内外场，外场试马、步射及弓、刀、石，合格后再考内场试武经。康熙诏定以《孙子兵法》《吴子》和《司马法》等"武经三子"为武举必考科目。清代从武秀才到武进士，每次考试都有一场策问，这些策问题目大多数都出自《孙子兵法》，在"武经三子"中尤得宠爱。如"《形篇》曰：'决积水于千仞之溪者，形也。'《势篇》曰：'转圆石于千仞之山者，势也。'一喻形一喻势，其旨何如？"这类试题，对考生只要求一般低层次的疏义讲旨和记诵文句，而且往往有固定的答题套路，答题篇幅也有限，所以对深入研究《孙子兵法》，根据新形势发展兵学理论意义不大。

在官方这种尊崇武学态度的影响下，清代社会的"孙子学"在表面上也还轰轰烈烈，再加上距今较近，保存下来的文献有120多种，数量为历代之冠。在清朝前期的顺治、康熙、雍正三朝，主要是为适应武举的需要，标题讲章之类著作大量涌现，可称为"武闱孙子学"。从顺治十四年（1657年）《武经全题汇解·孙子》刊刻开始，约有41种著作，其中30种都属于武科应试读本，价值不大。只有邓廷罗的《孙子集注》《兵镜备考》等书水平较高，多次刊印，影响较大。

从乾隆到道光的清朝中期，虽只有20多种"孙子学"著作，但在文字校勘和训诂上却有突出成就，可称为"考据孙子学"。最突出的是孙星衍校定的《孙子十家注》，被称为一部集大成的专著。孙星衍是清代著名考据学家，进士出身，一生好学，勤于著述，在《尚书》《周易》《尔雅》《史记》等古籍的考订和金石、训诂、音韵学的研究上都很有成就。他以华阴《道藏》本中的《孙子集注》为底本，依据《通典》和《太平御览》所收的《孙子》佚文，对宋人的《孙子十家注》进行了仔细校订，纠正了"十三篇"正文和各家之注的错讹，重新编排了各注家次序。这本书于嘉庆二年（1797年）初刊后，很快成为《孙子兵法》流传的一个主要版本，至民国先后刊印30次，创历代"孙子学"文献刊印数的最高纪录。特别是它打破了宋代以来主要以《武经七书》本流传的格局，而且使"孙子十三篇"正文与各家注文配套流传，有助于《孙子兵法》兵学的普及和发展。在这一点上，孙星衍的功劳是不可磨灭的。

这一时期的一些学者，还广泛搜集史证，细致考订《孙子兵法》一书的作者及生平，虽多以论文形式出现，但仍有一定的学术意义。从宋代梅尧臣、陈振孙、叶适等人否定或怀疑《孙子兵法》为春秋末年孙武所著开始，明代的胡应麟也认为是战国策士托名"为说文耳"。但肯定《孙子兵法》为孙武所著的也大有人在，两种意见一直在激烈争论。如明代学者宋濂就批驳说："（春秋）二百四十二年之间，大国若秦、楚，小国若越、燕，其行事不见于经传者有矣，何独（孙）武哉？"（《潜溪后集·诸子辩》）清代学者中，姚际恒、全祖望、姚鼐皆持怀疑说，他们仍以孙武"名之不见于《左传》"和《孙子兵法》书中的某些战国色彩为理由，断定十三篇"战国言兵者为之"（姚鼐《惜抱轩文集·读孙子》），甚至连孙子是否有其人也"不可得而知也"。坚决肯定孙武著《孙子兵法》的是孙星衍、毕以珣等人。孙星衍自称是孙武后人，他在《孙子略解·叙》中言之凿凿："诸子之文皆由没世之后，门人小子撰述成书，惟此是其（孙武）手定，且在《列》《庄》《孟》《荀》之前，真古书也。"

这时在一些学者笔记中，也不乏精彩之处。如俞樾的《诸子平议补录》、孙诒让的《札迻》、洪颐煊的《读书丛录》、于鬯的《香草续校书》、叶大庄的《退学录》等，均有若干条对孙子十三篇的校订，有不少都很有价值。王念孙在其名著《广雅疏证》中，多处引用《孙子兵法》之文以释古训。在古音韵学者江有诰的《音学十书》和姚文田的《古音谐》中，都专门辟有《孙子韵读》，这是前代没有开拓过的学术新地。

这时，满文、蒙文、蒙汉对照、满蒙汉合璧的《孙子兵法》也相继问世（北京图书馆和内蒙古自治区图书馆今有收藏），显示其传播的广泛深入。

（3）衰落中的传统兵学

考据学发达是清代学术的一个特色，文人们热衷于对《孙子兵法》的内容考订和字句训诂，当然有其文化建设上的意义。但缺乏理论创新和轻视用于战争实践，也给人以沉闷呆滞之感。中国古典兵学受到近代西方兵学的冲击，日益表现出没落和即将终结的征象，而乾嘉学派的深厚功力，不过给它抹上一层夕阳返照的金灿光芒，终难持久。

《孙子兵法》将进入一个失去光彩的休眠期。这不是因为它自身没有生命力，而是因为中国的封建帝王在把它放到高高神坛之上的同时，又着力阉割它的灵魂。占据思想界正统地位的颟顸儒生们也不断对孙子精义进行攻击、歪曲和浸润，使它被捆绑双手，戴着镣锁去和西方列强肆无忌惮的侵凌相撞。在闭关锁国的政策之下，人人皆能对《孙子兵法》道其一二，但近亲繁殖之下，那些兵学侏儒们只能披挂上孙子的衣装，拉大旗作虎皮，而把孙子精神丢得精光，拳击场上他们还能打赢吗？《孙子兵法》产生于春秋大国争霸的基础之上,强调"未战而庙算胜"(《孙子兵法·计篇》)"古之所谓善战者,胜于易胜者也"(《孙子兵法·形篇》),是一种高层次的强者理论。而清代故步自封,还保持前代以冷兵器为主的格局,孙子学没有从军事技术的进步中获得创新发展理论的动力,面对"船坚炮利"之千古未遇的强敌,孙子的理论只能显得苍白无力。

9. 国运衰则军运衰

(1)《孙子兵法》贯穿了活的辩证思维

在中国先秦时期,兵、道两家学说是最富于辩证法色彩的。从思想体系上看,兵和道有一种近缘关系。唐人王真说《老子》五千言,"未尝有一章不属意于兵也"(《道德经论兵要义述·叙表》)。明清之际思想家王夫之说老子"言兵者师之","持机械变诈以徼幸之祖也"(《宋论》)。清人俞樾认为"兵家源于道德"(《诸子平议补录》),理由是《孙子》首篇先言道后言天地,乃老子"地法天,天法道"(《道德经》)之旨。毛泽东也说,《老子》是一部兵书。但现代学者李泽厚先生却认为,《老子》的思想来源是兵家,兵家的辩证法是一种建立在丰富实践经验之上的唯物主义思想体系,然后在道家那里上升为政治—哲学理论,却又涂上唯心空泛的色彩，军事辩证法变成了政治辩证法。

兵家所研究的对象是战争，这是一个最特殊的社会领域，它关系着双方"谁吃掉谁"的问题，哪怕一瞬间的微小闪失都会造成生死存亡的严重后果，而且血的代价往往是无法挽回的。因此，这一特点就决定了《孙子兵法》思考问题带有理智、周密和实用性。尊重军事斗争的自身规律，一切以现实的利害为依据，强调功利目的。它反对用任何情感上的喜怒爱憎来影响理智的判断和谋划，既嘲笑《周礼》提倡的"不鼓不成列"（《韩非子·外储说左上》）的蠢猪式"仁义之兵"，也提出"主不可以怒而兴师，将不可以愠而致战，合于利而动，不合于利而止"（《孙子兵法·火攻篇》），主张慎战。它反对用任何观念上的鬼神或天意来替代人事的主观能动性，说："先知者，不可取于鬼神，不可象于事，不可验于度，必取于人。"（《孙子兵法·用间篇》）这种唯物主义的认识路线从孙子开始，就使中国兵学摆脱了巫术宗教的神秘衣装。以《孙子兵法》为代表的中国兵学，还重视思维的现实切用，纸上谈兵为兵家大忌；也抛弃空中楼阁式的遐想和不着边际的空洞议论，主张明确、迅速、直截了当地判断战局，并在行动中利用和展开矛盾，灵活选择最能达到目的的战术。

先秦兵家重战略筹划更甚于用兵作战，重智谋更甚于死拼力量，重人事更甚于天意鬼神。在战争中，"权谋诡道"

就合乎逻辑地成为中国兵学的旗帜和灵魂。"宁受胯下之辱"只是手段,卧薪尝胆之后,是君子报仇十年不晚,一切为了最后的胜利。不动感情,清醒冷静,靠主观努力来使形势消长转化,有利于我,这就是典型的中国智慧。

孙子被称为"东方兵学的鼻祖",而重权谋正是东方兵学的特点。各个民族的军事理论,都和一个民族的文化传统密不可分。从某种意义上说,任何时代、任何民族的战争都要运用谋略,没有不用谋略的战争。但是比较而言,东方人多注意谋略,而西方人更注重技术。

(2)东西方兵学发展的不同特色

《孙子兵法》产生于2 500年前的春秋末期。它早熟于冷兵器时代,由于几千年军事技术的发展缓慢,兵器装备基本没有质的变化,也使它成了一棵常青树。"兵者,诡道也"(《孙子兵法·计篇》),靠此就可以演化出无数精彩的战争活剧,后人至多不过在这棵树上添几片叶子而已,理论上难有突破。再加上中国传统文化重官仕轻技艺,军事上不注意对新技术的吸收,一个最早发明了火药的国家,却让人家去制造洋枪洋炮,自己还视洋枪洋炮为"邪物",还要"以狗血狗屎破之"。不靠技术,以谋制胜,这是东方军人的信条。

从古希腊开始,西方就崇尚科学技术。亚里士多德、阿基米德、哥白尼、牛顿、法拉第等等。欧洲几乎每200年就出现一个科学天才,而且,他们也很注意把科技成果及时转换为战斗力。与此同时,西方的军事理论却成熟很晚,一直到19世纪克劳塞维茨写成《战争论》,西方才形成了注重实力、注重改进技术手段以求胜的牢固观念。这正是军事技术随着科学技术一同飞速发展的时期。

西方人强调战争的物质方面,东方人注重战争的心理方面;西方人多着眼敌方的作战能力,东方人多考虑敌方的战略意图;西方人倾向于直接路线武力解决问题,东方人主张伐谋伐交,从广阔的战略背景下慎重用兵,争取不战而胜。

两种军事文化,一个重权谋,一个重技术,本来各有长短,具有极大的互补性。但是,孙子的"权谋"理论却越来越不见容于中国社会。儒家的"仁政""德治"理论是从人的情感心理出发,从亲子之情的"孝"引申为君臣之义的"忠",以至爱之情来治国治家。这恰恰与兵家那种摒弃情感的"诡道"理论尖锐对立。而儒家偏偏要把这种治家治国之论拿来平天下,作为治军用兵的法宝,那就不能不流毒天下、贻患民族。

(3)儒家士大夫对兵学灵魂的阉割

对《孙子兵法》"权谋"理论的大规模围攻,恰恰也是从把它扶上"武经"高位的宋代开始的。

宋代儒学的兴盛，使它占有统领兵学的地位。这里积极的一面是，它消除了道教及阴阳术数对兵学的影响。宋仁宗诏命习武者"毋得问阴阳诸禁书"（《宋会要辑稿·选举》），从此，兵学著作中阴阳占卜、奇门遁甲等内容都被删除，而这些东西在隋唐以前还是很有市场的。但另一方面，兵家的权谋诡诈之说却日益受到道德层面的批评。

宋初编《太平御览》，首引"反利无义，以丧厥身""耀德不观兵"，并特别引《汉书·艺文志》中"动之以仁义，行之以礼让"的说法，将儒家"仁义"之说置于兵学之首；次引老子"兵者，不祥之器"（《道德经》）为说；再下引《司马法》，以明先王义兵之规范战道；最后才及《孙子兵法》的用兵权谋之法。

《武经总要》述及兵学理论，也是"祖尚仁谊，次以钤略"（《武经总要·叙》），以儒家的仁义道德为主导，兵家权智学说为其次。

即使《武经七书》中七本兵书的选定，统治者也是煞费苦心。鉴于《孙子兵法》对军事斗争的巨大影响和不可替代的功用，自然不能不选；但又认为它太重智尚谋，又以其他六书与之互补。如《六韬》虽谈治兵，但更多表现出来的是"儒兵"特色，尽管许多人判它为伪书，但它可以培养"王者师"型的军事家，所以不能不选。《三略》

的理论基础是儒家民本思想和道家柔弱思想,被认为是"政兵书"。《司马法》作为一部以记载西周军礼为主要内容的典章性兵书,集中反映春秋中期以前的战争观,如"以仁为本,以义治之"等。《吴子》在作战指导上虽与《孙子兵法》有一定的渊源关系,但儒家色彩较浓,主张"内修文德,外治武备",有人说它是"儒兵家"。《尉缭子》具有兼容儒、兵、法的杂家特征,主张"王者伐暴乱,本仁义焉",明显带有儒家的影子。《李卫公问对》虽以阐发《孙子兵法》的奇正思想为主旨,但内容更宽泛。这样一来,宋人构建起一个中国古典兵学体系,由以儒家的兵本论和以《孙子兵法》为代表的将略论组合而成,尽管存在着仁义学说和权谋理论的矛盾冲突,但被纳入一个"体用"范畴,用兵家的智慧来维护儒家的本体。

这种指导原则反映到七本书的排列次序上,最初是以《孙子兵法》为首,南宋理学始盛,曾一度把《六韬》提到《孙子兵法》之前;元人马端临纂《文献通考》,把《司马法》也排在《孙子兵法》之前。尽管明人刘寅作《武经七书直解》,又恢复了《孙子兵法》居首的次序,但明清士大夫们一直耿耿于怀,表示不理解。

历代统治者为了自身利害,在一定条件下还可以容纳兵家的权谋理论;但在那些意识形态专家的儒家士大夫眼中,仁就是一切,既是手段,又是目的,对兵家权谋必欲去之而后快。

宋代士大夫中肯定《孙子兵法》者有之，但拾东汉班固唾余，大力围攻挞伐者亦不少。陈师道称"孙吴之书，盗术也，不陈于王者之前"。他上书宋神宗说："夫兵，非圣人之学"，要求朝廷取消以《武经七书》来考试武举的做法，"循大禹之事，服下惠之言，而却兵家之图书"（《后山集·拟御试武举策》）。叶适也说："非诈不为兵，盖自孙武始。甚矣，人心不仁也。"他对人们纷纷"奋笔墨以傅益（孙）武之说"特别反感，认为是"数千年之独不幸"。他上书皇帝，"终言（孙）武之不可用"（《水心先生别集·兵权》）。高似孙谓："兵流于毒，始于孙武乎？武称雄于言兵，往往舍正而凿奇，背义而依诈，凡其言议反覆，奇变无常，智术相高，气驱力奋。故《诗》《书》所述，《韬》《匮》所传，至此皆索然无余泽矣。"（《子略·孙子》）大诗人苏轼也加入大合唱中，说如果孙子的"诡道"行于世，"则天下纷纷乎如鸟兽之相搏，婴儿之相击，强者伤，弱者废，而天下之乱，何从而已乎。"（《三苏策论·林武论》）。就连称誉《孙子兵法》为兵家宝鉴的戴溪，也没忘记补上一句，说十三篇"有余于权谋而不足于仁义"。（《经武之要》）

理学的兴盛，使明朝士大夫更加具有排他性，对不符合儒家观点的权谋理论进行更加猛烈地攻讦。如黄献臣说《孙子兵法》"舍正务奇，背义任诈，乃战国相倾之说，止于强伯,不如王道"(《武经开宗·孙子解题》)。理学大师王阳明(守仁)尽管年轻时也曾学习兵法,有经略四方之志,并且亲自参加平定宁王朱宸濠的叛乱,还成功运用了"围魏救赵"的出奇战法,却仍然用儒家的王霸、义利、仁诈之辨,来攻击兵家霸术。他说,孙武之术出现之后,"天下靡然而宗之,圣人之道遂以芜塞。相仿相效,日求所以富强之说,倾诈之谋,攻伐之计"。求富强有什么不好呢?"既其久也,斗争劫夺,不胜其祸,斯人沦于禽兽夷狄,而霸术亦有所不能行矣。"(《王文成公全书》)好吓人,权诈之说会使人变成禽兽,所以理学家们不得不挺身而出以卫道。

甚至在明代理学家眼中,兵家著作还不如卦数之书更有兵学价值。丘濬就说:"先儒谓虽后世兵书之繁,不如《师》卦六爻之略,且所论者王者之师,比后世权谋之书奇正甚远。为天下者制师以立武,立武以卫国,卫国以安民,乌可舍此而他求哉。"(《大学衍义补》)在这种氛围之下,即使有些士大夫想为《孙子兵法》正名,也表现得惴惴不安,好像做了见不得人的事。如那个写了《赵注孙子》的赵本学(虚舟),在称"用兵而不以权谋,则兵败国危"后,又说:"《孙子》十三篇,不言仁义,而独以用间之事归之,则其不知仁义亦明矣。大抵霸之所谓仁义,特假借之号,诡谲之辞耳。"(《孙子兵法·用间篇》注)刘寅撰了《武经七书直解》,一方面宣扬兵家权谋,一方面自称"狂斐逾僭,得罪圣门",说"兵谋师律,儒者罕言;谲诡变诈,圣人不取"。只有李贽最勇敢,但却以"非圣无法"之罪毙死狱中,他的《孙子参同》也成了禁书。

明朝人余继登《典故纪闻》说,明成祖朱棣永乐年间,有人特地从山东老家赶到北京,向皇帝献上一份用兵阵图。朱棣却大为恼怒,他把来人大骂一顿:"自古帝王用兵,皆出于不得已。夫驱人以冒白刃,鲜有不残伤毁折,其有不死亦幸也。朕每亲当矢石,见死于锋镝之下者,未尝不痛心!今天下无事,惟当休养斯民,修礼乐,兴教化,岂当复言用兵!"轰走此人后,朱棣又大发议论:"此辈狂妄,必谓朕有好武之意,故上此图,以冀进用。好武岂盛德事?其斥去之!"心口不一,双重面目,往往是帝王的典型品格。就是这位燕王,不惜发动"靖难之役",四年战乱,硬是从侄子手中抢来皇帝宝座,还使"宫中火起,建文帝不知所终"(《张晋集·金川门》)。双手血未洗净,却侈谈"好武岂盛德事",岂非绝妙讽刺。

清朝从帝王到士大夫,对孙子权谋理论的抨击丝毫不弱于宋明。康熙皇帝自有其雄武之处,却又儒化很深。他以"王道"相标榜,说:"《孟子》云:仁者无敌;又云:天时不如地利,地利不如人和。此是王道。与其用权谋、诈伪、无稽之言,不若行王道,则不战而敌兵自败矣。王道二字，即是极妙兵法。"(《清圣祖实录》)他认为，《武经七书》"未必皆合于正"。他的儿子允礼更为偏激，说《孙子兵法》是"天下至忍之人，言天下至忍之事"。他对秦始皇没有把兵书烧光，以至后人越来越重视《孙子兵法》感到不平，说："孙、吴之书，虽毁弃之可也。"(《皇清文颖·春和堂集》)

清士大夫中，汪绂承认孙子为兵家用奇之最，但批评其违背仁义王道，"谲而匪正，机诈悉矣"。他尤其反感孙子说伊尹、吕望为殷、周反间，认为是"重诬圣人"，因此把原话从《孙子兵法·用间》中删去。(见《戊笈谈兵》)姚鼐称《孙子兵法》为"不仁人之言"(《惜抱轩文集·读孙子》)。黎利宾称"(武经)七子之书，权谋智术之书也，其去圣人之道远矣"(《武经三书汇解》)。全祖望同意宋代苏洵的意见，认为孙武破楚入郢之战是"久暴师"，他指使伍子胥复仇鞭尸，也不能看透后来"勾践复国之谋"，所以行事与"所言远甚"，并非"知兵"之人。(《鲒埼亭集·孙武记》)这时，就是一些明断有为的思想家，也不能拨散重重迷雾乱尘。如魏源就说："孙、吴之书，可行于权谲之代，非王者一统所以制四夷、诘奸宄之法。"(《圣武记》)

这种种对《孙子兵法》的非议，从否定其人、其书，到否定其对战争规律的认识，及至其全部的兵学理论，日益甚嚣尘上。正如名将戚继光所斥之者："今日之毁师者，受国家戡定之寄,而能攘外安内如孙、吴者,几人哉？"(《练兵实纪》)这种看法一语破的,不能不引人深思。

到了清末,儒家思想日益走向极端,失去了容纳百川的大度。他们排斥机械技艺,使得中国科技远远落在西洋后面,早已是技不如人,兵器战具落后于人。又要丢己之长,把用兵权谋也一扫而光,那么打仗还靠什么呢？手拍胸膛,唾星四溅,自吹自擂,说只要行王道、重仁义就可以胜兵无敌？说穿了,儒家官绅自家扳倒了《孙子兵法》,只能让同胞用血肉之躯去抵挡铁甲火炮。百年凌辱,创剧痛深,何仁之有？何义之在！

《孙子兵法》被迫休眠,中国古典兵学体系分崩离析。而西方军事理论在扬己之长的同时,也开始把《孙子兵法》引过去,以吸吮其精华。所以当清政府向德国派去留学生,要学习德国的战略战术时(确有必要),德国人感到很奇怪："你们何必远来我们国家取经呢？我们的军事教材就用你们的《孙子兵法》。"

多么强烈的反差啊！

四 《孙子兵法》与革命战争

1.《孙子兵法》与农民起义

"革命"一词,在古代指改朝换代。王者革去前代帝王之天命,自己重新受命于天,所谓"汤武革命,顺乎天而应乎人"(《周易·彖传下·革》)。现在词义转换,一般指社会制度、生产关系的大变革。人们把历史上被压迫阶级或民族为了自身解放而进行的战争,统称为"革命战争"。

中国历史上的农民战争规模大,次数多,确实为"世界所仅见"。从秦至清,成百上千次的农民战争充盈史籍,使多少家皇冠落地,极大地影响着中国历史的风貌,而且,它还是中国战争史的一个重要组成部分。

(1)孙子谋略与农民军的天缘情结

历史上组织农民战争的领袖人物,出身往往有很大不同。有些从统治阶级旧营垒中脱离出来人物，如项羽、刘秀、孙恩、李密等，原来就具有较高的文化素养，学习过文韬武略，所以就能自觉运用《孙子兵法》等古代兵法来排兵布阵，创造出一个个以弱胜强的战场奇迹。然而，有些人物在起事之前是贫苦农民，甚至大字不识一个，军事经验就差一些，如无杰出的人物担任军师，往往会吃大亏。如秦末陈胜、吴广，分散兵力，贸然西进关中，结果因后援不继而败。东汉末年的黄巾军将领波才依草结营，结果被汉将皇甫嵩因夜纵火，众乱而败。

但战争是一门尤其重视经验的学问，而经验又是可以借鉴和积累的。农民军不可能是常胜将军，只要善于总结，就可以在战场上以少胜多，以弱胜强。一开始，他们的兵器战具等物质条件必然劣于官军，要在险恶的环境下生存发展，只有启动心智，巧妙地在战略、战术上运用《孙子兵法》的谋略原则。斗智不斗力，这正是使农民军与孙子天缘情结的关键之点，尽管他们不必夜观兵书，口诵孙、吴。

其实，农民军对《孙子兵法》是很崇敬的。太平天国建都金陵（今南京）不久，洪秀全就诏令颁行《钦定武略》，其中孙子十三篇占有重要地位。太平军第一流的军事家石达开，也是喜读《孙子兵法》，不过由于偏见，这类材料在史籍中都没有被记载下来。

（2）农民军对《孙子兵法》的战场运用

农民军在战争中对《孙子兵法》的运用，主要表现在三个方面。

一是取用于敌，因粮于敌，"胜敌而益强"。

《孙子兵法·作战篇》集中论述战争对物资的依赖关系，提出"取用于国，因粮于敌"的原则，即武器战具自己准备，军粮在敌国就地补充。同时孙子还鼓励军队多夺取敌人的军需物资，这样可以"胜敌"，而同时不断增强自己实力。农民军对这一原则创造性地运用，不仅"因粮于敌"，而且主要靠缴获敌人的武器装备壮大自己。

农民军往往是官逼民反，仓促上阵，一开始只能用简单的生产工具或生活用具对付敌人，于是"断锄首而锐之""执以应募"（《资治通鉴·唐纪·懿宗昭圣恭惠孝皇帝中》），或"削竹为枪"（《元史·魏中立列传》），或以厨刀、樵斧缚竿以应敌。但敌人却拥有充足的先进兵器，要改变自己的劣势，只能从战场上夺取。如陈胜、吴广之初，"斩木为兵，揭竿为旗"（《史记·陈涉世家》），但攻占陈县后，已拥有战车六七百辆，骑兵千余，步兵数万，这些战车和马匹都是从秦军手里缴获的。东晋末孙恩、卢循起义，第一次从舟山浮海登陆，只有百余人。后来卢循从广州北伐建康，已是战士 10 万，战船 1 000 余艘。这些水军装备，绝大多数是从敌占区征集或夺取的。清后期太平军作战，除传统冷兵器外，还用缴获的洋枪洋炮组织了洋枪队。农民军在控制了一部分地区后，也会利用手工业者制造部分兵器，但要在短时间内建立一支可与敌人抗衡的军事力量，同时不断削弱对手，必须"枪刀弓矢，皆夺获官兵，取其至精者用之"（《平寇志》）。

农民军被称为"流寇"，这恰恰揭示了他们经常采取流动作战的方式。由于没有稳定的控制区域和财政来源，最初要解决粮饷，一是袭击官仓皇庄，用这里储存的粮食供应军队，赈济贫民。如秦末刘邦攻克陈留官仓，隋末瓦岗军夺取洛口仓，明末李自成进入洛阳福王府，都获得数量惊人的粮食等军需物资。二是普遍实行劫掠富户，以应军需，不但解决自身供给，还有利于争取民心，补充兵员，壮大队伍。但在农民军建立政权之后，这种办法就不再能满足需要，也不利于政权稳定。于是逐步过渡到且耕且战，兵农相兼的屯田体制，进而分配土地给农民，靠"依额纳粮"作为后勤补给的主要方式。这种农民领袖政治上的成熟，也标志着新封建王朝即将出现。

二是流动作战，以走制敌，"自保而全胜"。

孙子有两个重要的概念"形"和"势"。一般来说，"形"指已有的军事力量，"势"则指对军事力量的主观能动运用，尤其指在流动中的运用。孙子说："进而不可御者，冲其虚也；退而不可追者，速而不可及也。""形人而我无形，则我专而敌分。""敌虽众，可使无斗。"(《孙子兵法·虚实篇》)也就是说，在敌强我弱的情况下，依靠大踏步地运动，调动敌人，避实就虚，才可以"以众击寡"(《孙子兵法·虚实篇》)，相机胜敌。

各代的农民军虽然具体情况不同，但初期必然处于军事上的劣势，统治者又总是使用强大的军队企图一举剿灭，所以围剿和反围剿就成为主要的战争形式。农民军要使自己生存下去，必须摆脱敌人的围剿，而不能死守硬拼。历史上著名的黄巢和李自成，都曾采取流动作战方式，纵横驰骋，倏忽来去，不仅摆脱了强敌的多次围剿，还大量消灭敌人，壮大自己，逐步改变了敌强我弱的形势。

避免同敌人决战，表面上看似乎是被动的、被迫的，但在强大敌人的包围合击之下，"走"而避实是保存力量的唯一方法。同时把走和打结合起来，敌方找不到我方，我方却钻隙走险，选择有利的地点和时机，集中兵力，歼敌分散虚弱之军，这便是主动之举。太平天国后期捻军歼灭清朝王牌骑兵僧格林沁的高楼寨战役，就是一次以"走"制敌的典范战例。

捻军以骑兵为主，步兵中也有大量马骡以供骑乘和运输。他们机动性很强，常常靠运动来歼灭敌人。其首领张宗禹说："我们不怕打，我们只怕围。""我们要以走自活，以走疲敌。"曾国藩在谈及捻军时也说："此贼故智,有时疾驰狂奔,日行百余里,连数日不少停歇;有时盘于百余里之内,如蚁旋磨,忽左忽右。贼中相传秘诀曰:'多打几个圈,官兵之追者自疲矣。'"(《曾国藩家书》)

1864年,捻军20万人到达湖北麻城,准备支援天京(今南京),僧格林沁奉命率蒙古精骑前往围剿。捻军在不到20天内,周旋于鄂豫各地,数次击败清军,僧格林沁仍紧追不舍。次年1月,捻军逼近开封,清军也急忙北进,捻军又突然折向豫东南,在鄢陵(今河南鄢陵西北)附近伏击清军,使其伤亡很大。这之后,捻军牵着僧格林沁的鼻子走,在两个月内,行程四五千里,忽西东,忽南北,有时疾驰,将清兵远远抛在后面;有时盘旋打转,把清军搞得晕头转向。直把僧格林沁人马拖得七零八落,疲惫不堪,有时连续几天吃不上饭,士气低落。身为亲王的僧格林沁也衣不解带,马不离鞍,靠烧酒来解乏。有时一昼夜追赶300余里,拖得他头昏脑涨,暴跳如雷。

为了进一步拖垮敌人,捻军从河南直逼山东济南,又从山东南下江苏海州(今连云港市),再从江苏重返鲁西南。这时,捻军认为歼敌时机已到,就在菏泽县(今山东菏泽市)北的高楼寨(今高庄镇)设下埋伏,专候僧格林沁。

1865年5月18日,僧格林沁被捻军诱进口袋之中,炮声一响,伏兵顿起,围剿者反被围剿,清军全线崩溃。

这一仗，击毙骄横跋扈的亲王僧格林沁和内阁大学士全顺、总兵何建鳌、额尔经厄等清军将领，歼灭马步兵1万多人，大批战马和洋枪使捻军的作战能力得到进一步的提升。

三是避实击虚，出奇制胜，"动于九天之上"。

孙子说："兵之形，避实而击虚。""善攻者，敌不知其所守；善守者，敌不知其所攻。"(《孙子兵法·虚实篇》)"善守者藏于九地之下，善攻者动于九天之上。"(《孙子兵法·形篇》)

战争不外乎保存自己，消灭敌人。农民军在利用运动战粉碎敌人围剿的基础上，还必须不断利用各种战术手段打击敌人，以达到最终把战略劣势转变为战略优势的目的。这里对孙子谋略原则的运用，越到中国古代的后期表现得越纯熟而多变，"战胜不复，而应形于无穷"(《孙子兵法·虚实篇》)。比起那些死读兵书的皇家"将儒"或"儒将"来，农民军将领显得更加生机勃勃。

伏击战是农民军经常使用的一种战术手段。要伏击成功，一是善于利用地形，"隘形者,我先居之,必盈之以待敌"(《孙子兵法·地形篇》)；二是使敌人不知道我方要进攻的时间和地点，"攻其无备，出其不意"(《孙子兵法·计篇》)。

如隋末瓦岗军，事先在荥阳大海寺（今河南荥阳东北）附近的丛林中设伏，然后以小股军队与敌接战，佯败诱敌，最后突然发起进攻，隋军张须陀部2万人在猝不及防中被全数歼灭。窦建德在河北,也是在河间七里井(今河北河间市南)的沼泽地设伏,佯装南撤,诱敌上当,乘弥天大雾消灭隋军3万余人。杜伏威在淮南沼泽芦苇地设伏,诱隋军进入后,顺风纵火,烧死大部之敌。前面谈到的捻军高楼寨战役,也是伏击取胜的典范之作。

农民军由于流动作战,可以"掠乡分众"(《孙子兵法·军争篇》)"因粮于敌"(《孙子兵法·作战篇》),而对于集团作战的官军来说,后勤运输和补给就是其致命之处,军"无粮食则亡"(《孙子兵法·军争篇》)。切断敌人粮道,也是农民军的一大制胜法宝。

秦末巨鹿之战,王离率30万精锐秦军把巨鹿城(今河北平乡西南)团团包围,而章邯在漳水之北的棘原筑甬道向王离输粮。项羽渡过漳水后,派英布率2万人切断秦军粮道,自率主力对王离实行反包围。结果王离全军被歼,章邯投降。项羽不但解救了巨鹿城内赵军,还为最后灭秦行了一个奠基礼。明末李自成由襄阳入河南,孙传庭率兵围剿。李自成派大将刘宗敏切断了明军粮道,致使明军人心不稳,兵变迭起。李自成乘机反攻,大获全胜。

孙子强调作战必须"示形于敌",也就是以假象调动和迷惑敌人。"故善动敌者,形之,敌必从之;予之,敌必取之。以利动之,以卒待之。"(《孙子兵法·势篇》)不管是农民军的伏击战也好,远程奔袭也好,离开了这一点,就没有了对敌打击的突然性和迅猛性，就不能产生良好的效果。

北魏末年，关陇起义军进攻泾州（今甘肃泾川县），魏军"甲卒十二万，铁马八千"（《资治通鉴》）向农民军扑来。农民军首领万俟丑奴利用魏军骄傲轻敌的心理，采取假投降的办法麻痹敌人。然后两路农民军突然向魏军前后夹击，打死魏将崔延伯及其麾下3万余人，取得一次重大胜利。明末李自成三围开封后南撤到郏县，与明军孙传庭部遭遇，接战不利。李自成就佯装溃逃。然后趁明军争相拾取，队伍混乱时，李自成一个回马枪，歼敌数千人，转败为胜。张献忠在湖北当阳（今湖北当阳市）与明军对峙，他得知襄阳（今襄樊市襄阳区）守备空虚，就一面令部将罗汝才北上远安（今湖北远安县），牵制敌军尾随追击；一面派遣手下吏士四五百人化装进入襄阳城（今湖北襄阳市）。然后张献忠自率轻骑二千，一天一夜疾驰300多里，突然出现在襄阳城下，这时城中内应四起，火光冲天，很快襄阳城就被攻破。就是这一仗，逼得明朝帅臣杨嗣昌惊愤自杀。

农民军还很善于运用孙子"攻其必救"的谋略原则，以此来掌握战场主动权，转换强弱形势。1858年后，由于太平天国内部的分裂，形势急转直下，天京（今江苏南京）被围，清军东线的江南大营威胁着政权中枢，曾国藩的湘军又分四路从西线逼近安庆（今安徽安庆市）。如何解除天京之围,是太平军面临的紧迫任务。1860年,干王洪仁玕与李秀成制订了一个作战计划,其巧妙之处就是:"此时京围难以力攻,必向湖、杭虚处力攻其背。彼必返救湖、杭,俟其撤兵远去,即行返旆自救,必获捷报也。"(《洪仁玕自述》)

按照这个计划,李秀成会同李世贤等人,全力进攻浙江湖、杭。清军听说杭州失守,断了粮饷之路,极其恐慌,就从江南大营分出近一半兵力,赴杭回救。太平军目的并不在杭州,这时只在杭州城头多树旗帜,虚设疑兵,暗中来个金蝉脱壳,主力日夜兼程,沿山间小道而北返。当清军尚未弄清太平军去向时,李秀成等各路人马已会师,兵分两路,一举铲平了清军的江南大营,解了天京之围。接着,太平军又次第攻克常州、苏州,追歼溃退残敌,太平天国再度走上振兴之路。

"麒骥之衰也,驽马先之;孟贲之倦也,女子胜之。"(《战国策·齐策五》)"猛兽失险,童子持戟而追之;蜂虿发毒,壮夫彷徨而失色。"(《将苑·应机》)这就是说,在一定条件下,良马不如劣马,大力士不如弱女子,稚童敢拽老虎尾巴,小小的蜂蝎可使壮士惊慌失色。农民军初起,犹如飘忽的星星野火,最终却成燎原之势,直把堂堂天子经营数百年的金城汤池焚毁。在帝王将相眼中,他们一弹指就可以把那些乡巴佬像虮蝇一样碾成齑粉,不想在群虮的叮咬之下，这些力健无比的大牦牛却轰然倒地。农民军在武器装备、粮秣辎重上都无可依恃，他们只有靠自己的聪明智慧，靠士气高昂和用兵灵活。在战场上，《孙子兵法》的谋略原则即是他们的制敌法宝和得胜利器。

2.《孙子兵法》与近代军事思潮

在太平天国用《孙子兵法》的兵略驰骋疆场之时，他们的对手，湘军的创立者和统帅曾国藩、胡林翼之流也在研究《孙子兵法》，也想以中国古典兵学的余绪来制定左右战局的军事方针。

（1）曾、胡用兵——中国古典兵学的终结

曾国藩、胡林翼都是湖南人，早年出身进士，儒家义理之学是他们的思想基础。为对抗太平军，先在家乡办团练，组织地主武装。后来团练扩编为湘军，出省作战。曾国藩出任两江总督，节制苏、皖、赣、浙四省军务。胡林翼曾任湖北巡抚，他们的一生功业与镇压太平天国密不可分。尽管太平天国的失败主要是由于内部的分裂和政治的历史的局限，是由于英、法、美、俄等境外势力的强力干涉，但以曾国藩为首的湘、淮军势力在左右战争进程方面也起了重要的作用。

曾国藩、胡林翼的军事思想散见于他们的多种著作中，

后来近代著名军事家蔡锷选编有《曾胡治兵语录》，胡林翼也自著有《读史兵略》等书。

曾、胡军事思想由两部分构成，一部分是儒家以礼为本的治军思想，一部分是继承了《孙子兵法》的传统用兵方略，并在实战中有所发展。

曾国藩建立湘军，仿照明代戚继光的营制和选将精神。他特别重视选将，以"正学"与"邪教"殊死拼争的卫道者自居，以孔孟"忠义血性"相号召，专门把一批考场失意者和门生故旧作为骨干，"使儒生领农民"（《湘军志·营制篇》）。招募士兵则"须择技艺娴熟、年轻力壮、朴实而有农夫土气者为上。其油头滑面，有市井气者，有衙门气者，概不收用。"（《曾国藩杂著》）招募成军后，他对官兵给以优厚军饷，破城后允许抢掠，还不断对下属提升保举，这样使湘军比八旗、绿营都更有战斗力。

曾、胡在用兵上仍遵循孙子的主、客、奇、正之说，主张"忽主忽客,忽正忽奇,变动无定时,转移无定势"（《曾国藩杂著》），以灵活机动的战略战术取胜。由于湘军组建之初，兵员不足2万，与太平军相比数量居于劣势，武器也主要是冷兵器，火器极少，官兵也缺乏实战经验，因此曾、胡军事指导思想的最突出之特点是"稳"。

他们把孙子"先为不可胜，以待敌之可胜"（《孙子兵法·形篇》）的原则接过来，在战场上坚持以静制动，后发制人。1853年，曾国藩还在湖南，咸丰皇帝要他迅速东下支援安徽清军，他说："岂可儿戏成军，仓卒成行"，坚持兵未练好，武器未配齐之前不能出征，"否则名为大兴义旅，实等矮人观场，不直方家一哂"。胡林翼也主张"先审己之强弱"，十分重视战前准备。他说："用兵之道，全军为上策，得土地次之；破敌为上策，得城池次之。""一年不得一城，只要大局无碍，并不为过；一月而得数城，敌来转不能战，则不可为功。"（《曾胡治兵语录·兵机》）

曾、胡用兵喜主而不喜客。宁肯"深沟高垒，立于不败之地"（《曾国藩书札》），以主待客，然后再"击其惰归"（《孙子兵法·军争篇》），反客为主。曾国藩就说："兵者不得已而用之，常存一不敢为先之心，须人打第一下，我打第二下。"（《求阙斋日记类钞》）所以在对太平天国作战的后期，清兵已经四面环集，天京已孤守无援之时，曾国藩还主张"长围坐困"，反对攻城突击。

在刻意求稳方面，胡林翼也不逊色。他认为："防边之要，不可处处设防，处处设防，兵力必分，不能战亦不能守。惟择其紧要必争之地，厚集兵力以守之，便可稳固。"（《胡林翼集·批札》）在论战和守时，他主张："有进战之营，必须留营作守。假如以十营作前茅为战兵，即当留五营作后劲为守兵。"（《胡林翼集·书牍》）

蔡锷后来评论他们说："曾、胡论兵，极重主、客之见，只知守则为主之利，不知守反为客之害……故每拘泥于地形地物，攻击精神未由奋兴，故战术偏重于攻势防御。"（《曾胡治兵语录·战守》）

尽管《孙子兵法》有"先为不可胜，以待敌之可胜"（《孙子兵法·形篇》）的作战指导原则，但贯穿于全书的整体精神还是在周密计虑和准备基础上的机动速决，是野战进攻。孙子说："兵之情主速，乘人之不及。"（《孙子兵法·九地篇》）强调军队行动"其疾如风"（《孙子兵法·军争篇》）"兵久而国利者，未之有也"（《孙子兵法·作战篇》），主张"兵贵胜，不贵久"（《孙子兵法·作战篇》）。曾国藩以"稳"为特色的军事思想，实际上是反映在军事技术日益向火器时代大步迈进的背景下，中国古典兵学体系日暮途穷，失去了当初那种生气和信心的心理折射。

曾、胡作为中国古典兵学的最后代表人物，遇到同样以冷兵器的技术和战法为主的对手太平军，还可以略加周旋，互有胜负。但若遇到西方列强这个"千古未遇之强敌"，则捉襟见肘之态立刻暴露无遗。既然技不如人，又不肯放下身架学习"外夷之绪"，那剩下来的便只有自欺欺人的精神胜利法了。曾国藩就说："用兵之道，在人而不在器""炸弹、轮船虽利，然军中制胜，究在人而不在器"。（《曾国藩书札》）曾国藩等于为传统的孙子学画上了一个句号。

（2）中国军事思潮的转折

1840年，清政府在鸦片战争中的惨败，刺激一些有识之士"开眼看世界"，向西方学习军事技术。林则徐、魏源等人大胆承认中国军事技术的落后，提出"师夷长技以制夷"的著名主张。在当时，林、魏所理解的夷之"长技"，也不过是"坚船利炮"，即主要指学习和制造先进武器，以打败西方列强。如林则徐在《密陈夷务不能歇手片》中向皇帝说："以船炮而言，本为防海必需之物，虽一时难以猝办，而为长久计，亦不得不先事筹维。"他建议以白银300万两造船铸炮，"制炮必求极利，造船必求极坚"，只要器良技熟，就可以制敌裕如。魏源谈得更具体，他主张设置造船厂和火器局，从法国、美国再聘请一些西洋技师和工匠，帮助中国造船造炮，同时向中国士兵教授"行船演炮之法"。为了培养水师人才，他还主张在武科举中增设"水师"一科，"有能造西洋战舰、火轮舟、造飞炮、火箭、水雷、奇器者，为科甲出身；能驾驶飓涛，能熟风云沙线，能枪炮有准的者，为行伍出身"（《海国图志·筹海》）。

林则徐、魏源的军事思想，标志着人们由传统上的重谋略转向重器械，拉开了中国军事思潮历史转折的序幕。

在这种思潮的影响下，从19世纪60年代中叶开始，在李鸿章等人的倡导下，真正实实在在学习西方科学技术的洋务运动开始兴起。清政府在大量进口武器的同时，也开始设厂仿制。由于制造和使用西洋兵器的需要，一些西方的兵学著作被翻译过来。但是，这些著作以洋枪洋炮制造方法的兵工技术类为多，没有一部全面深刻论述战争理论和国家军事战略的高层次著作。像若米尼的《战争艺术概论》、伯卢麦的《战略论》等西方军事名著，在日本早已经作为军校的基本教材，而在中国直到第一次世界大战时也未能被介绍进来。

这主要是由于洋务运动以"中学为体，西学为用"为口号。如李鸿章认为："中国文武制度，事事远出西人之上，独火器万不能及。"（《李鸿章全集·信函》）也就是说，清朝的军事制度和兵学理论都完美无缺，这是立国之本，绝不能"以夷变夏"；仅仅引进西洋枪炮为我所用就足够了。

在这种盲目迷信洋枪洋炮的狭隘实用观念指导下，就连几千年奉为经典的《孙子兵法》也被弃如敝屣。如陈龙昌在《中西兵略指掌》中说："中国谈兵家无虑百数，惟《孙子》十三篇、戚氏《纪效新书》至今通行，称为切实。但孙子论多玄空微妙，非上智不能领取。……良以数十年来，西国枪炮盛行战阵之间，旧日成法已难胶执。"徐建寅在《兵学新书》中也说："古来兵书，半多空谈，不切实用。"由于武器装备的发展，《孙子兵法》受到洋枪洋炮的冲击,显得暗淡无光。

早在1863年,近代思想家王韬在《火器略说·前序》中就敏锐地指出:"夫有利器而无善用利器之法,与无利器同;有善法而无能行善法之人,与无善法同。"(《弢园文录外编》)果然,甲午中日战争再次成为一帖清凉剂,军事装备比之日本并不弱的大清北洋水师,竟遭到巨创,几乎全军覆没。有识之士们感悟到,要挽救危亡,仅仅靠学习军事技术是不够的。郑观应在《盛世危言·练兵下》中说:"虽中国亦仿西法练兵,计已十余年,而仍不能强者,因将帅非武备学堂出身,未谙韬略,又无胆识,惟延西人教习口号,步伐整齐,枪炮命中而已。不如此特兵法之余绪也。"徐建寅也疾呼:"非集中国有志之士自行讲求兵学之精义,必不能训练兵士使成劲旅也。"(《兵学新书·跋》)

于是,在改造中国旧军事制度,设各类军事学堂,创建新军的同时,一些学者也开始结合时代特点,使《孙子兵法》复苏与再造,试图建立新的军事理论体系。这时孙子学研究的方向,已经摆脱了传统的训字、注词、解句、讲章的模式,而是与火药兵器条件下的战争实践紧密结合起来,用新思路来与西方军事理论加以融合。

1884年杨琪光在《百子辨正·读孙子》中认为,孙子"十三篇"确实是胜兵之本,但"倘不济以盈盈武库之兵械,如邱如阜之粮糈,亦必不能战胜攻取"。主张把用智用谋与器械物资二者并重，不可偏废。

1900年顾福棠完成《孙子集解》，这是第一部将《孙子兵法》与西方军事理论相结合的开拓性著作，把对《孙子兵法》的注解与近代军事联系起来。如在注解《计篇》的"阴阳""寒暑"时，就谈到枪炮在不同光照环境下的瞄准误差，谈到风力对弹道轨迹的影响。在注解《谋攻篇》的"其次伐兵"时，顾福棠说："论昔日之事尚以伐兵为次，论今日之事则尤以伐兵为先。炮台、铁甲、枪炮、水雷日新月盛，精益求精，非一国所能悉造，亦非一时所能猝办。若非备之于先而一旦临险危之势，自造则无人无料；购办于局外之国，则或格于公法不能出售，或又为敌船守其海口，不能往来。势必至有备者猛厉无前，无备者血肉相抵矣。"另外，在这本书中，作者还举出一些欧美战例，如拿破仑远征俄国，美国独立战争、南北战争，普法战争等，来印证孙子的作战理论。把孙子与世界军事史联系在一起，这是前无古人之举。

黄巩著《孙子集注》，反对考据学那种对《孙子兵法》斤斤于古本文字异同的琐碎细微研究方法，主张应首重其大旨精神。他称孙武论兵"全在精神气志上振作"，主张将《孙子》与西方战法结合起来，"神而明之，必更有出于西法之上者"。无疑这是一种有远见的高层次思维方法。

然而，总体而言，这时由于受西方兵学的冲击，人们对《孙子兵法》科学价值的认识还是很不够的。倒是革命的先行者孙中山先生,从哲学高度肯定了《孙子兵法》的价值。他在从事革命实践的过程中,非常崇敬孙武,也多次研读《孙子兵法》,认为这是中国军事智谋的理论源泉。他说:"就中国历史来考究,二千多年前的兵书,有十三篇,那十三篇兵书,便是解释当时的战理;由于那十三篇兵书,便成立中国的军事哲学。所以照那十三篇兵书讲,是先有战斗的事实,然后才成那本兵书。"这里讲得很明白,中国的军事哲学,是孙子首创,也以《孙子兵法》为代表,为典范。而《孙子兵法》又是战争实践的光辉总结,揭示了战争的根本规律。

(3)蔡锷与《孙子兵法》

晚清逐渐接受西方军事思想,停止了延续千年的武科举制度,建立西方模式的军事学校,同时创建新军。但这并未使病入膏肓的大清帝国起死回生,相反,它的直接后果是培养出一批北洋军阀以及军队下层的革命军骨干。正是这两种力量从不同角度加速了清朝的灭亡。新的武备学堂的学生,主要学习从日本转售而来的西方军事学术和科学常识,但由于深厚的中国文化底蕴的熏陶,有些将领仍然在军事实践中有意识继承《孙子兵法》的兵学传统。

蔡锷是中国近代著名的军事家,7岁就学,14岁中秀才，刻苦学习中国旧学，尤其喜爱《孙子兵法》。他后来考入长沙时务学堂，学习近代科学知识，受当时在校任教的梁启超、谭嗣同等维新派人物的影响和赏识。"戊戌政变"后，梁、谭在北京一逃一死，蔡锷也受到牵累，东渡日本，投笔从戎，进入日本陆军成城学校留学，阅读了大量中外军事名著。回国后他曾在江西、湖南等地主办军事学堂，后被调到广西，任新军总参谋官兼总教练官，创建新军，颇负盛誉。1910年他又被调至云南，任云南新军协统。次年11月，他直接领导了云南新军起义，被推举为云南军都督。

辛亥革命胜利后，袁世凯依仗北洋实力，很快窃夺了中华民国的大权，并酝酿称帝。这时蔡锷已被袁世凯软禁在北京，他设计改名化装，从海路潜逃回云南，发动了震惊中外的"护国战争"，反对袁世凯复辟帝制。

在护国战争中，蔡锷任第一军总司令，出兵四川，以7 000余人的兵力，对抗北洋陆军万余之众。蔡锷运用近战和迂回包抄战术，出奇制胜，先后攻克叙州（今宜宾）、江安、纳溪等地，北洋军死伤惨重，全线崩溃，袁世凯的悍将张敬尧落荒而逃。护国战争在袁世凯被迫撤销帝制和忧愤而死之后，已经达到了目的。

蔡锷著有《军国民篇》《军事计划》《五省边防计划》等军事著作，还编辑了《曾胡治兵语录》，并写了序言和按语。他继承了《孙子兵法》的治军思想，十分注意按孙子"智、信、仁、勇、严"的五条标准来选拔和任用将领。如在《军事计划》中他说："司令官以闲静为治事要则。闲静者，不亲小节之谓。"这里对军事统帅的要求正是孙子"将军之事，静以幽，正以治"（《孙子兵法·九地篇》）的同义语，即沉着冷静又善于深思，治军严正而有条理，否则就会"忿速可侮"，成为将帅性格上的"五危"之一。

蔡锷还说："资格不可去，所以立军秩也，过用之则其军萎。拔擢不可无，所以奖异材也，过用之则其军乱。"这也是孙子"令之以文，齐之以武"（《孙子兵法·行军篇》）治军原则的翻版。"文"就是怀柔和奖赏，孙子说"卒未亲附"（《孙子兵法·行军篇》）不可战，蔡锷认为军秩（官级）和破格提拔少不了。"武"就是威服将吏，孙子说"譬若骄子，不可用也"（《孙子兵法·地形篇》），蔡锷认为奖赏过滥会导致"军萎""军乱"。

蔡锷主张严于选将，"功不独居，过不推诿"（《曾胡治兵语录·和辑》）。孙子对将帅的要求是"进不求名，退不避罪，唯人是保"（《孙子兵法·地形篇》），这种人是国家之"宝"。两者在语言上和精神上都是一脉相承的。

蔡锷的成长离不开《孙子兵法》等中国传统兵学的滋养，所以在他死后，孙中山曾送挽联道："平生慷慨班都护，万里间关马伏波。"将他比之为古代名将班超和马援。

（4）民国再造《孙子兵法》的尝试

民国时期，在晚清再造《孙子兵法》初步成果的基础上，一些学者和军事家继续作出努力，使《孙子兵法》与西方军事理论相融合，研究《孙子兵法》在火药兵器条件下如何应用于战争实践。这方面的成果主要有蒋百里、刘邦骥的《孙子浅说》、李浴日的《孙子兵法之综合研究》、钱基博的《孙子章句训义》、陈启天的《孙子兵法校释》等。他们已初步把《孙子兵法》的军事理论概括为战争问题、战争指导、战略战术、治军思想等几个方面。用近现代的军事理论和概念范畴来分析《孙子兵法》，不但不会背离孙武的原旨，还会进一步澄清《孙子兵法》的结构体系和逻辑层次，这为我们今天更科学地认识和阐发以《孙子兵法》为代表的东方兵学精髓，无疑奠定了一个基础。另外，陆达节在广泛搜罗历代公私书目的基础上，编著了《历代兵书目录》《中国兵学现存书目》《孙子考》《孙子兵法书目汇编》等兵书目录。这也是一项开拓性的工作，虽然还有考订不精、遗漏较多等局限，但毕竟为后人提供了一个较好的推进基础。特别是《孙子考》《孙子兵法书目汇编》二书，广收博采，凡属于《孙子兵法》一书的原著、注解、评论，不管是见于历代正史、文集、方志，还是各家书目的记载文字，都作为资料集中在一起。全书分原著、注释、辑刊、论文、日人译述五类，著录269个条目，等于是一本《孙子》集评。一直到今天，它仍然是研究《孙子兵法》的一部重要参考书。

民国时期，最享盛誉的军事理论家是蒋方震和杨杰，因此有所谓"南杨北蒋"之称。

蒋方震，字百里，浙江海宁人。他幼年熟读旧学，17岁时中秀才，因记忆力极强，有"神童"之号。1901年留学日本，入陆军士官学校第三期。1905年以步兵科第一名的成绩毕业，由日本天皇亲自授刀（只有第一名方获此殊荣）。他与同班同学蔡锷、张孝准三人有"中国士官三杰"之称。

1906年蒋方震回国不久，随即又赴德国继续深造陆军军事。在德国，他广泛披阅西方军事论著，并专门对克劳塞维茨的军事理论进行研究。同时，蒋方震也不放松钻研中国传统兵学，以求融会贯通，从中西古今军事思想的比较分析中，形成自己的独到见解。1914年出版的《孙子新释》一书，就是蒋方震通读德国军事名著《大战学理》《战争论》之后，想要以西方军事理论来重新阐释古老《孙子兵法》的努力成果。他在该书中说："彼之所谓精义原则者，亦即吾之所固有。无所用其疑骇，更无所用其赧愧。"他提出的这种既不盲目崇拜西方，又不排斥西方的军事文化的交流原则，无疑是一种科学辩证的态度。

1911年武昌起义后，蒋方震先任浙江都督府总参议，后任保定陆军军官学校校长，培养不少风云一时的军事将领。这之后，他又曾先后出任黎元洪总统府顾问、吴佩孚的总参谋长、蒋介石的军事委员会高等顾问等职。1937年卢沟桥事变后，蒋方震积极从事抗日宣传活动，组建国防研究所，收集战时情报。1938年初，他代理陆军大学校长，同年底因病去世。

蒋方震的代表作《国防论》出版于1937年卢沟桥事变前夕，被誉为"民国时期国防思想的奠基石"。

杨杰，字耿光，云南大理人。他1905年考入云南陆军速成学堂，次年被选送保定北洋军事学堂，1907年被保送入日本陆军士官学校。1911年回国后投身辛亥革命，先后任护国军第四军参谋长、云南陆军讲武堂教官、广东国民革命军第六军军长等职。1930年任蒋介石的陆海空军司令部行营总参谋长，1932年出任陆军大学校长，1938年任驻苏联大使。1949年因在香港积极从事反对蒋介石独裁的活动，被国民党特务杀害。

杨杰的代表性军事著作是1943年出版的《国防新论》，该书半年之内连出三版，是当时普及国防教育的重要著作。

蒋方震和杨杰作为现代军事理论家，并处于一个中华民族内外危机日益深重的时代，他们都致力于继承和发展《孙子兵法》光辉的军事思想，并结合时代特点，创立国防军事学，设计国防军事方略。

《孙子兵法·计篇》开宗明义就说："兵者，国之大事，死生之地，存亡之道，不可不察也。"因为战争关系着人民生死和国家存亡，这是一切军事研究的出发点。蒋、杨二人作为军事学家的可贵之处，也正在于他们以救亡爱国为己任，把自己的理论研究归之于救国济世。

早年蒋方震在日本，不仅学习军事，熟悉日军战术，而且细致考察日本的历史、地理、经济、文化、民族性格、民族精神及风俗民情，成为中国少有的"日本通"。他之所以对日本产生这么大的兴趣，就在于他很早就把日本列为中国国防的第一个假想敌，认为日本是将来对中国的最大威胁。从日本回国后，他两度到东北督练新兵，因为他认为，东北是御日国防的第一线。此外，他认为山东半岛是中国防日的第二处要害，所以当1915年日本提出"二十一条"时，他向袁世凯痛陈要保全山东。

蒋方震是预言日本将发动侵华战争的第一人。1922年他撰写《军国主义之衰亡与中国》一文，断言："从中国现状言，吾侪所最感危险者。即邻近富于侵略性的国家。"次年，他又说："将来有这么一天，我们对日作战，津浦、京汉两路必被日军占领。我们国防应以三阳为据点，即洛阳、襄阳、衡阳。"以后他多次强调中日大规模战争不可避免，呼吁当局早作长期抗战准备。

1937年他出版《国防论》，该书扉页上醒目地写着一行字:"万语千言,只是告诉大家一句话:'中国是有办法的!'"他明确告诉国人,尽管危机严重,但"彼利速战,我恃之以久",最终中华民族是有胜利希望的,"千言万语,只是不能跟他们讲和"。

杨杰面对民族危亡,也大声疾呼"中国必胜"。他说:"敌强我弱,敌小我大,我尽量利用空间争取时间,逐步削弱敌人,使我转弱为强,最后战胜敌人。"他认为只要不妥协,坚持斗争,"必可使侵我之敌寇,尽入网罗,则最后胜利,舍我其谁!"

杨杰提出"人民国防"的口号。他认为,既然战争不可避免,为了民族复兴,必须建设强大的国防。国防建设又是一个国家全体性建设,应鼓励人民广泛参与。

关于战争的制胜条件,孙子提出要"经之以五事,校之以计,而索其情"(《孙子兵法·计篇》),即把战争的胜负和政治、经济、军事、外交等各方面联系起来,作综合筹划。他尤其重视"民"和"民心"在战争中的作用。蒋、杨二人结合时代特点,给《孙子兵法》两千年前的思想赋予了新的时代意义。

蒋方震在《国防论》中说:"现代战争倘不基于国民的自发性,决不能战至最后的一兵一卒。"他认识到人民群众反侵略的巨大能量,主张应把人民作为抗战的主体。他说:"我国家根本之组织,不根据于贵族帝王,而根据于人民。"抗日战争不是"军队打仗",而是"国民拼命"。"中国人最大的武器,就是坚强不屈的意志。敌人可侵占我城市,可屈服我政府,但决不能屈服一国的文化,更不能屈服一个民族的意志。"

蒋方震重视外交对战争的作用,他认为日本为摆脱经济困境必采取南下政策,这又必将与英、美在中国和南洋的利益相冲突,中国有可能得到英、美的援助。因此中国"拖到东西战争合流,我们转弱为强,把敌人拖垮而已"。

蒋方震预见到中日战争必将具有持久性和全面性,因此主张中国要加强和发展国民经济,使经济与军事相辅相成,互为一体。1937年初,他写了《最近世界之国防趋势》一文,认为战争越向现代推进,经济越将成为总体战争的关键,经济力即是战斗力。中国要打克敌制胜的持久战,必须在国防经济上"自给自足"。

1934年,蒋方震为筹划对日长期抗战,曾制订一套详尽的钢铁油煤路矿计划。如在安徽马鞍山利用大冶(今湖北省大冶市)的铁和淮南(今安徽省淮南市)的煤建立钢铁工厂,其他主要工业布局,宜以湖南的株洲至郴州一线为核心。因为一旦战争开始,沿海一带首先将被破坏,中部山岳地带利于防空和守险。他还主张从美国大量进口廉价柴油,储存在庐山、衡山及川湘边境的山洞中,再用三年时间开发中国西北地区的石油。这一计划还包括向农民贷款发展农业，整理公路、铁路、水路的战时交通系统等。

蒋方震也重视军事力量的建设。1936年他从欧美考察归来，根据现代战争由平面转为立体的发展趋势和中国武器落后的现状，向当局提出："此时唯一快而有效的方法，就是积极发展空军，加速航空人才的培训。"他还提出，空军基地应以昆明为宜，战时大本营则设在湘西的芷江、洪江一带，因为这是一处天然的国防地带。

杨杰在《国防新论》一书中认为，国防建设有三要素：人、物和混合的要素；国防力量应用有四面体：经济、技术、军事和外交。他一方面强调建设现代化的人民国防，一方面又十分重视国防与经济的关系。他说："《国防新论》产生在资本主义社会发展到最高阶段，社会主义业已抬头的今天，它所反映的是农业机械化和工业电气化的时代。"杨杰主张以"两化"作为国防建设的前提，提出国防的重心是发展民族工业，完成中国国防建设的先决条件，是实现农业国家的工业化的意见。

更加难能可贵的是，杨杰还把国防与政治民主化相联系，说："由军人的战争到人民的战争，由军人的国防到人民的国防，这便是封建社会和资本主义社会的分野。""'人民'就是这一个时代象征，是新社会的创造者和支配者。"

"知己知彼""因敌制胜""避实击虚"等原则,是《孙子兵法》活的灵魂。蒋、杨二人作为民国时的"学院派军事家",结合救亡图存的时代任务,主要从战略上发挥了孙子的理论原则。

蒋方震认为中国是农业国,国势很弱,一旦开战,日本短时期内可能会占领大片中国领土。然而中国不像工业发达国家,"一个纽约可抵半个美国,一个大阪可抵半个日本",中国国力中心不在都会,南京、上海的存亡对中国的抵抗力毫无影响。

在这种知彼知己的基础上,蒋方震提出了持久抗敌的国防思想:"我国今日,乃日日在威胁中者,非彼侵略性之国家为之厉哉?然则彼利急,我利缓,彼利合,我利分,彼以攻,我以守。"(《国防论》)意思就是:"彼利速战,我恃之以久,使其疲敝;彼之武力中心,在第一线,我侪则置之第二线,使其一时有力无用处。"

1937年,蒋方震到山东考察,主张组织农民武装,凭借山地,开展游击战,使日军无法合力西进。他说:"中国有地大、人众两个优越条件,不打则已,打起来就得运用'拖'的哲学……把敌人拖垮而已。"

杨杰在分析敌我不同特点的基础上,认为"敌强我弱,敌小我大",我们就要利用空间广大的优势,来逐步削弱敌人,换来持久的时间,最后战胜敌人。

此外，蒋方震和杨杰在发展现代军事教育，完备现代军事院校的组织规程，提倡现代军人的"人格"培养等方面，也都继承了孙子的"选将""练兵""治气"等思想，具有现实的功用性。蒋、杨二人虽然学贯中西，在军事理论上颇多建树，但其主张却往往被冷落于国民政府的案头上，蒙尘多年，不被采纳。

总的来看，由于中国社会的半殖民地半封建性质，占统治地位的国民政府在军事上始而学习日本，继而学习德国，最后又仿效美国，始终未能建立起自己的兵学理论体系。20世纪30年代，蒋介石围剿苏区，在外线作战中屡遭败绩，吃够了对手"各个击破"的苦头。于是在"庐山军官训练团""峨眉军官训练团"等场合，他又提倡向曾国藩学习，求助于曾、胡当年对付太平军的战略战术，改用步步为营、稳扎稳打的方法。而此时，中国共产党人却成了孙子最富有创造精神的学生，把孙武从传统的殿堂上请下来，使他成为现代游击战争不在位的军师。

3. 毛泽东与《孙子兵法》

毛泽东是20世纪的一代伟人，影响了中国，也影响了世界。这种影响是全方位的。毛泽东军事思想包括一整套建军原则和战略战术，不仅被用于建立新中国，还在20世纪五六十年代的朝鲜、越南战场上大显身手。从1927

年至1953年,他亲自指导战争26年之久,具有丰富的战争经验,但正如一位美国军事评论家所说:"是一切战略家中最重实效、最主张批判地接受经验的一个。"他不仅善于总结、继承前人的经验,又善于加以发展。西方军事家为了找到对付越共游击队的方法,就研究这位"游击战之父"的军事理论,从"毛泽东兵法"中,他们又看到古代《孙子兵法》的影子。

法国将军鲍威尔说:"事实上,尽管毛泽东有马克思列宁主义的素养,但他毕竟是一个继承了古典文化传统的中国人,同克劳塞维茨相比,他受孙子的影响更大些。"美国军事学家格里菲斯认为:"对读过《孙子兵法》的人来说,古代军事思想家孙子对毛泽东军事思想的影响是很明显的。"美国另一位军事理论家A.L.谢在《毛泽东的战争理论和方法》一文中也认为,在实际战略和战术方面,毛泽东更多仰赖于在公元前500多年出现的《孙子兵法》。

(1)早年喜读兵家书

毛泽东接触《孙子兵法》是很早的。

在青少年时代,他曾向表兄文咏昌借读过郑观应的《盛世危言》,作者在自序中说:"《孙子》曰:知己知彼,百战百胜,此言虽小,可以喻大。"毛泽东十分喜爱这本书,这句话也成为他日后指挥作战的座右铭。20岁时,毛泽东在湖南省立第一师范学校听国文老师袁仲谦讲魏源的《孙子集注序》,在课堂笔记《讲堂录》中,记下了这样的语句:"《孙武子》十三篇,以兵为不得已,以久战多杀非理,以赫赫之功为耻。岂徒谭兵之祖,抑庶几立言君子矣。""百战百胜,非善之善者也;不战而屈人之兵,善之善者也。故善用兵者,无智名,无勇功。"

李锐在《毛泽东早年读书生活》一书中写道:"他早年读过的一些书,不论是经典古籍,还是传奇小说,如《孙子兵法》《左传》《曾胡治兵语录》《三国演义》《水浒》等等,都曾经给他的战争生涯以最初的启发。"

(2)中国革命战略战术的创立

上了井冈山之后,据毛泽东当年的警卫员回忆,毛泽东最珍贵的家产,是两个竹编的书篓,总要随身带着。他在其中最常看的两本书,一本是《共产党宣言》,另一本则是《孙子兵法》。(叶永烈《历史选择了毛泽东》)

在中央苏区时,毛泽东创立游击战的十六字诀(敌进我退,敌驻我扰,敌疲我打,敌退我追),而王明等人攻击这些来自《孙子兵法》,并说:"把古代的《三国演义》无条件地当作现代的战术;古时的《孙子兵法》无条件地当作现代战略;更有好些博览的同志,拿半个世纪以前的曾国藩作为兵法之宝。这些不合时代的东西——《孙子兵法》《曾胡左治兵格言》,只有让我们的敌人——蒋介石专有。"(汪澍白《毛泽东思想与中国文化传统》)

多么可爱而"纯粹无瑕"的革命高调啊!这些人在解除了毛泽东的红一方面军总政治委员职务之后,自己反被2 000多年前的赵括阴魂附体,只会纸上谈兵,战场上连连丢盔卸甲。而毛泽东却利用空闲,找来《孙子兵法》细细研读。吴黎平回忆当时毛泽东亲口对他说:"我也读过《孙子兵法》……《孙子兵法》有重要的一条,'知彼知己,百战不殆'。这点说得很好。"(吴黎平《在党的历史的紧急关头》)德国人李德(奥托·布劳恩)在《中国纪事》一书中写道:"他根据中国古代军事著作《孙子兵法》提出了'不打无把握之仗'的原则,但在长征路上他又引用孙子的另一句话'投入亡地然后存,陷之死地然后生,夫众陷于害,然后能为胜败'。"

在遵义会议上,"左"倾教条主义者凯丰指责毛泽东说:"你懂得什么马列主义?你顶多是看了些《孙子兵法》!"在他们眼里,中国的山沟里不可能有马列主义,古代的兵学著作也不能被当作遗产来继承。

到了陕北以后,毛泽东为了写《中国革命战争的战略问题》一书,需要深入研究包括《孙子兵法》在内的古今中外军事理论著作。1936年9月7日,他写信给在西安的刘鼎说:"前电请你买军事书,已经去买否,现红校需用甚急,请你快点写信,经南京北平两处发行军事书的书店索得书目,择要买来,并把书目付来为盼。"

刘鼎买来一部分书,但多是战术技术方面的,毛泽东不满意,于9月26日再次写信说:"不要买普(通)战术书,只要买战略学书。此处买此大兵团作战的战役学书。中国古时兵法书,如《孙子》等,也买一点。写信到南京国府路军学研究社,请他代办。"(《刘鼎传》)

同年10月22日,毛泽东再写信给叶剑英、刘鼎:"买来的军事书多不合用,多是战术技术的,我们要的是战役指挥与战略的,请按此标准选买若干。"并特别要求"买一部《孙子兵法》来"。(《毛泽东书信选集》)

《毛泽东选集》1—4卷中多次直接引用《孙子兵法》,在《中国革命战争的战略问题》一书中则至少有5处借用了孙子的原话。在这部光辉的军事理论著作中,毛泽东把孙子"知彼知己,百战不殆"这句话上升到认识论的高度来阐发,将其作为一种具有普遍指导意义的军事原则,给予极高的评价。

1937年8月,毛泽东在《矛盾论》中再次用孙子的"知彼知己,百战不殆"为例,来批评主观主义者不知道全面地看问题的片面性。

1938年5月,毛泽东的又一部杰出军事理论著作《论持久战》诞生。在这部书中，毛泽东全面分析了中、日战争双方的基本特点，指出战争的进程将经历战略防御、战略相持和战略反攻三个阶段，得出的结论是："抗日战争是持久战，最后胜利是中国的。"毛泽东创造性地运用《孙子兵法》来研究现代战争，他又一次指出："孙子的规律，'知彼知己，百战不殆'，仍是科学的真理。"

1939年1月，《八路军军政杂志》创刊，由当时的军委一局局长郭化若担任编务工作。忻口战役失败后，毛泽东找来郭化若说："国民党中的顽固派，花岗岩脑袋，能不打败仗吗？不承认游击战的战略地位，不搞运动战与阵地战相结合，处处招架，处处挨打。"然后毛泽东指示说："化若同志，你能不能写点古兵法文章，宣传点运动战思想，对国民党军的长官，搬古兵法，他们懂，听得进，讲马列，讲唯物辩证法，他们听不进。"

郭化若在阅读了大量兵书之后，向毛泽东汇报自己的心得。毛泽东又讲如何来研究《孙子兵法》，说要为了发扬中华民族的历史遗产去读《孙子兵法》，要精虑《孙子兵法》中优美卓越的战略思想，批判地接受其对战争指导的法则，以新的内容去充实它。研究孙子就要批判曲解孙子的思想，批判贻误中国抗战戎机的思想。还说，必须深刻研究孙子所处时代的社会政治经济性质、哲学思想以及孙子以前的兵学思想，然后再对《孙子兵法》本身作研究。

郭化若在毛泽东的指导下写出了《孙子兵法初探》，毛泽东看过后很高兴地予以肯定，让他整理后发表在《八路军军政杂志》上，并让他到延安抗日战争研究会上做讲演。(樊昊《毛泽东和他的军事教育顾问》) 这样，郭化若就成了"党内、军内最早专门研究《孙子兵法》的人"。

1947年12月，解放战争已经开始，毛泽东在名为《目前形势和我们的任务》的报告中，提出了著名的"十大军事原则"。"十大军事原则"的中心点是集中优势兵力打歼灭战，这正体现了孙子"我专为一，敌分为十，是以十攻其一也，则我众而敌寡"(《孙子兵法·虚实篇》)的军事思想。其他关于充分的战前准备，"不打无准备之仗，不打无把握之仗"，关于部队的补给充实和休息整训等原则，都是孙子思想在新的战争条件下的运用。但是，"十大军事原则"又不是《孙子兵法》的简单翻版，是源于孙子，又高于孙子。

毛泽东进入了北京城，1949年5月1日与柳亚子共游昆明湖。柳亚子问："没有想到胜利会这么快，人民解放军很快渡江成功，并且占领了南京，我们不知道毛主席用的是什么妙计。"毛泽东笑了笑说："打仗没有什么妙计，如果说有妙计的话，那就是知己知彼，根据实际情况，作出正确的决策。"(李银桥《在毛泽东身边十五年》)

1950年5月7日，毛泽东为一次会议题词，挥毫泼墨，写下"知己知彼，百战百胜"八个大字。(《毛泽东题词墨

迹选》)

1961年9月,英国元帅蒙哥马利访华,在武汉会见毛泽东,提出要把中国的《孙子兵法》作为世界军事学院的教材。毛泽东听后十分高兴和赞赏。

毛泽东一生喜爱读史,晚年兴趣尤浓。章士钊先生给他送去一部明代冯梦龙编著的线装大字本《智囊》,其中兵智部共有119个古人妙用兵法的故事,毛泽东不仅反复读过,还在三则有关《孙子兵法》及其运用的故事旁加了批注。如在提及"声东击西法"处写:"攻魏救赵,因败魏兵,千古高手。"在"反间法"处写:"老守坚城之下,又不意赵救,此秦之所以失败也。"在有关"驷马法"处,毛泽东写的是:"所谓以弱当强,就是以少数兵力佯攻敌诸路大军。所谓以强当弱,就是集中绝对优势兵力,以五、六倍于敌一路之兵力,四面包围,聚而歼之。自古能军无出李世民之右者,其次则是朱元璋耳。"(张贻玖《毛泽东读史》)

(3)毛泽东对《孙子兵法》的借鉴和发展

毛泽东的一生,似乎与《孙子兵法》结下了不解之缘,他读而不厌,反复揣摩,对它的应用也早已超出军事范围,而深入政治、外交等大战略领域之中。如他提出的"三个世界"划分的理论,就可以看作是孙子"伐谋""伐交"思想的创造性发展。直到晚年,毛泽东在中南海卧室的床边一直放有一本线装的《孙子兵法》,供他随时取阅,直到去世时都是如此。

那么,毛泽东在哪些方面借鉴、汲取和发展了《孙子兵法》的思想精华呢?

第一,"知彼知己"的战争认识论。

"知彼知己,百战不殆"是孙子战争制胜的依据和出发点,是一切战争行动和决策的基石。毛泽东对这个命题给予了非常高的评价,他在《中国革命战争的战略问题》中说:"中国古代大军事学家孙武子书上'知己知彼,百战不殆'这句话,是包括学习和使用两个阶段而说的,包括从认识客观实际中的发展规律,并按照这些规律去决定自己行动克服当前敌人而说的;我们不要看轻这句话。"以后毛泽东又在其他著作中两次直接引用这句话。

毛泽东还从辩证唯物主义的哲学高度,进一步使孙子这一军事原则得到升华。他在《论持久战》中说:"我们承认战争现象是较之任何别的社会现象更难捉摸,更少确实性,即更带所谓'盖然性'。但战争不是神物,仍是世间的一种必然运动,因此,孙子的规律,'知彼知己,百战不殆',仍是科学的真理。"这就从孙子的战争可知论出发,科学地阐明了战争规律的客观性和可认识性,战争胜负是可知的。

毛泽东还特别强调战争的认识对象应包括敌我两个方面。孙子说:"不知彼而知己,一胜一负;不知彼不知己,每战必败。"(《孙子兵法·谋攻篇》)毛泽东特别指出:"孙子论军事说:'知彼知己,百战不殆。'他说的是作战的双方。"他认为,战争认识就在于熟识敌我双方各方面的情况,找出其行动的规律,并且应用这些规律于自己的行动。这就是要坚持全面辩证的观点,明于知己,暗于知彼,或明于知彼,暗于知己,都会导致战争失败。

毛泽东还要求人们在认识战争条件时,不能固定不变和一次完成,"应该着眼其特点和着眼其发展,反对战争问题上的机械论"。对于敌我各方面的情况,还要"加以去粗取精、去伪存真、由此及彼、由表及里"(《中国革命战争的战略问题》),排除假象,得出符合客观实际的结论。

这些,都使得孙子的战争认识论具有更丰富的内容,从而在更科学的基础上形成了马克思主义的战争认识论。

第二,"先胜而后求战"的慎战原则。

孙子主张慎重对待战争,反对在战争问题上鲁莽行事,所以把战前"庙算"的内容放在《孙子兵法》的首篇《计篇》中来强调,指出:"多算胜,少算不胜,而况于无算乎!"在《形篇》中,孙子更明确地说:"胜兵先胜而后求战,败兵先战而后求胜。"也就是说,打胜仗的军队,总是先创造条件,使自己不被敌人战胜,然后寻找机会战胜敌人。

而打败仗的军队,却是盲目轻敌,不作准备就在战场上以求侥幸取胜。

毛泽东从战争实践中继承和发展了孙子的这一作战原则,在他的军事著作中形成一种更为明确的战略战术思想。他说:"如果我们没有必要的和充分的准备,必然陷入被动地位。临时仓卒应战,胜利的把握是没有的。"在《目前抗日统一战线中的策略问题》中,他又说:"不斗则已,斗则必胜,决不可举行无计划无准备无把握的斗争。"

因为在中国革命的漫长时期,战场上的基本形势都是敌强我弱,"不打无准备之仗"就成为毛泽东克敌制胜的重要原则。在反"围剿"时,他提出"慎重初战",条件不成熟时宁可持重待机,不打则已,打则必胜。在抗日战争初期,他又强调有利决战,避免不利决战。在不具备条件时,无论敌人如何寻找我主力决战,我都应该千方百计予以避免。在解放战争时期,毛泽东又把这一思想列入"十大军事原则",其中第五条是:"不打无准备之仗,不打无把握之仗,每战都应力求有准备,力求在敌我条件对比下有胜利的把握。"

与这种"先胜而后求战"的作战思想相联系,毛泽东吸收了孙子"避其锐气,击其惰归""以佚待劳"(《孙子兵法·军争篇》)等后发制人的谋略,提出积极防御的战略方针,把防御和进攻有机地结合起来。并且,毛泽东称这种积极防御是中华民族自求解放的战争形态。

毛泽东在《中国革命战争的战略问题》中引用《水浒传》中林冲棒打洪教头先让几步的故事和《左传》中齐鲁两国的长勺之战的例子。关于长勺之战,他说:"文中指出了战前的政治准备——取信于民,叙述了利于转入反攻的阵地——长勺,叙述了利于开始反攻的时机——彼竭我盈之时,叙述了追击开始的时机——辙乱旗靡之时。虽然是一个不大的战役,却同时是说的战略防御的原则。"他一再指出,我们主张必要的退却,是为了将来的进攻,积极防御就是"为了反攻和进攻的防御"。打鱼不在急滩上,退后一步自然宽。这就是毛泽东的应敌谋略。

第三,"我专而敌分"的布兵原则。

军事指挥艺术的一个重要方面,就是兵力的分合配置,高明的将帅无不精于集中兵力之道,所谓"五指之更弹,不若卷手之一挃"。(《淮南子·兵略训》)

孙子十分强调"我专而敌分""我专为一,敌分为十"(《孙子兵法·虚实篇》),就是在全局上虽处于劣势,但通过各种手段,使我方集中兵力,使敌方分散兵力,从而形成局部上的绝对优势,达到"以众击寡"(《孙子兵法·虚实篇》)的目的。所以用兵之胜负,不在众寡而在分合。

毛泽东鉴于长期敌我力量悬殊的客观情况,特别重视集中兵力。他在《中国革命战争的战略问题》中说:"我们的战略是'以一当十',我们的战术是'以十当一',这是我们制胜敌人的根本法则之一。"他又说:"我们是以少胜多的——我们向整个中国统治者这样说。我们又是以多胜少的——我们向战场上作战的各个局部的敌人这样说。"所以他总结红军十年战争经验,就归结为:"从战略防御中争取胜利,基本上靠了集中兵力的一着。"解放战争开始,毛泽东把"集中兵力"写入"十大军事原则",强调"每战集中绝对优势兵力(两倍、三倍、四倍、有时甚至是五倍或六倍于敌之兵力),四面包围敌人,力求全歼,不使漏网"。并说:"这是战胜蒋介石进攻的主要方法。实行这种方法,就会胜利。违背这种方法,就会失败。"

如何才能集中兵力呢?毛泽东吸取孙子"并敌一向,千里杀将"(《孙子兵法·九地篇》)的用兵之法,形成"集中优势兵力,各个歼灭敌人"的军事原则。他在《中国革命战争的战略问题》中说:"在有强大敌军存在的条件下,无论自己有多少军队,在一个时间内,主要的使用方向只应有一个,不应有两个。"也就是说,在主要方向上集中兵力,吃掉这部分敌人后,再转移兵力,最终目的是各个歼灭,将敌人一部分一部分分别吃掉。毛泽东将这种方法形象化地比喻为"削萝卜"。回顾中国现代史,共产党就靠这种"削萝卜",一步步由弱小而强大,最终扭转了战争形势。

第四,"示形""动敌""攻其无备"的谋略原则。

孙子是中国古代"兵权谋家"的鼻祖,以谋略用兵也是《孙子兵法》的精华。孙子说:"善动敌者,形之,敌必从之;予之,敌必取之。以利动之,以卒待之。"(《孙子兵法·势篇》)他又说:"兵者,诡道也。故能而示之不能,用而示之不用,近而示之远,远而示之近。"(《孙子兵法·计篇》)孙子就是要求将领善于用"示形"的办法,隐蔽自己的真实目的,以假象迷惑、引诱、调动敌人,然后灵活机动,出其不意地打击和战胜敌人。

毛泽东在战争实践中"用兵如神",靠的正是中国兵学中深厚的谋略传统。早年游击战争的"敌进我退,敌驻我扰,敌疲我打,敌退我追"十六字诀,实际上是孙子"强而避之,怒而挠之"(《孙子兵法·计篇》)谋略的创造性发挥。在毛泽东看来,"灵活性"是军事斗争的灵魂。他在《论持久战》中说:"灵活地使用兵力这件事,是战争指挥的中心任务。""灵活,是聪明的指挥员,基于客观情况,'审时度势'(这个势,包括敌势、我势、地势等项)而采取及时的和恰当的处置方法的一种才能,即是所谓'运用之妙'。"

要做到"灵活用兵",必须迷惑敌人,示形用诈。毛泽东在《论持久战》中还说:"错觉和不意,可以丧失优势和主动。因而有计划地造成敌人的错觉,给以不意的攻击,是造成优势和夺取主动的方法,而且是重要的方法。"他还举出例子说,"八公山上,草木皆兵""声东击西"等,都是造成敌人错觉的方法。毛泽东在《中国革命战争的战略问题》中也说:"我们可以人工地造成敌军的过失,例如孙子所谓'示形'之类(示形于东而击于西,即所谓声东击西)。"

长征中,毛泽东指挥的"四渡赤水"之役,就是用孙子"示形动敌"的一次"平生得意之笔"。

遵义会议后,中央红军3万余人为了渡江北进,先在贵州土城渡过赤水河,作出从四川泸州、宜宾之间渡江之势。蒋介石急调重兵围堵,并严密封锁长江沿岸。红军乘贵州北部敌兵空虚,突然掉头东进,由二郎滩二渡赤水,将围堵之敌甩在后面。接着,在遵义地区歼敌2个师又8个团,取得长征以来第一个大胜仗。为了在运动中寻找歼敌机会,红军从遵义地区西进三渡赤水,进至四川南部。蒋介石以为红军又要北渡长江,急忙调集重兵奔赴四川南部,红军却又一次向东折回,四渡赤水。然后,"示形"于贵阳之东,虚张声势,造成进军贵阳的假象。迫使蒋介石调出云南滇军入贵州声援。红军却不攻贵阳,乘云南空虚,直插昆明之东,造成直逼昆明的假象。敌军主力不得不被红军牵着,急忙回救昆明。趁敌人如无头苍蝇乱撞之时,红军突然向西北挺进,胜利渡过金沙江,远远甩掉蒋介石的中央军和地方军阀的数十万部队，打破了被围追堵截的不利局面。不断地示形，不断地运动，乘敌之隙，机动灵活，终于由被动变为战略主动。

毛泽东对《孙子兵法》的继承和发展还有许多方面。同样是学习古兵法，毛泽东高明之处是紧密结合中国革命战争的实践，着重在创新。曾任美国国防大学战略研究所所长的约翰·柯林斯说："自古以来，成千上万的人打过仗。但是几千年间，在战略方面有创造性的思想家却如凤毛麟角。"他把毛泽东列为"公认的战略创新者""具有革新思想的战略家"。

尽管构造兵学体系离不开前人的思想材料，但其"郁郁葱葱"应主要靠的是一个时代的战争土壤。毛泽东自己就说："我读过《孙子兵法》，但打起仗来全忘了，只知道根据具体情况。"正因为如此，"毛泽东兵法"才源于又高于《孙子兵法》，把中国军事理论发展到一个新的高度。

4. 刘伯承——论兵新孙吴

刘伯承是杰出的现代军事家，素有"常胜将军"之称。他不但南征北战，武功赫赫，在一生戎马中，表现出卓越的军事指挥才能；而且精研兵书，重视对中外兵家思想的学习、融汇、运用和发展，具有高深的军事理论造诣。朱德元帅称他"有古名将风，为国内不可多得的将材"，陈毅元帅评价他为"论兵新孙吴，守土古范韩"。

斯言信矣。

(1) 以少胜多的"巴东之战"

1911年，辛亥革命爆发，年仅19岁的巴蜀青年刘伯承站在时代的潮头，剪辫从军。次年，他只身来到重庆，以优异成绩考取了军校。不久，他参加了孙中山领导的护国战争和护法战争。这位青年军人有爱读书的脾性，对《孙子兵法》更是百读不厌，他把孙子的原则活用到战场上，很快成为声闻遐迩的川中名将。

1916年3月，刘伯承率领护国军第四支队千余人，准备夺取川东著名的"鬼城"丰都（今重庆丰都县）。丰都战略地位十分重要，它是北洋军从长江水路入川的咽喉要道，护国军在四川作战成败，与能否控制丰都也有很大关系。而这时丰都城内聚集着北洋军第八师张辅臣的加强营，还有地方武装县警备队、劣绅武装"万人团"等，与刘伯承的军队相比不但实力相差悬殊，而且丰都城南靠长江，北依东山，地势险要，易守难攻。

刘伯承决定用孙子"利而诱之"，声东击西，"乱而取之"的谋略，以少胜多，智取丰都。

刘伯承率军到达离丰都20公里的马口垭，下令部队就地休息，另派少数尖兵在通往丰都的路途上张贴标语、布告，广泛宣扬护国军即将攻城的消息。丰都县知事许石生有些坐不住，找到北洋军将领张辅臣。张辅臣十分自负，说："几个乳臭未干的青年娃娃，哪里懂得什么布阵用兵？许大人不必多虑，请在衙内静候佳音，张某自有退敌良策。"他的如意算盘是，在城外设伏待敌，等刘伯承入围上钩。

果然当天夜里二更，张辅臣的探马飞报，刘伯承的军队已从马口垭沿左边大路向丰都开来。张辅臣高兴极了："果然不出我之所料！"布置好的北洋军埋伏在大桥两头，张辅臣传下军令："等敌人进入埋伏圈以后，一齐开火，不准放过一人一马。如若捉到匪首刘伯承、王伯常等人，另有重赏。"可是等了一夜，北洋军也未看到敌人影子。

原来刘伯承从左边大路向丰都开进只是虚晃一枪。等到走了十几里，已"示形"于敌，"以利诱之"，蛇已出洞，刘伯承又迅即返回马口垭，改从右边小路，仅几个小时的急行军就占领了对县城居高临下并仅离1.5公里的新城（今重庆市），静待北洋军。

张辅臣天明时发觉上当，急忙令北洋军跑步奔向新城。刘伯承并没有给疲惫不堪的敌军以喘息之机，利用有利地形发起攻击，北洋军四散溃逃。这时已潜入丰都城内的护国军便衣队立刻沿街高呼："护国军杀进城了！"留在城内的警备队和"万人团"知道北洋军已败，也各自逃命。就这样，刘伯承智取了丰都城。

（2）善用古兵法的"常胜将军"

土地革命时期，刘伯承长期担任中国工农红军总参谋长。在反"围剿"中，他和毛泽东都主张"诱敌深入"，集中优势兵力，运用灵活的战略战术来消灭敌人。在长征中，他又与毛泽东一起，演出了智取遵义、四渡赤水、强渡大渡河等妙用《孙子兵法》的连台好戏。

抗日战争时期，刘伯承率领八路军一二九师，独当一面，机智灵活地运用《孙子兵法》，活跃在太行山区，打得日军坐立不宁。日军将领面对刘伯承的"麻雀"和"黄蜂"战术，常常哀叹："四面楚歌传来，一拳打去是风。"邓小平对刘伯承说这是由于日军"扑来扑去，搞不清我们在哪里，我们却一直盯着他们"。

刘伯承对孙子"知彼知己，百战不殆"的原则有很深刻的理解，他十分重视掌握敌情和不让敌人摸到我们的真实情况，认为这是用兵谋略的基础和前提。他说认为用谋略必须建立在'知彼知己'的基础上。因此，每战之前，必须吃透"五行"，他说："兵因敌而制胜，五行不定，输得干干净净。"所谓"五行"，就是"任务、敌情、我情、地点、时间"。

刘伯承认为掌握敌情必须随时留心，"作战的时候才不至于蒙头乱撞"。他本人就经常阅读缴获敌军的报纸、杂志、日记、公文，阅读审讯俘虏、询问敌逃兵的记录等，甚至要求情报尽量细致入微，连敌军将领的脾气、秉性、所属派系、地位、出身、指挥特点、行动规律等情况都要掌握。并说要像古代曹操对袁绍那样有入木三分的了解，才能得到像"官渡之战"那样的胜利。他带着部属外出，经常是逢山问山，逢水问水，他说："打仗的事，可不能问樵樵不知，问牧牧不晓呵！如果一个指挥员连自己所处的位置都不清楚，所在区域的山脉、江河、湖海都搞不清楚，那对指挥作战是很不利的。"

刘伯承还主张，了解敌情必须多种手段结合并用，既有群众侦察，又有军机侦察和谍报侦察。他说认为要依靠当地民众来组织谍报网络，经常进行侦察行动，深入汉奸和伪军内部开展工作，观察敌人准备的情况与习惯，设法窃取敌人文件和捕获俘虏——这些都是情报的来源。刘伯承还专门提出一种游击侦察，他认为游击队本身的游击行动，不但要当作战斗手段，而且还要当作侦察与警戒的手段，因为通过游击可以查明敌情，可以避免遭受敌人的袭击。

与掌握敌情密不可分的，是做好"反谍"工作。"保守秘密，防范间谍，铲除汉奸，应与佯动伪装同时配合实施之，这是战役保障条件之一。"这样做的目的就是造成敌人耳聋眼瞎，"裸体跳舞"，我军耳聪目明，量敌用兵，行动自如。

敌情明，建奇功。知彼知己，才能出敌不意，打敌人个措手不及。刘伯承认为，面对装备精良、气焰嚣张的敌人，我们暂时还不能与它打堂堂之阵，伏击和袭击便成为抗日游击战的主要战法。

"战胜不复，而应形于无穷"（《孙子兵法·虚实篇》）是孙子的名言，意思是每次战胜敌人，都不是重复老一套，而是不断变换出新招来。刘伯承为了出敌不意，竟对"战胜不复"反其意而用之，破禁犯忌，专门重复用兵。1937年10月，日军沿正太路西犯，刘伯承在山西平定县七亘村一带设伏，首战毙敌300余人。第三天，他在同一地点再次设伏，毙敌100余人。三日之内，在同一地点两次埋伏战，打击同一敌人，为什么"重叠伏击"战术能够取得成功？这是因为刘伯承摸透了日军傲慢自负、作战呆板的特点，他们有一股不达目的就执拗突击的"牛劲"，而且日军"记吃不记打"，想不到我军敢在同一地点二次设伏。于是刘伯承专门破禁用兵，使日军连连上当挨打。

"攻其所必救"（《孙子兵法·虚实篇》），这是孙武的绝招，在孙膑那里被创造出"围魏救赵"，在刘伯承手中也同样发展出"调敌出笼"，"围点打援"的战争奇观。

1938年3月，刘伯承根据日军一处受袭、他处必援的作战规律，决定在山西黎城（今山西长治市）和潞城（今山西长治市）之间的神头岭设伏歼敌。他先以一个营的兵力去袭击处于公路枢纽处的日军重要兵站黎城，从而诱使潞城之敌出援。同时把八路军三个团的主力，预先三面埋伏在敌人必经的神头岭。果然1 500多名日军从潞城开出，其侦察骑兵四面搜索，马蹄几乎踩在八路军战士头上，由于伪装良好，敌人始终未发觉脚下集结的重兵。等到日军全部进入"口袋"，八路军如神兵天降，掐头、断尾，随即对分为数段的日军发起猛攻。结果，日军除百余人逃脱，其余全被八路军第一二九师歼灭于神头岭。

这一仗，刘伯承用的是"攻其所必救，歼其救者"的战法，战役组织十分严密。由于是"攻其无备，出其不意（《孙子兵法·计篇》）"的突然袭击，日军步兵来不及展开，骑兵来不及冲锋，炮兵来不及架炮，就被歼灭了。日军将帅称神头岭之战为"支那第一流游击战术""八路军游击战的典型战术"。(《刘伯承军事生涯》)

解放战争时期，刘伯承指挥第二野战军，手下人马越多，胆识越高，韬略运用越精湛，仗也越打越好。上党战役，他以一部分兵力围困长治敌军5个师，又以主力秘密北上，伏击从太原调出的敌军8个师。结果一个月的运动加伏击战，全"盆"而端，歼灭阎锡山13个师共3.5万余人。邯郸战役，他采取"诱敌深入"和伏击战术，歼敌3万余人，打破了蒋介石打通平汉铁路的美梦。南下陇海，13天歼敌1.3万余人。定陶战役,5天歼敌1.7万余人。出敌不意,回马取鄄城,不到两天歼敌8 500多人。釜底抽薪,巨金鱼战役歼敌1.6万余人。特别是刘伯承的千里跃进大别山,显示了他的大智大勇,揭开了人民解放军战略进攻的序幕。

(3)创造性地学习和研究《孙子兵法》

1951年1月,早就有"无产阶级的孙武"之称的刘伯承被任命为中国人民解放军军事学院院长兼政治委员,主持培养高级指挥人员的工作。他根据毛泽东制定的办院方针,把《孙子兵法》列为学员的必读教材,并亲临讲台,以生动的语言和典型战例,深入浅出地讲解《孙子兵法》。

刘伯承对《孙子兵法》熟读得可以背诵,并能结合战场实际,运用得出神入化,奇巧绝妙。比如他的一些战法,"围城打援""攻其一点,吸其来援,啃其一边,各个击破""围三缺一,网开一面,虚留生路,暗设口袋"等等,都是学古而不泥古,既带有浓郁的传统兵法特点,又进行了大胆的创新。

刘伯承不仅自己对《孙子兵法》勤学、苦思,还经常组织身边的人进行学习。早在太行山区坚持敌后抗日战争时,他就给部属讲过《孙子兵法》。在主持军事学院时,他特意选出《孙子兵法》中的《势篇》,进行校译和讲述,以配合集团军战役课的教学。

刘伯承常说，研究《孙子兵法》对指挥员指导战争、组织战役、启发谋略、开发智力、增长才干，都有很大的好处。他把《孙子兵法》十三篇概括为六大军事原则，即谋略（计）、兵势、正兵和奇兵、虚和实、用兵的主动性和灵活性、用间。这是他结合现代战争特点，对《孙子兵法》精华的提炼浓缩，然后再用这些超越时代的普遍规律来指导战争。

刘伯承堪称研究《孙子兵法》的大家，他既谙熟中国古代兵学，又有丰富的战争实践经验和深刻的理论素养，所以他通过分析，归纳出《孙子兵法》不同于其他古代兵法的九大特点：

第一，《孙子兵法》是研究战争普遍规律的古代兵家名著，它深刻地分析论述了战争致胜因素、战争胜败的原因，特别强调"庙算"在战争中的重要性。

第二，《孙子兵法》强调战争的胜负不仅是军事力量的对比，而且与一个国家的政治、经济、外交、天文（气象）、地理诸综合因素有着密切的关系。忽视了任何一种因素，都有导致战争失败的可能。所以战争决策者在战前必须审时度势，周密分析。轻率用兵，乃兵家大忌。在这里，刘伯承还结合当代战略，指出未来的决策者要考虑五忌：①国力不足，不可以兴兵；②时机不到（国际形势，周围国家的动态对我不利），不可以兴兵；③国内不安定，不可以兴兵；④人民不拥护，不可以兴兵；⑤战略上处于两面或多面作战的态势，不可以兴兵。

第三，《孙子兵法》认为取胜谋略第一，外交第二，伐兵第三，攻城第四。强调以谋略胜敌，而不是以力胜敌，重斗智，轻斗力。

第四，《孙子兵法》主张"不战而屈人之兵，善之善者也"。(《孙子兵法·谋攻篇》) 战争不单纯指军事对抗，战略上最高明的选择是不用作战手段而使敌人屈从我的意志，包括采取政治斗争、外交斗争、经济斗争、科技斗争等综合手段。

第五，《孙子兵法》主张用兵要"因势利导"，争取主动，发挥战争中的能动作用，诱使敌人走向失败之途。

第六，《孙子兵法》强调决策者在战略和战术上尽可能做到"致人而不致于人"(《孙子兵法·虚实篇》)，要力争掌握战争的主动权于我方手中，失去主动权，就可能被打败、被消灭。

第七，《孙子兵法》强调"运用之妙，存乎一心"(《宋史·岳飞传》)，就是克敌制胜没有固定的法则，要在实战中根据不同的敌情、我情、地形和其他条件，随机应变，灵活用兵。

第八，《孙子兵法》强调"知彼知己，百战不殆"。用现代语言讲也就是实事求是。摸清一切情况,才能下定作战决心,才能打败敌人。否则,主观臆测,贸然兴兵,必然导致失败。

第九,《孙子兵法》主张用兵要出敌意外,变化无穷。奇和正、虚和实要巧为利用。它强调要以猛虎扑羊的压倒优势进攻,以迅雷不及掩耳的手段结束战役战斗。

这九点,确实道出了《孙子兵法》的精华之处,而且和现代战争有机地加以结合,完全能够学以致用,毫无虚浮迂阔之词。它是几十年血与火锤炼出来的吴钩霜刃,不但"刺破青天锷未残"(《毛泽东诗集·十六字令三首》),而且为东方兵学的丰富和发展,又树起一座时代的丰碑。

(4)革命者的宽广胸怀

革命者最初都是弱小的,要能在扣黑锅似的漫漫长夜,战胜雄强不可一世的虎狼之军,只有靠聪明智慧演化出的绝妙谋略,舍此别无二途。而《孙子兵法》正是在这方面为人们拓展了宽阔的舞台。兵贵精,将贵谋,在死神时刻光顾的战场上,智慧的花朵往往开放得最绚丽,最灿烂。

革命者又总是最生机勃勃的,他们没有包袱,没有成规,没有偏见。"他山之石,可以攻玉。"(《诗经·小雅·鹤鸣》)为着革命成功的大目标,他们会引来西方的马克思主义,会刻苦地向克劳塞维茨和拿破仑学习军事理论,这就和故步自封的国粹主义划清了界限。为了继承"从孔夫子到孙中山"的一份珍贵遗产,他们更注意从深厚的民族文化土壤中吸收养分,因为他们知道自己的根是必须深深扎在这里的,否则就成了不经雨打风吹的漂萍。于是《孙子兵法》就成了他们的枕旁常读和箧中宝物,这就和言必称希腊的民族虚无主义划清了界限。采"百花"之粉而酿"智慧"之蜜,这正是革命者使自己永远充满活力的"蜂王浆",也是战场上制胜攻取、无坚不摧的"健力宝"。

五　走向世界的《孙子兵法》

人类真是造化钟情的"尤物"。他们不但繁衍成生物圈内最伟大的种群，统治着地球上的角角落落；而且随着交通和通信工具的日渐发达，古代人在神话中幻想的"千里眼""顺风耳"，在今天人们的眼中早已不屑一顾，甚至连遨游茫茫苍穹，去九天之上披星摘月也不是什么难事。

"地球村"的居民们，饱经沧桑的人类，一方面借助于卫星通信技术，每天晚上都可以在饭桌前了解到当天大洋彼岸发生的事件；另一方面，大家还没有学会如何和平共处，携手并进。暴力、冲突和战争层出不穷，杀人的武器从刀枪剑戟一直发展到原子弹，核武库的储存量足以把地球毁灭多次，人类的命运在核冬天的阴云笼罩下前途未卜。

在研究当代核战略理论时，有人想到了古老的《孙子兵法》,而且是孙武生前做梦都不可能与之谋面的金发碧眼的洋人。

当年的孔夫子,曾发出"道不行,乘桴浮于海"(《论语·公治长》)的感叹。他的后代传人,果真为他实现了这一夙愿,使儒家学说出海传道,大洋彼岸的"现代新儒家"就是其当今杰作。假如说儒家流风所及还仅限于东亚等中华文化圈的话,《孙子兵法》从唐代开始其东流西渐的漫漫路程后,则在更大范围内产生了更深远的影响。

1.《孙子兵法》与日本

(1) 乘槎浮海走东瀛

7—8世纪,强盛的唐王朝成为东方文明的中心。唐玄宗开元初年,东邻日本派出了第八次遣唐使,随同前来的有留唐学生阿倍仲麻吕(晁衡)和吉备真备等人。阿倍仲麻吕擅长吟诗作文,他不但完成了"国子学"的学业,考中了科举进士,还起了一个中国名字"晁衡",与王维、李白等一起留下许多脍炙人口的酬唱诗篇。吉备真备出身于右卫士少尉这样一个军人家庭,尤其喜爱钻研兵学。他到中国后,并没有入太学学习"五经",而是拜兵学名家赵玄默为师,单独受业18年,专攻孙、吴兵法。

735年,吉备真备学成归国。他临行前,"所得锡赍,尽市文籍"(《旧唐书·东夷列传》)，所得赏赐都购买成各种书籍，其中就包括《孙子兵法》《吴子兵法》等兵家著作。据《续日本纪》，吉备真备带回国的还有弦缠漆角弓一张、马上饮水漆角弓一张、露面漆四节角弓一张、射甲箭二十支、平射箭十支等先进兵器。752年，吉备真备又一次以遣唐副使的身份随藤原清河来到中国，一直到753年才泛海而还。

吉备真备回国之后，被任命为太宰少贰。他带回的《孙子兵法》极受日本人重视，被珍藏于皇宫之内，非皇室成员不得寓目。后来奉日本天皇之命，吉备真备仅向6人讲授《孙子兵法》《吴子兵法》和诸葛亮八阵图于太宰府，并不向社会扩散。他后来被提升为太宰大贰。

764年9月，日皇叛将惠美押胜在近江（今滋贺）竖起对抗朝廷之旗，都城上下惶恐不安。吉备真备奉奈良朝廷之命讨伐叛乱。他仔细分析作战地域的双方形势，明确有利和不利因素，灵活运用《孙子兵法》关于"兵之情主速""迂直之计"等用兵原则，拟订了作战计划。结果仅用8天时间就战胜了叛军，惠美押胜"被斩于湖畔"。（石母田正、松岛荣一《日本史概说》）这是日本历史上第一次成功运用《孙子兵法》的战例。由于战功，吉备真备又由太宰大贰晋升中卫大将，后来又升任中纳言、大纳言，最后官至右大臣。

《孙子兵法》一走出国门，马上以其熠熠生辉的智慧之光吸引了异邦之人。后来的日本留唐学生纷纷效法吉备，从中国向日本传输兵书。到了唐朝末年，中国当时存世的兵书几乎都传入日本。日本宽平年间（889—897年）藤原佐世撰成《日本国见在书目录》，其中著录汉文兵书63部之多。而反观国内《旧唐书·经籍志》，却只收录兵书45部。据该《目录》，这时传入日本的《孙子兵法》已有多种版本，如：

《孙子兵法》二卷 吴将孙武撰

《孙子兵法书》一卷 贾诩撰

《孙子兵法》三卷 魏武解

《孙子兵书》一卷 魏祖略解

《孙子兵法八阵图》二卷

　　国外流传《孙子兵法》，以日本传播最早，研究最深，应用最广，而且源远流长，久盛不衰。日本历代将领都把"十三篇"当作用兵指南，奉为圭臬，《孙子兵法》在历史上就成为日本军事思想的主体结构。但是孙子对日本军事思想的影响，也有一个由微渐著的过程。

　　（2）《孙子兵法》在"幕府"时期

　　从日本"平安时代"（794—1192年）后期开始，武士集团在地方崛起，逐渐取代原来的世袭贵族而独揽朝政。

以后天皇形同虚设，日本就进入军事独裁的"幕府政治"时期。这样，《孙子兵法》也从皇宫传入大江、源氏、楠木、武田等兵家和武将家族手中。

当年在太宰府由吉备真备"亲授"《孙子兵法》的6个人中，有个中卫舍人的名字叫土师宿弥关成，日本著名的古代兵家大江一族就是他的后代子孙。866年，大江音人由土师宿弥改姓大江，大江家就是日本《孙子兵法》的正统传人。

到了大江匡房时，他是后冷泉、后三条、堀河三朝的朝臣，负责朝廷秘密图书《孙子兵法》等军事著作的保存和管理，官任大藏卿，号称"江师公"。他说："孙子的策略很多，我国不能照抄硬套。"在这一思想指导下，他把孙子的兵学理论和日本实际相结合，写出了有名的《斗战经》。这本书文以孔孟老庄思想为本，武以孙子学说作理论基础，发挥了强烈的日本武学流派意识，后来以"忠君、节义、廉耻、勇武、坚忍"为内容的"武士道精神"，在这里已显露端倪。

著名武将八幡太郎曾向大江匡房学习《孙子兵法》。在陆奥战役中，他行军时发现雁鸟乱飞，立刻想到孙子说："鸟起者，伏也。"(《孙子兵法·行军篇》)判断敌人在前方设有伏兵。于是他立刻改变原来的作战计划，绕过敌人埋伏，终于化险为夷。

大江匡房时期，《孙子兵法》又被传给源义家、源义光兄弟。源氏家族后来在"源平争霸"战争中，成功打败了专权的平清盛，建立起镰仓幕府，从而开创了日本历史上近700年的幕府政治局面。

大江匡房的七世孙大江时亲在赤阪城西南的葛城山麓建学馆讲授《孙子兵法》。日本南北朝时期著名武将楠木正成从少年时就师从大江时亲，学习兵法。楠木正成后来战功赫赫，灭北条氏，一度压服足利尊氏，被称为"武士道精神的典型"。

大江时亲以后，大江家族又改姓毛利。毛利元就是日本战国时期著名武将，他继承宗家之志，先后消灭了陶隆房、大内义长、尼子义久等敌对势力，占领山阴十数国，威震一方。研究孙子的家学渊源，是他得天独厚的有利条件，帮助他在战场上攻无不克。

这之后，《孙子兵法》又传给了武田源。日本战国末期的著名猛将武田信玄，继承父业，弘扬家法，率领他的"武田军"南征北战，攻城略地，是当时著名的"七雄"之一。他最爱读《孙子兵法》，在他的16种军旗中，用于突击时的军旗上绣有"风林火山"四个大字，即出自孙子《军争篇》中的"其疾如风，其徐如林，侵掠如火，不动如山"。这面旗子现在还存放于日本盐市云峰寺中。有些军事史家把武田的战略称之为"风林火山"战略，说其"笔端如带风霜，生气跃跃"，也就是体现了孙子"常变一体，静动一元"军事思想的战略。（阿多俊介《孙子之新研究》）武田信玄对"十三篇"非常熟悉，他最赞赏孙子的"不战而胜"和"回避决战"，认为通过"用间"可以达到奇袭的战略目的。在他所著的《甲阳军鉴》一书中，非常强调战略部署的周密和慎重，在川岛之战中，这一点得到充分体现。其理论来源，正是孙子的"慎战"思想。

武田信玄运用《孙子兵法》的事例被传为日本军事史上的佳话，他也获得了"日本孙子"的美称。

尽管有这么多以通晓《孙子兵法》而知名的学者和军将，但是从735年至1606年，《孙子兵法》却是长期处于"禁秘"状态，只能在少数家族间传播。金子一定闪光，春光难锁深院。16世纪，日本名将辈出，除武田外，还有织田信长、丰臣秀吉、德川家康、上杉谦信等风云人物，他们的共同特点就是精通军事经典，运用《孙子兵法》得心应手。

丰臣秀吉是战国末期统一日本的名将，他接受孙子"攻心为上"的战略理论，而且又作了出色的发挥，成为足智多谋的"用间大师"。他在每次重大军事行动之前，总是把大批间谍派往各地，而且要求这些人不间断地按既定路线流动。他用后来的报告对前面的报告进行核定，以使情报详尽而准确。1587年，在准备征服日本最南端的九州岛时，他要求自己的间谍送回各种详尽的地形图，还要他们提供收成、粮食供应、运输车辆、各军阀与其部队的关系等各种情况，为此他把作战时间推迟了一年多。从长远的战略角度考虑，他宁愿把对手争取过来，"不战而屈人之兵"（《孙子兵法·谋攻篇》）。当手下军将要求他下令攻击敌人占据的最后一座堡垒时，他却耐心克制，按兵不动，等待谈判，以取"不战而胜"之效。丰臣秀吉成为一名具有政治家风度的大将。

德川家康也是《孙子兵法》的崇拜者，他活用兵法，逐一击败北条氏、丰臣秀赖等政敌后，于1603年开创了德川幕府于江户（今东京），掌握了全国大权。和平时期的来到，使德川家康采取复兴奖励学术的政策。1606年，他下令用活字印行中国的《武经七书》，所用文本是中国宋朝施子美《武经七书讲义》，其中《孙子兵法》是删去注文的白文本。据神田胜久的《孙子俚谚钞·序》说："我本朝庆长中，东照大神君下令锓梓（《孙子兵法》），普使天下之武生讲读之。"也就是把《孙子兵法》当作提高官兵素质的军事教材。

这是《孙子兵法》第一次在日本公开刊行，也宣告了日本对兵书的正式解禁。1660年，在第四代幕府将军德川家纲时，第一部日文译本的《孙子兵法》面世，进一步推进了日本兵学的普及。从此，不但《孙子兵法》的各种版本在日本公开重抄重印，而且各种注释和研究著作大量涌现，先后形成几十个大大小小的武学流派。德川幕府时期迎来了日本研究《孙子兵法》的高潮，形成了一个不小的"孙子热"。

水尾高僧元佶首开日本的"孙子学"。他撰写的《校定训点孙子》，自庆长至宽文年间多次刊行。

林罗山是日本儒学的重要奠基人，同时也是研究《孙子兵法》的权威。他深受德川家康信用，历任四代将军的侍讲并参与幕政。以后林罗山家族世世代代成为幕府的经典著作顾问，影响一直延续到明治维新时。林罗山认为文武之道不能偏废，"知礼而不知兵则懦，知兵而不知礼则愚"，所以国家高级官员必须研究军事。他撰有《孙子评判》《孙子谚解》《孙子训点》等著作，特别是1626年出版的《孙子谚解》，使他享有"日本注释《孙子兵法》第一人"的声誉。

山鹿素行是林罗山的高足，在日本武学史上享有崇高地位，被称为"军事艺术大师"。他撰有《孙子句读》《孙子谚义》《孙子要证》《孙子讲义备考》等著作，其中出版于1685年的《孙子谚义》，堪称日本注释《孙子兵法》的代表作。这本书着重从整体结构和宏观上抓住"十三篇"的精神实质，采用了一种首尾连贯、融会贯通的研究方法，以探求孙子军事思想的底蕴。山鹿素行在《自序》中说："自《始计》迄修功，未尝不先知，是所以序《用间》于篇末，三军所恃而动也。然《始计》《用间》二篇，为知己知彼、知地知天之纲领，军旅之事，件件不可外之矣。《作战》《谋攻》可通读；《形势》《虚实》一串也；《九变》《行军》一贯也；《地形》《九地》一意也；《火攻》附水攻也；《始计》《用间》在首尾。通篇自有率然之势，文章之奇，不求自有无穷之妙，谋者不可忽。"

山鹿素行也把儒家和兵家结合起来。假如说在林罗山时还只是把儒学作为武士意识形态的话，到了山鹿这里，"武士道"就成了日本的"国魂"。武士腰佩利刃，作为勇武的象征，同时还要遵守"忠君"等封建道德，以使他们更好地为统治者效命。

甲州流武学是日本武学影响力最大的流派之一，小幡景宪是其著名代表人物。小幡不仅是研究兵法的学者，而且精通武艺，在战场上打过仗，还身为间谍取得过重要情报。他后来开门讲授《孙子兵法》，有弟子2 000多人。

北条氏长是小幡景宪的学生，从13岁时起投身老师门下，"弱冠染志于兵经"，后来成为甲州流武学的杰出继承人，山鹿素行也是他的得意弟子。北条氏长于1646年撰成《士鉴用法》一书，对孙子思想尤其是用间理论的研究取得突出成就。后来，他又根据一个唐初抄本的《古本孙子》，加以注解，写成《孙子外传》一书。这个古本《孙子兵法》在中国国内早已失传，北条氏长的《孙子外传》

成书后也未能广泛流传，一直到20世纪40年代，才被著名学者佐藤坚司重新发现于日本宫城县立图书馆。

北条氏长校注《孙子兵法》，往往有自己的独到见解。如对《计篇》中的"道"字，他注意到其多义性，说："凡《孙子》篇中，'道'字义各不同，学者每逢一字，深索其义，则几得其要乎！"对《行军篇》中的相敌33法，他创立了"视、观、察"的解释法，说："近而静，视也；远而挑战，观也；所居易者，察也"（《孙子外传》）。后来北条氏长创立了自己的北条武学流派，佐藤坚司在《孙子之思想史的研究》中说："（日本）对于《孙子》的研究，自北条氏长以来才真正步入正轨。北条氏长在日本的《孙子》研究者中，占有特殊的地位。"

（3）《孙子兵法》与日俄战争

除以上最著名的数家，日本在以后不同的历史时期，都有大量研究《孙子兵法》的成果问世，产生了不少著名学者，形成了各具特色的武学流派。到第二次世界大战前，日本出版有关《孙子兵法》的专著就在100种以上。其中比较著名的有：新井白石的《孙武兵法择》、物茂卿（荻生徂徕）的《孙子国字解》、恩田仰岳的《孙子纂注》、德田邕兴的《孙子事活钞》、吉田松阴的《孙子评注》、伊藤凤山的《孙子详解》、小峰弘致的《孙子始末论》、筱崎司直的《孙子发微》、河田东岗的《孙子句解》、佐藤一斋的《孙子副诠》、平山行藏的《孙子折衷》、犬饲博的《孙子活说》、阿多俊介的《孙子之新研究》、佐佐木琴台的《孙子合契》等。

除了学者以外,日本军界对《孙子兵法》有更高的热情。陆军中将落合丰三郎写出了《孙子例解》;海军中将佐藤铁太郎为给天皇讲授《孙子兵法》,专门撰成了《孙子御进讲录》;空军少将大场弥平写了论著《孙子兵法》;樱井忠温少将有《孙子》一书;辎重兵岗本大尉也写了《古代东洋兵学·孙子解说》。

日本一些著名的古代兵书,即使从表面上看和孙子无关,如《甲阳军鉴》《信玄全集》《兵法记》《兵法秘传》等,考其源流,其理论精髓无不出自《孙子兵法》。日本陆军士官学校教官尾川敬二说:"孙子是东方兵学的鼻祖,武经的冠冕。东方各种兵法,说皆出自孙子,实是不错。"(《孙子论讲·自序》)还有人说:"《孙子》的传入,甚至对日本的历史和日本人的精神面貌都有很大影响。首先表现在武学方面,日本吸收改造孙子的思想观点以为自己的'武学观'的组成部分,或是直接借用孙子的概念而充实自己的具体内容。"(《读卖新闻》1974年4月16日)还有人把孙子和孔子并列,说:"孔夫子者,儒圣也;孙夫子者,兵圣也。……后世儒者不能外于孔夫子而他求,兵家不得背于孙夫子而别进矣。是以文武并立,而天地之道始全焉。可谓二圣人功,极大极盛矣!"(转引自吴如嵩《孙子兵法浅说》)佐藤坚司更说《孙子兵法》"居世界兵书之王位"。

日本是一个非常讲究现实的民族,他们如此推崇《孙子兵法》,如此舍得下气力来钻研探究《孙子兵法》,当然不是为了发思古之幽情,也不是出于凭吊古战场的好奇雅兴,而是要把这部"稀世珍宝"运用到现实的各种斗争中。

1868年日本开始"明治维新",从此走上资本主义道路,它把眼光和手臂延伸到列岛之外,并相应建设一支强大的陆海军。这时的一些精英人物如伊藤博文、山县有朋、东乡平八郎、乃木希典等在"从全世界寻求知识"的同时,依然认为《孙子兵法》是武士学习军事理论的第一部书,认为古代大师的学说仍可用于指导现代战争,而且他们本人都深谙孙子之道。

1904年,日俄战争爆发,身任日本联合舰队司令的东乡平八郎,随身携带的唯一典籍就是《孙子兵法》。他率领舰队主力于1905年2月开赴朝鲜半岛的镇海湾,积极练兵备战,准备按照孙子"以逸待劳,以饱待饥"的原则全歼俄国海军。

日本"孙子学"的一个特点就是重视对用间理论的研究,"知己知彼,百战不殆"是其情报机构的座右铭。为了准备对俄战争,早在1892年2月至1893年6月,日本驻德国武官福岛少佐就单骑从柏林出发，经俄国欧洲部分，越乌拉尔山脉，横穿西伯利亚，抵海参崴（今符拉迪沃斯托克）搭船返日，详细勘查搜集兵要地志、风土人情等各种情报。从1896年起，日本人就以柔道馆、旅店、杂货店、照相馆等商铺为掩护，把海参崴俄军全部炮台的位置都绘制下来，送交本国参谋本部。1903年日本妓女安藤芳来到哈尔滨，诱骗一俄国将军纳她为妾。安藤芳终于搞到一份载明俄军在东北地区驻军地点、防御工事和物资储备分布的详细军用地图，连夜逃往北京送给日本公使馆。

战争爆发后，日本方面除派间谍冈田增次郎潜入旅顺要塞，绘制俄军"海陆两正面炮台堡垒略图"和"海陆兵营位置图"外，还把海军谍报员森恪派往新加坡。

日本东乡平八郎这时面临的最大问题是：俄国波罗的海舰队离开欧洲已10个多月，肯定要先到海参崴基地休整，然后才能向日本进攻。但驶往海参崴有对马海峡、津轻海峡和宗谷海峡三条海路，它的航线和抵达日期必须搞清。森恪果然不负众望，他在新加坡获得俄国舰队的舰只数目和驶离时间，然后雇一条中国轮船一路尾随，直到确认其驶向对马海峡，才向日本海军发出急电。

结果在著名的对马海战中，经过3万公里颠簸的俄国海军舰破人乏，士气低落，战斗力损失近三分之一。在被迫进行的仓促应战中，他们被日本的东方无敌舰队打得惨败。对马海战结束了日俄战争,"一方远离基地作战,而另一方在本国狭窄海域作战。日本取胜的原因在于速度快,机动性强……同时,日本海军分散编队的组织形式也使其具有更大的灵活性。""日本人主要使用海军力量成功地迫使俄国停止向中国深入……日本就作为一个主要海军强国初露头角,白种人生来优越的观念受到致命打击。"(小戴维·佐克、罗宾·海厄姆《简明战争史》)

东乡平八郎在日本海军的用兵布阵中,贯彻了《孙子兵法》的军事原则。战争结束后,他用八个字来概括战胜俄军的道理,这就是"以逸待劳,以饱待饥"。陆军大将乃木希典为纪念日本的胜利,以私费出版山鹿素行的《孙子谚义》广赠朋友。日本情报官福岛在日俄战争胜利后说:"孙子倘若在世,一定会为我们的情报工作感到骄傲。他一定会说我们完全是按他的兵法行事的。但是我们知道,我们干得比他还要漂亮。我们是在为他的兵法写续篇。"(理查德·迪肯《日本情报机构秘史》)

(4)二战时期日军对《孙子兵法》的运用

20世纪30年代之后,中日战争爆发,接着日本又开始了在太平洋的冒险。战争中,日本更加重视对《孙子兵法》的研究。空军少将大场弥平的《孙子袖珍》、北村佳逸的《孙子解说》相继出版。阿多俊介的《孙子之新研究》虽成书于战前，但到1940年11月就再版了4次。这本书的特点是结合第一次世界大战的战史和克劳塞维茨的《战争论》来评述《孙子兵法》，对现代战争的主动性和快速性都作了意味深长的阐发。关于孙子的《用间篇》，作者从军事情报学的角度作了分析，认为谍报来之不易，但更难的是研读、综合和判断情报，这过程犹如"沙里淘金，自古之难事"。

战争开始后，日本进军中国华北及以后进攻马来半岛，都运用孙子的"兵之情主速"和"迂直之计"等作战原则，以快速推进配以大纵深包抄来取得战役突袭的成功。但在战略上，日本却又违背了孙子的"慎战"和"先知"思想，对中国的军事潜力估计不足。随着战线过长，它也就犯了孙子所说的"无所不备，则无所不寡"这种根本性的错误，掉进陷阱难以脱身。

日本在战争初期，通过参加《反共产国际协定》，运用孙子"伐交"之策，从而保证北方与苏联毗邻的侧翼安全，放心向南扩张。趁着英、法、荷等国陷于困境，日本积极展开军事、经济战略，从这些国家在东南亚的附属国掠夺稻米、橡胶、石油、煤炭、锡、锌等重要资源，并进而准备对美国的海上力量实施一场毁灭性打击。

日本联合舰队司令长官山本五十六大将决心袭击珍珠港，歼灭美国太平洋舰队。他亲自挑选一名海军情报官吉川猛夫前往檀香山，组织情报收集。这位28岁的日军少尉化名森村正，到了檀香山又身份多变：一会儿是外务书记员，一会儿是赤脚的菲律宾劳工，一会儿是衣着华丽的夜总会"香槟查理"，一会儿又是技术高超的摄影师。很快，大量军事情报被他掌握：珍珠港停泊的美舰类型和艘数，夏威夷航空基地的飞机机种和架数，这些地方的防空状况、警戒措施及机、舰巡逻情况等。吉川还根据精心计算积累的统计材料，认为"美国舰只在珍珠港停泊最多的时候是星期日"。于是日本将攻击时间定为1941年12月7日晨6时30分，这天正是星期日。

就在日本袭击开始前的12小时，吉川发出最后一封急电，报告了6日珍珠港停泊的各类型舰船数量及位置，并说美国"没有进行航空侦察的征兆"。

在美国方面毫无防范的情况下，日本"出其不意"偷袭珍珠港获得极大成功，成为现代战争史上战略突袭的典范之作。这一战，美国太平洋上最重要的海军基地遭到严重破坏，损失军舰18艘、飞机300架和官兵2 500名，而日军仅损失飞机29架，从而使美军在太平洋战争初期陷于非常不利的被动境地。

虽然日本在战术上不断取得突然袭击的效果，但它在全局上还是失算了。著名现代军事评论家小山内宏在谈到二战中日本的失败时说，当年发动战争，原以为"只要实行神风战术，就能取得胜利"，"结果日本失败了"。如果那时"认真学习一下这部《孙子兵法》，就决不贸然发动那一场战争"。

二战以后，日本人对孙子热情不减，佐藤健次、冈村公之、孤峰左右等人认为孙子的"不战而屈人之兵"可称之为核时代的"威慑战略"，给予很高评价。一大批颇有功力的"孙子学"专著相继出版，如佐藤坚司的《孙子的思想史研究》、上田宽的《孙子义疏》、山井湧的《孙子·吴子》等。服部千春先生在1974年出版《新编〈孙子兵法十三篇〉》后，曾专门呈送给毛泽东。（翟志海《〈孙子兵法〉在世界上的传播与影响》）1987年他又著成洋洋数十万言的《孙子兵法校解》，无论在版本校勘上，还是在通解军事理论上都别具特色，被称为"中日学术交流的精华"。

20世纪60年代日本已形成新的"孙子热"。据香港1962年10月30日的《世界新闻》报道："《孙子兵法》今年在日本大行其道。据悉日本各书店发行的《孙子》有关版本达20余种，每种销数都达数十万册。"正像核能可以被和平利用一样，精明的日本人已经开始大大拓展《孙子兵法》的应用领域，努力在市场营销和企业管理方面一展风采，为此形成了独树一帜的"兵法经营管理学派"。

2.《孙子兵法》在欧洲

日本多年来汉学兴盛,对于翻印和研究《孙子兵法》是一个得天独厚的有利条件。而对于西方欧洲人来说,除了地理的阻断和语言的隔膜之外,还有一层文化传统的差异。《孙子兵法》传入欧洲迄今不过250年多一点,在很长时期内,西方人对它理解不深,因之虽然尊重却缺乏热情,真正文化意义上的吸纳却不过是近几十年的事情。

(1)《孙子兵法》在法国

《孙子兵法》的西传以法国为最早。

路易十五时期(1715—1774年),政治家贝尔坦得知中国古代有非常杰出的军事著作,就请求约瑟夫·阿米奥神父把它们翻译成法文。1772年,巴黎出版了名为《中国军事艺术》的丛书,包含6部中国古兵书,《孙子十三篇》是其中的第2部。这是西方第一次翻译《孙子兵法》,该书扉页上写道:"中国兵法。公元前中国将领们撰写的古代战争论文集。凡欲成为军官者都必须接受以本书为主要内容的考试。"

《孙子兵法》在法国出现后,当时的《报刊精华》《文学年刊》《遗产记考》《百科全书杂志》等报刊都给予了热烈的好评。有人撰文写道:"如果统率法国军队的将领能读到像《孙子兵法》这样优秀的著作,那是法兰西王国之福。"

这本书很快就在军事领域产生了影响。有人说拿破仑对这本书推崇备至,常在戎马倥偬的战阵中手不释卷,挑灯夜读。这位叱咤风云的大人物在耶拿战役之夜寄往巴黎的信件中说:"我仅是用行军就打败了敌人。""从来没有以这样低的代价赢得的胜利。"拿破仑善于用急速集中兵力来确保军事优势,这些词句就仿佛"我们读孙子的'不战而屈人之兵,善之善者也'"(雷蒙多·鲁拉奇《孙子与西方军事思想》)。

也有人说拿破仑被放逐到圣赫勒拿岛上之后,才读到法文《孙子兵法》。他先是拍案叫绝,继而叹息道:"倘若我早日见到这部兵法,我是不会失败的。"

这个法译本是阿米奥神父根据《武经七书》的满文手抄本然后对照汉文版翻译的,由于社会需求的不断增加,1782年巴黎又有了第2版。尽管由于译文欠佳,多失原意,但它的广泛流传毕竟为西方人学习中国古代兵法创造了有利条件。而其他语种对《孙子兵法》的翻译都要比它晚得多。

(2)《孙子兵法》在俄国

1860年,俄国著名汉学家斯列兹涅夫斯基翻译了《孙子兵法》,书名是《中国将军孙子对部将的训示》,由当时的《军事汇编》第13卷刊行。1889年,俄国出版《亚洲地理、地形和统计材料汇编》(第39辑),其中有总参谋部上校普齐雅特的《古代中国统帅谈军事艺术》,对《孙子兵法》进行了详细介绍。1943年,二战中的苏联伏罗希洛夫学院军事学术史教研室又以英译本为蓝本,将《孙子兵法》转译为俄文出版。1950年,苏联科学院东方学研究所出版了汉学家H.N.孔拉德的专著《孙子兵法的翻译与研究》,在介绍《孙子兵法》内容的同时,也对它在军事历史科学中的地位给予高度评价。

1955年,苏联国防部军事出版社又以上海1936年印行的《诸子集成·十家注孙子》为蓝本,出版了E.N.西多连柯中校直接从中文翻译的俄文《孙子兵法》新版本,在苏联和东欧都产生了广泛影响,这本书有译者的前言,苏联著名军事理论家拉津少将的长篇绪论,十三篇译文,各篇还有注释,书末还附录有春秋时代战争概况和孙武简单传记。

拉津在绪论中指出:"在军事理论方面,人们奉为泰斗的通常是希腊的军事理论家,但实际上排在最前列的应当是古代中国。""中国古代军事理论家中最杰出的是孙子。"他还认为,人们对《孙子兵法》的兴趣历久而不衰,原因在于"孙子研究了进行武装斗争的基本原理,揭示了战争的矛盾性,阐述了进行战争的法则。而古代其他的军事理论家都没有给自己提出过上述任务"。拉津认为《孙子兵法》的哲学基础，达到了古代理论发展的极高水平。

拉津高度评价"孙子十三篇"在军事理论上的贡献，一共列出七个方面。他认为孙子率先提出了古希腊、罗马军事理论家与哲学家从未研究过的许多理论问题，"孙子的功绩在于：企图证明战争不是各种偶然性的凑合，而是有其客观基础""孙子是提出战争计划问题的第一人"。并且他认为，孙子的许多观点，包含有深刻的思想，至今仍有道理，都令人深感兴趣。

美国人詹姆斯·克拉维尔曾指出，《孙子兵法》译成俄文已有上百年，是苏联历届军政领导人的必读之作。

（3）《孙子兵法》在英国

在西方世界，对《孙子兵法》研究最深的是英国，影响最大的是英文译本。

1905年，正在日本学习语言的英国皇家野战炮兵上尉卡尔思罗普，首次把《孙子兵法》译成英文，书名为《孙子》，在东京出版。因为是由日文本转译，讹误较多，1908年在伦敦又出版修订本，但仍不能令人满意。1910年，英国著名的汉学家，不列颠博物馆东方书籍与手稿部主任助理L.贾尔斯在伦敦出版了他的新译本，由中文原版直接译成，书名为《孙子兵法——世界上最古老的军事著作》。由于贾尔斯的汉学造诣和研究功力，这本书注释详尽，而且富于韵律感；因此得以流传至今，经久不衰。1944年英国学者托马斯·菲利普斯所著《战略之根本》一书，收入了贾尔斯的英译《孙子兵法》全文。1949年美国宾夕法尼亚州军事出版公司又修订出版了贾尔斯的该译本，并由菲利普斯准将为之作序。

在第二次世界大战期间，又有三种英译本《孙子兵法》出版，一种出自E.M.考克斯，译者过于自作主张，不够忠实于原著；一种出自悉尼大学研究日本的知名教授A.L.萨德勒，因翻译仓促未精；一种出自华裔郑麐，英语水平太差。三种都未能令人满意，影响不大。

1963年，美国退休准将S.B.格里菲斯根据清朝学者孙星衍校勘的《孙子十家注》重新翻译，由英国牛津大学出版。格里菲斯早年从军，二战后曾在驻天津和青岛的美国海军陆战队中任要职，懂得中文。1960年他在牛津攻读军事理论，撰写的有关《孙子兵法》的博士学位论文成为后来英译本的"导论"。这本书的十三篇英译是在广征博引和对《孙子十家注》悉心研究基础上完成的，弥补了贾尔斯译本的许多不足。导论则在关于《孙子兵法》的作者、版本、成书背景、孙子的战争观等问题上提出了自己的看法。

特别能使本书增辉添色的，是由英国著名战略学家、《战略论》一书的作者利德尔·哈特专门为之作序。哈特说:"在导致人类自相残杀、灭绝人性的核武器研制成功后,就更需要重新而且更加完整地翻译《孙子》这本书了。""孙子在《兵法》中睿智的阐述,是至今所知道的最古老的论著。而这篇文章对于战争问题的理解,其完整和周密是无法超越的。其智慧集中表现在战争的指挥问题上,在以往所有的军事思想家中,唯有克劳塞维茨可以与之相比。尽管他比孙子更为'成熟',尽管他的著作写在两千多年之后,而孙子却具有更为精确的预见性,更为深刻的思想性和不朽的现实性。"

格里菲斯的英译本和利德尔·哈特的序文使《孙子兵法》在西方的影响倍增,该书已被列入联合国教科文组织汇编的《中国代表作丛书》,是近30年来权威的《孙子兵法》英译本,一直被西方知名人士和军事院校所援引、采用。

利德尔·哈特毕业于英国剑桥大学,曾参加过第一次世界大战,退役后从事军事理论的研究,曾出任英国陆军大臣的顾问,推行若干重大的军事改革措施。由于他写出了《真正的战争》《战略论》等著作,被西方公认为是当代战略学的先驱。他的军事理论受到《孙子兵法》很大影响。如在《战略论》的扉页上,他引用了前代著名军事家的语录21条,其中孙子语录即达15条之多,并置于其他语录之前。他曾提出著名的"间接路线"战略,高度评价孙子的"全胜"思想。他说:"最完美的战略,也就是那种不必经过严重战斗而能达到目的的战略——所谓不战而屈人之兵,善之善者也。"他还举出恺撒的伊莱尔达战役、克伦威尔的普雷斯顿战役、拿破仑的乌尔姆战役和德军1940年击溃欧洲大陆盟军等战例,来说明运用这种战略,可以迫使敌人自动投降并解除武装,很"经济地达到摧毁敌人"的战争目标。

为了达到战略目标,利德尔·哈特不排除"外科医生式"的军事会战手段,但他认为最好是采用"分散"敌人的最经济的方法:一是扰乱敌人的部署,迫使敌人突然"变更正面",使他们在兵力编组及分配方面出现混乱;二是分割敌军兵力;三是危及敌军补给;四是威胁敌军联络路线,使其与基地或本土失去联络。这种行动足可以在物质和心理两方面使敌人丧失战略平衡,而我方却可以保持最大的兵力对比。

所以,利德尔·哈特指出:在战略上最漫长的迂回道路,常常是达到目的的最短途径。所谓间接路线,即"抵抗力最小的路线",也是敌人心理上"期望值最小的路线",因之我们可以出敌意外,牵制和分散敌人,取得兵不血刃的胜利。从这里,我们不是在很大程度上看到了孙子"以计为首""以迂为直""安能动之""近而示之远""奇正相生""避实击虚""途有所不由""将军可夺心""并敌一向"等作战原则的影子吗?无怪乎他感叹说:"在《孙子兵法》

这部篇幅不长的书中，把我20多部著作中所涉及的战略和战术原则几乎包罗无遗了。"

1961年，英国陆军元帅蒙哥马利访问中国。这位二战中曾在北非击败了德国"沙漠之狐"隆美尔的英雄，战后的西欧联盟统帅，在退休后连续两年两次来到中国。这次他在武汉会见了毛泽东，交谈中对《孙子兵法》赞不绝口，提出要把它作为世界各个军事学院的教材。实际早在1943年英文版的《战略基础丛书》中，已经把《孙子兵法》列为首选的第一本军事著作。编者迈伊尔·托马斯·菲利浦说本书"具有千古不磨的价值"。

1983年，英国著名的亚洲家世小说家詹姆斯·克拉维尔在美国出版了一个《孙子兵法》新的英译本。这本书基本采用贾尔斯的原译文，仅删去一些烦琐的注文，增加一些通俗的注解和有趣的中国典故，同时还写了一篇热情洋溢的前言。

编者说，他第一次得知《孙子兵法》是在1977年，拜读之后就佩服得五体投地，从此爱不释手。他认为，中国人在2 500年以前阐述的真理，指明了在军事及其以外的其他领域内对付冲突与斗争的取胜之道，这真是一本非凡的著作。若是过去的军政首脑们都认真研究过这本天才的著作，两次世界大战会被避免——至少不会打得那样残酷，数以百万计的青年不至于在战火中无谓地丧生。他真诚希望西方"所有官兵、一切从事政治活动的人以及政府和大学里所有人"都来读《孙子兵法》。并且他不无幽默地说:"如果我是最高统帅,或被选为总统或当上总理……我要以法律的形式确定下来:所有的军官,特别是所有的将官,每年都要参加两次《孙子》十三篇的考试,一次口试,一次笔试,及格分数是95分。考试不及格的将官立即自动罢免,并不准上诉;其他军衔的军官则自动降级。"

这个可称为第七个英译本的《孙子兵法》,由美国国会出版物数据编目图书馆出版,它对在英语世界普及东方兵学产生了重要影响。

(4)《孙子兵法》在德国

还有值得一提的是德文本。

1910年,布鲁诺·纳瓦拉的德译本《孙子兵法》在柏林首次出版,书名是《兵书——中国古典军事论文集》。译者称将该书献给当时的德军参谋长冯·莫尔特克将军。他在序言中说:"好几代以来,日本的士兵按照孙子及吴子的思想投入战斗。这本书也必将为欧洲的作者及其科学著述提供参考。"

在西方各主要语种中,《孙子兵法》德译本出现较晚,而且这本书可能印行量不大。发动了第一次世界大战的德国皇帝威廉二世因失败被废黜后,流亡伦敦,这时他才第一次读到《孙子兵法》。当他读完《火攻篇》的最后一段："主不可以怒而兴师,将不可以愠而致战。合于利而动,不合于利而止。怒可以复喜,愠可以复悦,亡国不可以复存,死者不可以复生。故明君慎之,良将警之,此安国全军之道也。"这段话不禁使这位亡国之君触景生情,黯然神伤,他长叹一声说:"我如果早20年读《孙子兵法》,就不至于饱尝亡国的惨痛了!"

后来,美国军事评论家拉姆曾在《蒙古战法之研究》一文中,批判一战中德国军队的战略战术。他认为他们进攻法国的凡尔登要塞,由于只有正面进攻,没有侧翼迂回,所以在损失了28万多人之后,仍遭失败。他说:"福根汉及皇太子的战术运用,显然违背了两千年以前的《孙子兵法·势篇》所示:'凡战者,以正合,以奇胜',故有此失。"

其实,德国人对《孙子兵法》的冷淡漠视不是偶然的,而是有深刻的历史原因。这里除了高傲的日耳曼民族优越感之外,他们还信奉自己的兵神——克劳塞维茨,其军事理论曾是他们手中的不二法宝,始终奉之为战场圭臬。有此足矣,无须他求。

任何一个国家,在研究军事战略问题时,都有自己的环境条件、历史土壤和文化传统来作为背景。西方人强调战略需要的物质和技术,而不首先是心理因素;强调暴力横压的直接路线,而不是运用谋略的间接路线,这一点由来已久。

"登山千条路，同仰一月高。"同是追求克敌制胜，东西方往往有不同侧重的方法选择。

中国古代兵学在发展成熟的过程中，曾受到《易经》哲理的深刻影响。《易经》以阴阳八卦为逻辑起点，推论世事，以柔克刚，微妙玄机，隐藏韬略。《孙子兵法》中使用一种舍事言理的、整体把握的思辨方法，浑然抽象的结构方式，提出并不需要精确分类的虚实、奇正、动静、形势、分合等对应关系，大谈"能而示之不能""近而示之远""避实击虚"等权诈谋略，都反映出以《易》演兵的思维轨迹。

后来，中国兵学又受到儒家思想的冲击。儒家重官仕而轻技艺，重社会伦理而贬低自然科学。史书上满是"五百年必有王者兴"（《孟子·公孙丑下》），机械发明不但被讥笑为雕虫小技，而且被视为有不道德的"机心"，必欲扼杀之而后快。结果，中国人最早发明了火药，而冷兵器的军事装备却延续了几千年没有本质变化；中国人发明了指南针，却抵挡不住远航而来的泰西坚船。

既然军事的物质方面发展缓慢，既然统帅们看不到靠改进武器来克敌制胜的曙光，"重权谋"就成了英雄打天下的唯一出路。在《孙子兵法》中，其谋略理论还是以"数"和"形"的双轨制作为基础，"数"就是象征兵力、装备和各种军事要素的定量分析,"形"则是对力量进行"示假隐真"的空间组合排列形式,孙子对"以镒称铢"的力量优势也很重视。但到了后来,数学计算和定量分析几被抛弃,东方谋略主要沿着"形"的单轨前进,宏观把握、示形用诈、诡道为先就成为其鲜明特点。

西方人从希腊时代开始,在哲学思想上就建立一种结构分析型的概念体系,十分重视概念的精确分类和严密的逻辑推论。比如中医看病,注意整体上的望闻问切,辨证施治;西医则先要找具体病灶,要有各种检测数据,在微观上求精确细密。这就好像是东西方思维方式的差别。另外,西方历来重视对自然奥秘的探求,他们有阿基米德定律,有亚里士多德的形式逻辑。中世纪之后,欧洲更是几乎200年出一个科学天才,哥白尼、牛顿、法拉第一个个有如泉涌。随着18世纪以后数学、力学的迅速发展,西方军事学中形成一个"计算派"。英国人劳埃德认为,只要熟悉地形,就可以像演算几何题一样计算出一切军事行动。当然他们也遭到"原理派"的非难,因为精神士气等方面的质因素无法用数学计算来表示。但是随着战争进入机械化阶段,一种新的学科"军事运筹学"发展起来,其任务正是量化和排列战争过程。

东西方似乎走着不太相同的兵学之路,西方人重视作战能力,重装备和技术,很少考虑对方的意图,也很少强调示形用诈等权谋诡道。有人比喻说，欧美人喜欢打橄榄球，东方人善于下围棋，前者重在力量技术，后者重在谋划全局，运筹布子。

由于科学技术是社会中最活跃的因素，新的军事技术不断推动西方军事理论进行阶段性的跳跃发展。拿破仑、若米尼、克劳塞维茨、毛奇、马汉、戈尔茨、杜黑、富勒……一大串令人目不暇接的名字，后面的扬弃前面的，每个人都标新立异，独树一帜。而在东方的几千年中，由于技术因素不能推动理论拓展，后人只能在前人"重权谋"的框架内陈陈相因。所以唐太宗李世民一言以蔽之："朕观兵书千章万句，不出手'多方以误之'。"

（5）克劳塞维茨和《战争论》

欧洲的 19 世纪是一个民族主义时期，德国人以全国性造反的形式反对拿破仑，德国古典哲学以唯理论的旗帜反对唯意志论和直觉论，而克劳塞维茨则用军事理论向拿破仑机动奇袭的战略战术发起冲击。

克劳塞维茨，早年从军，后进入柏林军官学校学习。1818 年他晋升为陆军少将，任柏林军官学校校长，致力于军事理论和战争史的研究，他的名作《战争论》出版于他去世以后。《战争论》和《孙子兵法》一样，也是军事理论的经典之作，具有划时代的意义。克劳塞维茨提出了明晰确切的战争、战略、战术、战斗、战区、战局等概念体系,不仅为西方,也为今天的全世界所普遍接受。《战争论》使克劳塞维茨在西方兵学界确立了无可怀疑的权威地位。

克劳塞维茨的《战争论》揭示了伟大的真理,但真理和谬误之间也仅有半步之遥。

"战争是政治通过另一种手段的继续。""战略是为了达到战争目的而对战斗的运用。""暴力是手段,把自己的意志强加于敌人是目的。"这是一些多么天才的论述呀!那么能不能颠倒过来,让政治成为"战争在另一种形式下的继续",即通过政治、经济、外交等手段来达到暴力所要达到的同样目的呢?孙子已经在"上兵伐谋,其次伐交,其次伐兵,其下攻城"(《孙子兵法·谋攻篇》)的排比中指出了可能的多种途径和选择。

但重理念和尚绝对的克劳塞维茨断然说:"不!"他表现出一种对"暴力"的浪漫主义的执着。他说,战争中"暴力的使用是没有限度的。因此,交战的每一方都使对方不得不像自己那样使用暴力,这就产生一种相互作用,从概念上讲,这种相互作用必然会导致极端"。

他又说:"有些仁慈的人可能很容易认为,一定会有一种巧妙的方法,不必造成太大的伤亡就能解除敌人的武装或者打垮敌人。""这种看法不管多么美妙,却是一种必须消除的错误思想。"按照他的总体战争理论,把"适度原理"和"节制因素"引进战争,不但是愚蠢的,而且会导致"手段与目标的脱节"。尽管他不排斥智慧在战争中与暴力同时发挥作用,但不顾一切、不惜流血、最大限度地使用力量对战争来说仍然是首要的。

克劳塞维茨这种暴力型的战争观,有其历史的合理性。它是在西方商业社会那种讲实用、偏重于"问题的解决"的思维方式基础上形成的,所遇现实又是殖民拓展中面对一些发展落后的弱小民族,用暴力征服就能节节胜利,所以他们更相信使用武力的直接路线,不屑于更多玩弄和运用计谋。

持这种观点的不仅是克劳塞维茨一人。与他同时代的瑞士战略家若米尼,同样把武器和火力的运用看作"取胜的唯一因素",同样更相信使用武力的直接路线。

但是,这种"赤裸裸地使用直接的和破坏性暴力"的军事理论很快受到有识之士的批判。1898年,《战争论》的法文译本在巴黎出版,译者让·德·布洛克说:"无限度地使用暴力和消灭战略,会使冲突长时间地持续下去,从而使交战双方自我毁灭。"现代军事理论家富勒在1961年出版的《战争指导》一书中批评克劳塞维茨说:"这些人永远不理解战争的真正目的。克氏的全部著作都坚持消灭敌人是战争的目的,与之相对立的是2 000多年前孙子的观点:战争的目的是胜利,消灭敌人只是一种可能性，而非最佳选择。"英国战略思想家利德尔·哈特也在悉心钻研《孙子兵法》的基础上，否定克劳塞维茨的暴力战略，认为"真正的目的与其说是寻求战斗，不如说是寻求一种有利的战略形势，这种战略形势是如此有利，以至于即便它本身不能收到决定性的效果"。他还说："如果克劳塞维茨在欧洲的影响能与孙子对战争艺术的看法刚柔相济，那我们的文明在本世纪的两次大战中便可能免受不少摧残破坏。"

不幸的是，德国总参谋部热衷于修改和曲解克劳塞维茨的理论，希特勒更是将"全面战争"理论发展到顶点，使之变形和堕落成为恶魔和怪兽。终于，两次世界大战使德国遭遇灾难性的大失败，也使这种走向极端的暴力理论濒于破产。

第二次世界大战是从局部战争得不到制止而全面爆发的，而战后虽有多次局部战争，却未引起新的世界大战。这里面除了毁灭性核武器出现这个客观因素外，也在于人们开始重新认识《孙子兵法》，提出了"回到孙子"的响亮口号。

3. "孙子的核战略"

（1）核时代的到来

人类总是优先把最新的科学成果和生产技术应用于战争。

1939年初，德国化学家哈恩和斯特拉斯曼发表了关于铀原子核裂变的论文。同年9月，这一观点又被丹麦物理学家玻尔和惠勒从理论上加以证明和阐述。但是，一般人并没有马上意识到这种进展可能给人类社会带来的巨大影响。还是德国大科学家爱因斯坦亲自写信给美国总统罗斯福，促成美国政府动用数万人，投资20多亿美元来研制一种新型的武器。终于在1945年7月16日，第二次世界大战已临近尾声之时，美国新墨西哥州的阿拉莫戈多腾起了一片蘑菇烟云，人类历史上第一颗原子弹试爆成功。

当时负责原子弹研制的科学家奥本海默站在观察站里，面对这个超常规的巨大爆炸，胆战心惊。他不由想起古印度圣诗《罗摩衍那》中的描述："漫天奇光异彩，有如圣灵逞威，只有一千个太阳，才能与其争辉。"

半个月以后，为了迫使日本早日投降，美国在广岛和长崎分别投下两颗代号为"小男孩"和"胖子"的原子弹，瞬间造成20多万人的死伤。

一个新的核时代到来了。

当斯大林在波茨坦会议期间得知美国已拥有一种"新

型炸弹"后,马上命令本国科学家加快业已开始的核武器研制工作。1949年8月29日,在库尔恰托夫的组织领导下,苏联第一颗原子弹试验成功。

美苏开始了核武器竞赛。1961年苏联试验了一个威力达5 800万吨的热核装置(美国投向日本的原子弹仅为1.25万和2万吨),这是迄今为止最大威力的一次核爆炸。到20世纪80年代末,全世界总共约有5万枚核弹头(美国2.6万枚),爆炸总当量达到130亿—160亿吨。

1983年10月,美国科学家理查德·特科和布赖思·图恩在"核战争以后的世界"学术讨论会上提出"核冬天"理论。他们认为,哪怕是只使用50亿吨当量核弹的战争,也将由于森林和城市大火而产生大约2.25亿吨的烟尘,烟尘可遮挡照射整个北半球地面阳光的90%,地面温度将下降30℃,而且黑暗将持续多达数月。苏联科学家弗拉基米尔·亚历山德罗夫通过数学模拟研究,也证明一场全面核战争将带来全球气候变化,可能导致人类失去生存的机会。

古希腊神话中,人们用一根细马鬃系一把利剑,悬在叙拉古国君的头上,说他的亲信达摩克利斯就像这把剑,随时可能使他大祸临头。现在核武器也成了悬在全球人类头上的一柄"达摩克利斯之剑"。

核武器开始改变人们的战争观。

（2）西方核战略的演变

1946年，透过冲天的蘑菇烟云，美国学者伯纳德·布罗迪在《绝对武器》一书中说："迄今为止，我们的军事机构的主要目的都是打赢战争。而核武器出现以后，它的主要目的必须是避免战争。它几乎不可能有任何其他有益的目的了，因为核武器实际上是一种无法防御的'绝对武器'。"

著名华人专栏作家梁厚甫也说："战争是毁灭敌人，保全自己。核子战争有两败俱伤的特质，故不能视为战争。"

战争理论的发展落后于战争技术的发展，这也是一种规律。在西方领导人眼中，现代战争仍将是全面战争，"目前我们，而且只有我们，掌握着原子弹，我们可以把我们的政策强加于全世界"。因此美国总统杜鲁门利用核垄断，对主要对手苏联实行核讹诈，推行遏制战略。

随着苏联对美国核垄断的打破，这种情况在朝鲜战争中稍有改变。以麦克阿瑟为代表的军方主张，美国应该全力以赴打一场全面战争，使用包括核武器在内的各种力量，不惜冒引发第三次世界大战的危险。但杜鲁门和马歇尔却决定，美国的目标是恢复战前状况，战争范围不超出朝鲜半岛，不使用核武器。他们把这场有所克制的战争称之为有限战争。

艾森豪威尔上台后，依仗着美国的核优势，制定了"大规模报复战略"。声称美国"主要依靠一种巨大力量在我们自己选择的地点，用我们自己选择的手段迅速进行报复"，主张用闪电式的核战争代替"旷日持久的常规战争"。为此美国组建了专门使用核武器的部队，归属于"战略空军司令部"。

苏联赫鲁晓夫则针锋相对，宣布实行"火箭核武器威慑战略"。特别是在1957年苏联先于美国研制成功洲际弹道导弹，发射了世界上第一颗人造地球卫星，标志着他们可以把核弹头射向美国本土。因此赫鲁晓夫口吐狂言，"苏联能够用一次火箭核突击把美国的任何目标、一切工业和行政中心从地球上消灭掉""美国社会在战争的第一天就不再存在"。总之，他们认为未来战争的特点就是大规模使用核武器。

美苏两家都以核武器进行战略对抗，都声称要摧毁对方，置对方于死地。但是在双方接近于核均势之后，核突击的目标局限于城市、港口和工业基地，相比之下，美国的损失要比苏联大得多。于是美国的"大规模报复战略"已失去意义，不久它就被"相互确保摧毁战略"所代替。

美国在20世纪60年代的这种核战略提出要把消灭苏联人口的25%，工业能力的50%作为核力量建设的标准，投入巨额资金和大批一流的科学家，来着重提高核武器的准确性和生存能力,以具备并增强第二次核打击的性能。这仍然是从核军备竞赛中谋求优势的战略理论,充满了火药味。并且随着苏联在核武器研制方面的后来居上,形成一种同美国难分伯仲的核恐怖平衡,不能不动摇美国"相互确保摧毁战略"的根基。

美国的核武器越发展,自身的安全感越少,战后的每一届政府都苦心焦虑,为摆脱"核困境"而在战略上寻求出路。就是在这种背景下,西方的一些明智之士开始另辟蹊径,从东方古老的《孙子兵法》中搜求答案。

(3)"孙子的核战略"

还是那位著名的英国战略理论家利德尔·哈特,在为格里菲斯的英译本《孙子兵法》所作序言中,引人注目地提出:"在导致人类自相残杀、灭绝人性的核武器研制成功后,就更需要重新而且更加完整地翻译《孙子》这本书了。"他率先倡议,将孙子"不战而屈人之兵"的光辉思想运用到现代核战略中来,说:"最完美的战略,也就是那种不必经过严重战斗而能达到目的的战略——所谓不战而屈人之兵,善之善者也。"他认为,只有《孙子兵法》才能挽救美国战略体系的"崩溃性危机",说孙子的兵法"使我认识到深邃的军事思想是不朽的"。

利德尔·哈特倡导建立"孙子的核战略",在西方引起空谷传音般的反响。美国国防大学战略研究所所长,著名的现代战略理论家约翰·柯林斯将军写了一本《大战略:原则与实践》,他在序言中说:"孙子是古代第一个形成战略思想的伟大人物……今天没有一个人对战略的相互关系、应考虑的问题和所受到的限制,比他有更深刻的认识。他的大部分观点在我们当前的环境中仍然具有和当时同样重大的意义。"他提出一个"大战略"概念,除军事因素外,还"包括威胁、谈判、经济、诈骗和心理战等内容"。他自己认为,这个概念不完全是个新观点,因为"孙子早已认识到不战而屈人之兵,善之善者也"。

为了证明自己的观点,柯林斯还举出历史上的例子。他说:"第一次世界大战的双方,是皆无现实目标的盲目作战,不久就使之沦为一场毫无意义的、僵持不下的、消耗了大量人力物力的浩劫。""历史上再没有任何战争能像这次大战那样清楚地说明战略思想典型地落后于技术了。"他在20世纪70年代初就批评美国政府"忽视了孙子'上兵伐谋'的英明忠告,愚蠢地投入越南战争"。

英国空军元帅斯莱瑟写了《中国的军事箴言》一文,说孙子"不但知道怎样作战,还能以明确的表达方式和简练的语言告诉别人怎样作战"。他特别强调《孙子兵法》的"时新"性,如果"把一些词句稍加变换,其中的箴言就像是昨天刚写出来的一样"。他推崇《孙子兵法》,主张所有的军事院校都应把它列为必读著作，并预言中国将不可避免成为一个军事大国，因为"它有着巨大的人力资源，并且有着从2 000年前的杰出军事思想家孙子起直到现在的长期军事传统"。

但是，真正从理论上对"孙子的核战略"加以建树的，还是美国人福斯特和日本人三好修。

R.B.福斯特，美国加州大学建筑工学学士，该校研究院哲学博士。他在1953年创办美国著名"脑库"斯坦福研究所战略研究中心，还兼任美国国防大学、陆军大学、空军大学讲师，曾长期为国防部部长麦克纳马拉设计对苏战略，有"参谋长联席会议的智囊""美国第一流战略理论家"之称。三好修毕业于日本京都大学，曾任《朝日新闻》驻中国记者、驻巴黎分社社长，为日本国际问题专家，后出任"日美欧三边委员会"成员和日本安全保障研究中心主任。

20世纪70年代中期，受《孙子兵法》启发，美国朝野都认为"相互确保摧毁战略"已濒临破产，是一种失败的战略。于是福斯特和三好修签订了为期三年的研究合同，即美、日合作，运用《孙子兵法》，研究西方对苏新战略。结果在1978年底，福斯特向美国国务院、国防部提出一项研究报告，这篇报告"从战争哲理深度分析了问题"，其核心思想取自《孙子兵法·谋攻篇》。

1980年，三好修著成《苏联帝国主义的世界战略》一书，它详细阐述了该研究报告的具体内容。这本书专辟"孙子的核战略"一章，一开头就引用了孙子"不战而屈人之兵，善之善者也。故上兵伐谋，其次伐交，其次伐兵，其下攻城"和"必以全争于天下"。这两句话都出自孙子《谋攻篇》。三好修强调指出："福斯特（比利德尔·哈特）则更进了一步，使孙子的军事思想在他的核战略中占有了重要的地位。"

福斯特和三好修运用《孙子兵法》来构建自己的核战略理论，主要体现在三个方面：

一是从"上兵伐谋"的意义上运用孙子思想。福斯特认为，决定核战争甚至局部核战争以及外交斗争胜负的，不是武器和技术，而是战略的正确与否。他主张把"相互确保摧毁"改变为"确保生存和安全"的战略，"公开表明什么是关系到我们生死存亡的国家利益，什么是我们对盟国承担的义务……那么今后还是有可能同苏联恢复谈判的。在这种情况下，遏制战争的基本条件是，让敌人对战争的结局更加失去信心，使苏联意识到，城市虽可免遭摧毁，但军事上却要冒失败的危险，而不是像圣经的《启示录》那样，描绘一幅'世界毁灭'的可怕前景"。

二是从"伐兵"与"攻城"的优劣上运用孙子的思想。三好修说，美国的"相互确保摧毁"战略把打击城市放在首位,而苏联全部大城市的人口仅占全国总人口数的8.5%,即使全部伤亡,只要它还具有军事能力,仍然会给美国以致命反击。在孙子看来,这是一种最低劣、万不得已才可采取的战略。与此相反,苏联采取"伐兵"即打击军事力量的战略,明显比美国优越。所以美国的旧战略应该克服缺陷,向新战略演变。

三是从"不战而胜"的意义上运用孙子的思想。孙子的"不战而屈人之兵",是从大战略的角度着眼,主张通过"伐谋""伐交"等手段,在实力威慑的基础上,不通过兵戎相见而达到胜敌的目的。福斯特和三好修同样主张,西方应从"纯暴力"的桎梏中解脱出来,超越军事领域,把同苏联的对抗手段扩展到政治、经济、外交、文化等领域,争取不战而胜。三好修就说:"孙子的上述军事观点非常深奥,触及了核战争的实质,具有现实意义。核战争会给人类造成巨大的灾难,理应尽力避免,眼下最理想的战略还是孙子提出的观点,'不战而克敌',不付代价取天下。"

一石激起千层浪。福斯特和三好修的新战略理论出现后,更加引起美国政治家和军界首脑对《孙子兵法》的重视,纷纷把理论研究的兴趣投向积满灰尘的古代兵书。

(4)美国军政界的"孙子热"

美国前总统尼克松在1980年撰成的《真正的战争》

一书中,不止一次援引孙子"上兵伐谋,其次伐交,其次伐兵,其下攻城。攻城之法,为不得已"(《孙子兵法·谋攻篇》)等原话,批评美国的"相互确保摧毁"理论。他指出:第一,对苏联无抑制作用;第二,威慑一旦失效,美国别无其他合理选择;第三,该理论把蓄意屠杀平民当作正当的目标,在道义上是荒谬绝伦的。这种理论指导下的战略,恰恰是孙子所说的"伐兵"和"攻城"下策。1988年,尼克松又出版了《1999:不战而胜》这本书。他以孙子的谋略原则作为全书总纲,十分推崇"凡战者,以正合,以奇胜"(《孙子兵法·势篇》)这句话。尼克松指出,当今美国务必首先"以正合",即以自己的军事力量和西方联盟的联合力量,来对付苏联的军事力量,以防止自己失败和遏制苏联的推进。第二步"以奇胜",采用许多方面更复杂、更微妙和紧迫的措施,以达到"不战而胜"的目的。在这方面,尼克松十分强调精神因素的重要,认为信仰、理想、价值观所塑造的民族形象,"比人均国民生产总值这个统计数字更重要"。因为"最终对历史起决定作用的是思想,而不是武器"。

尼克松的《1999:不战而胜》对美国战略理论的演变起了重要的导向作用,它通过对《孙子兵法》观点的阐发,为美国20世纪80年代奉行"孙子的核战略"作了理论准备,这本书也成为一代名作。

美国前国家安全事务助理布热津斯基于1986年写下力作《运筹帷幄》。他认为,随着核时代的到来,军事胜负的传统概念已经过时,美苏竞争作为一个漫长的历史过程,很可能使双方不采取兵戎相见的方式。美国应当以孙子"上兵伐谋""不战而屈人之兵"的思想作为战略方针,利用苏联的弱点,同苏联展开一场长期的、省力气而效益高的角逐,以最终挫败对手。布热津斯基在这本书的中译本序言中援引孙子的话:"诸侯之地三属,先至而得天下之众者,为衢地。"(《孙子兵法·九地篇》)他在这本书中,从地缘战略学的角度发挥孙子这一概念,详细分析美苏竞争的三个主要战略战线——欧洲、远东和西南亚,并指出各战线的"要害国家",主张实施外交谋略,以"合交"和"固其结"。因为孙子早已指出,对处于要冲的衢地,"得之则安,失之则危"。

战后美国理论界逐渐升温的"孙子热",也不断促使其历届政府由全方位"暴力型"的核政策一点一点向"不战"轨道迁移。

肯尼迪、约翰逊的"灵活反应战略",以核力量和常规力量并用,来对付不同程度的威胁,改变了以前把核武器作为主要威慑力量的"大规模报复战略"。

尼克松、福特、卡特的"现实威慑战略",放弃了核力量的"优势论",代之以"均势论",宣布推行"有限的"

或"有选择的"核突击方案。美国总统卡特还在1980年8月签署《总统第59号行政命令》，将打击对方的军事目标放在首位，而不再是原来的人口众多的城市。这不但与福斯特的"孙子的核战略"更加接近，而且也标志着美国的核战略从"纯暴力"中解放出来，开始进入"不战"轨道。

1981年秋天，以美国空军中将丹·奥·格雷哈姆为首的几十名战略家、科学家向里根总统提出了一个名叫"高边疆"的战略计划，不久报告被采纳。1983年3月23日，美国总统里根发表电视讲话，正式放弃近20多年来的"相互确保摧毁战略"，而实行"战略防御计划"（"星球大战计划"）。

这是美国核战略的一次大转变。里根认为："有必要摆脱我们的安全完全依靠进攻性报复来保障的局面"，而"执行一项用防御性措施对付令人生畏的苏联导弹威胁的计划"，从而使"相互确保摧毁"变成"确保生存"（确保不被摧毁）。也就是实施建立空间弹道导弹防御系统，让空间武器成为战略武器的重要组成部分，"降低核力量的水平"。

美国政府的"星球大战计划"从根本上改变了传统上主要以核打击为特色、以破坏人类文明为赌注的战略观，实质是发展攻守兼备的多层次的战略系统，在"相互确保生存"的前提下，以便起到"不战而胜"的威慑作用。这项战略建立在高科技基础上，发展远程动能的空间武器，可以超越地球，在外层空间攻击和摧毁洲际导弹，时间要跨越到21世纪，因此被称为"21世纪兵法"。这项战略体现了孙子"不战"的全胜思想，因此又被称作"孙子的核战略"。

布什总统进一步运用孙子的"不战"观点，对苏联推行"超越遏制战略"。也就是超越军事领域，把竞争和进攻深入到政治、经济、外交、文化、意识形态、宗教信仰、社会制度等各个层面。结果从外部推动了原苏联的解体，成效显著，基本实现了原定"不战而胜"的战略目标。

孙子的战略观之所以能与现代核战争合上节拍，被罩上一圈耀眼的光环，就因为它的灵魂是"威慑"。

"不战而屈人之兵"，其中"不战"只是体现表象的手段，"屈人之兵"是目的，中间还有一座连接的桥梁，这就是以强大综合国力为基础的"威慑"。孙子反复说："先为不可胜，以待敌之可胜。(《孙子兵法·形篇》)"没有实力的空口大话是唬不住人的，而且"胜兵者以镒称铢"，首先自己的力量要有绝对优势。一旦使用，"若决积水于千仞之溪""如转圆石于千仞之山"，以此向敌人显示自己力量的不可抗拒性。

有实力还要显示出敢于使用力量的决心，"使人备己""为敌之司命"，一旦转变为行动，就会给对方带来无法承受的后果。这样的威慑才具有真实可信性,才能"不战而屈人之兵"。所以切切实实地充分做好打仗的准备,才能换来最佳的威慑效果。

古老的《孙子兵法》,是在"丘牛大车"的后勤条件下提出的战略观,却能和现代条件下的战争完美结合,以其聪慧的东方哲理而久盛不衰。人类文明就其蕴涵而言,既有时代烙下的个性和特殊性,也会有超越时空的共性和一般性。而且离开它的原生态愈久愈远,就愈需要从更高层次上去把握。现代核、光、电、声之类的高科技武器,尽管能量增加,毁伤力巨大,时空展延,不过增加了威慑的不可抗拒性和可信性,并未能改变战争的基本规律和普遍法则。从某种角度讲,人们也许到 2 500 年后的今天,才开始领悟孙子战略观的奥妙所在,即把原来丢弃的矿石重新捡回来,开发人类智慧的"铀原子",使其大放异彩。

但愿《孙子兵法》能引导人类,用和平竞争来彻底消除战争这柄"达摩克利斯之剑"。

4.《孙子兵法》和海湾战争

(1) 二战后的局部战争

第二次世界大战已经过去了近 80 年,新的全球大战没有出现,核武器的蘑菇云也没有在战场上再度升腾,这是人类之幸。但是地球也没有因之而变成上帝的伊甸园，民族、国家之间绝非歌舞升平，化剑为犁。各种规模不等的局部战争连绵不断，差不多是烽烟四起，无日不战。

战争的原因微妙而复杂，各种政治的、民族的、信仰的、意识形态的因素交织在一起。贯穿其中的一条主导红线却是大国霸主为了维持自己的全球利益和影响，但又不愿冒直接进行核大战的风险，转而依靠各种力量的相互制约而进行"代理人战争"。

二战以后，全球大约发生了200多次各类局部战争，涉及100多个国家和地区。到20世纪80年代末，死亡人数达2 100万人，为一战的2倍，接近二战的一半，而消耗弹药总量，则远远超过两次大战的总和。战争浪费了大量的社会资财。美国进行的越南战争，拖了11年，耗资9 250亿美元，死亡5.8万人，最终也没有用武力解决问题，被迫撤军了事。

就在美国深陷越南战争泥潭，国内"越战综合征"蔓延之时，西方的一些有识之士开始重视《孙子兵法》，提出要用孙子的思想来总结美国在局部战争中的"教训"。

（2）用《孙子兵法》研究反游击战略

这里应该谈一下美国海军准将塞缪尔·布莱尔·格里菲斯1963年翻译出版《孙子兵法》的时代背景。

格里菲斯毕业于美国阿诺德海军学院，1931年至1933年服役于海军陆战队，曾在尼加拉瓜有过反游击战的经历。随后三年曾到中国北平（今北京）学习汉语，也使他从亚洲角度拓宽了反游击战常识。他返回美国后仍在海军中担任军官和教官，1945年又以海军陆战队联络官的身份来到中国，1947年返回美国，1956年以准将军衔退役。

还是在中国服役期间，他获得一本名叫《游击战》的中文小册子，据说是毛泽东所写，他就把它翻译成英文，由普雷格公司以《毛泽东论游击战》的书名出版。格里菲斯认为，毛泽东的战略深受孙子的影响，他希望美国武装部队通过研究20世纪游击战的鼻祖毛泽东的战略，以制定一个对付游击战的正确方针。但这种想法在20世纪50年代没有被美国军政当局重视。

退役以后，格里菲斯仍然深信，从历史上研究游击战，追本溯源，才可以获得战胜游击战的真知灼见。如果能弄懂孙子的战略，那就可以建立一个游击战"模型"，才可能制定出明确一致的反游击战方针，进而解决西方在战后所面临的种种难题。正是在这种背景下，格里菲斯入英国牛津大学主修"中国战争"的博士课程，并着手重新翻译《孙子兵法》。

这时美国面临着"中国问题"。越南人使美国陷入困境，而他们手中的武器，正是毛泽东的游击战思想。格里菲斯不遗余力地向那些制定美国战略政策的人阐述《孙子兵法》的重要意义，他在《孙子，第一位军事哲学家》文章中说："(《孙子兵法》)是毛泽东战略理论和中国军队战术理论的源泉。通过蒙古-鞑靼人，孙子的思想传播到了俄国，并成为她的东方遗产的重要组成部分。因此，那些想进一步了解当今这两个国家大战略的人，需要阅读《孙子兵法》。"

1962年5月，格里菲斯在海军军事学院作了题为"亚洲共产党革命游击战"的演讲。他说："我们今天所谈的战争正是肯尼迪先生所说的'叛乱分子的战争'，赫鲁晓夫先生所说的'民族解放战争'和毛泽东先生所说的'革命游击战争'。这种样式的战争是从广泛的多种多样的源泉中汲取力量的。恩格斯、列宁、斯大林、托洛茨基、克劳塞维茨的观点有助于理解这种游击战略。但是，有一个战略家其重要性超过上述任何人，那就是孙子。"他认为，《孙子兵法》是毛泽东军事思想的基础，而毛泽东军事思想则是"游击战略"的基础。

当美国正为越南战争苦恼不已时，《海军陆战队杂志》于1962年发行了一期以《游击战和对付它的方法》为题的专刊，旨在"突出迄今被核乌云所掩盖的游击战威胁"。专刊有多篇文章，第一篇也最具权威性的正是格里菲斯所写，内容是论毛泽东的游击战思想。其他文章的作者如国防部部长助理帮办小卡曾巴赫、国务院情报司司长希尔斯曼、国家安全事务特别助理罗斯托等,尽管论述的内容很宽泛,但都表明美国政府正开始重视游击战问题。

美国总统肯尼迪为结集出版的这期专刊写了导言信函。他说,他从头到尾仔细读了《游击战和对付它的方法》,"对其内容留下极深刻的印象",并注意到海军陆战队对反游击战具有"特殊的重要性"。因此他乐于推荐这本书。

格里菲斯所以孜孜于宣传《孙子兵法》,就在于他认为中国、苏联和越南的战略原则都取自于孙子思想。解铃还须系铃人,只有阅读《孙子兵法》,才能解决越南问题。他的这种努力很快引起巨大反响。

美国陆军参谋长、时任美军驻越南总司令威斯特摩兰将军在百忙中,仍抽时间研究孙子的至理名言,思考孙子思想同武元甲、毛泽东军事思想之间的关系。后来他写了《一个军人的报告》这本书,谈到他之所以转变态度,主张从越南撤军,是以孙子"夫兵久而国利者,未之有也"(《孙子兵法·作战篇》)的理论原则为依据的。

美国著名专栏作家约瑟夫·艾尔索普在1965年3月6日至7日的《纽约先驱论坛报》上,引用孙子"不战而屈人之兵""围师必阙"等观点,来评价约翰逊总统新的越南政策。他说:"国防部部长麦克纳马拉一直在阅读格里菲斯所翻译的易懂而有学者风度的《孙子兵法》,并从而使一些孙子格言在美军中到处传诵。"

1969年，尼克松出任总统。他认识到美国在亚洲已力不从心，决定一方面放弃"两个半战争"理论，着手改善中美关系；一方面果断从越南脱身，以全力对付苏联。越南战争结束以后，美国各界继续总结这场局部战争失败的教训。

（3）用《孙子兵法》转变现代作战理论

美国战略理论家约翰·柯林斯在1973年出版的《大战略：原则与实践》一书中说："孙子说'上兵伐谋'。在越南战争的情况下，'谋'即指革命战略。美国忽视了孙子的这一英明忠告，愚蠢地投入了战斗。美国过高估计了我方的能力，过低估计了敌人的能力。我们热衷于使用武装力量，付出的代价越来越高，结果很快产生了一个不起决定性作用的目标：战场上的军事胜利，而局面完全失去控制。"

尼克松在1980年出版的《真正的战争》一书中也说，美国在越战中犯了战略错误，热衷于军事升级以致泥足深陷，而美国公众舆论是决不会支持一场远方的毫无进展的持久战的。他指出，正如2 500年前中国战略家孙子所说："夫兵久而国利者，未之有也。""故兵贵胜，不贵久。"（《孙子兵法·作战篇》）美国在越南战争中胜利无望正是应验了孙子的话。

美国国防部高级反叛乱参谋官维克多·克拉克少将写了一篇关于《孙子兵法》的书评，说他从该书中找到了把孙子的思想同克劳塞维茨、若米尼和马汉的思想紧紧联结在一起的"线索"。他认为，《孙子兵法》的内容惊人地适用于越南战争。

由此而引起的"孙子热"在美国持续升温，一些孙子名言经常见诸报端，并成为人们评判美国现时政策的权威尺度。1984年4月24日的《新闻时报》发表塞克斯顿的文章《古老的原理帮助中国在对外关系上获胜》。作者说美国总统里根的中国之行，是中国人"用《孙子兵法》来摆布美国"，是运用"不战而屈人之兵"原则所赢得的胜利。他还引用孙子"不尽知用兵之害者，则不能尽知用兵之利"（《孙子兵法·作战篇》）的话，来批评里根的中东和中美洲政策。

到了20世纪80年代，美国军界相当普遍和深入地展开对《孙子兵法》的学习和研究。全美著名大学中，凡教授战略学、军事学课程的，无不把《孙子兵法》作为必修课。美军最高学府国防大学将其列为将军们主修战略学的第一课，排在克劳塞维茨的《战争论》之前。美国陆军特种作战中心司令威廉·亚巴勒少将称《孙子兵法》是"特种作战学校的一大宝贵财富"。陆军作战学院发言人霍松说："《孙子兵法》是必修课。这本书简明扼要，好记好学，充满哲理。孙子是学员们最喜欢的战略家之一。"其他如美国西点军校、安那波利斯海军学院、科罗拉多空军学院、国防指挥参谋学院等著名军事院校，都非常重视讲授《孙子兵法》。

据不完全统计，美国民间有近百个研究《孙子兵法》的学会、协会或俱乐部。1987年陶汉章先生所著的《孙子兵法概论》在美出版，被列为美国20世纪80年代最畅销的军事著作之一。

美国的"孙子热"甚至还辐射到世界的其他国家。1980年，印度H.C.卡尔中校出版《印度军史》，记述1971年印度和巴基斯坦战争。这次战争印军进展迅速，仅14天就攻入达卡，迫使巴军司令尼亚齐中将投降。印军总结的主要经验就是，他们越界之后，其东部军区司令阿罗拉中将遵照孙子"攻城之法，为不得已"(《孙子兵法·谋攻篇》)的作战原则，不恋战，不攻击边境和沿途城镇，采取包抄迂回之法，直奔东巴首府达卡。这种"军有所不击，城有所不攻，地有所不争"(《孙子兵法·九变篇》)，正是为了速战速决，夺取全胜，体现了孙子的全胜策："凡用兵之法，全国为上，破国次之；全军为上，破军次之。"(《孙子兵法·谋攻篇》)印度人自觉在战争中运用《孙子兵法》，并在战后把这种经验加以总结，写入《军史》。

美国和整个西方为总结越南战争失败教训而掀起的

"孙子热",当然是要古为今用。他们认为,未来战争的主要形式就是局部战争,要使得西方不至于仍像朝鲜、越南战场上那样陷于尴尬境地,必须要在军事理论上来一个大转变。他们不但制定了"孙子的核战略",而且也按照孙子思想来刷新自己的战术原则。

1982年新版的《美国陆军FM100-5号野战条令〈作战纲要〉》,开宗明义就直接用孙子"兵贵胜,不贵久""攻其不备,出其不意"的话来提纲挈领。它共列出九大军事原则——目标原则、进攻原则、集中兵力原则、节约兵力原则、机动原则、指挥统一原则、安全原则、突然性原则、简要原则等,都体现了《孙子兵法》中的战术理论。

1983年12月19日美联社报道,美国军方根据孙子"兵之情主速""致人而不致于人"的谋略原则,制定了旨在快速、机动、主动、灵敏、协同和深入敌后的"空地一体"新战术,改变了过去以攻坚战为主的旧战术体系。

1986年美国著名战略理论家、国防大学校长理查德·劳伦斯中将访问中国,应邀向中国国防大学师生作了题为"空地一体作战——纵深进攻"的报告。在报告中,他多次引用《孙子兵法》,说孙子理论是他们确定美军作战原则的重要依据,在军校中被作为教科书来学习。

他说,"空地一体战",是大规模地穿插迂回,快速打击敌人的纵深,而不是打击敌人正面的军事原则。孙子说:

"凡战者,以正合,以奇胜""战势不过奇正,奇正之变,不可胜穷也"(《孙子兵法·势篇》)。纵深进攻,采取侧翼包抄,这就是奇兵取胜,而正面进攻是正兵相合。朝鲜战争中美军仁川登陆和志愿军第三次战役,都是奇正战术的成功运用。当今的"空地一体战",就是如何在最短时间内,打击敌人的大纵深,瓦解敌人,奇兵制胜。

劳伦斯还引用孙子的"知彼知己,百战不殆"和"兵之形,避实而击虚",说必须灵活运用,才能出神入化。他说:"知彼,不仅是要知敌之实,而且要知敌之虚。空地一体战的纵深进攻,就是要从整体上攻击敌人之虚。这好比一辆卡车,跑得再快,打断它的轮子,就不能动了。卡车的轮子,就是卡车的虚处。"

美国的"空地一体战",从知彼知己、突然性、速战速决、机动作战、兵力使用和攻坚作战等六个方面,借鉴了孙子的军事原则。

1989年,美国海军陆战司令艾弗瑞·格雷上将决定把《孙子兵法》作为陆战队军官必读书的第一本。格雷在训令中指出:"孙子的作战思想在今天同2 500年前一样适用,是当今实施运动战的基础。"此前,美军其他军种的首脑也发出过类似的训令。美军还专门把大量的孙子名言(约占《孙子兵法》全文的八分之一)辑录起来,供各级军官和军校学生来阅读。

"诡道"是孙子谋略思想的一个重要方面,通过"示形""佯攻""声东击西"等手段来对敌人进行军事欺骗。80年代初,美国专门研究军事欺骗的一个新学科开始出现,并有了《战略军事欺骗》(珀格蒙丛书,1982年)这样一本专著。此书不仅研究了孙子的军事欺骗思想,还全面分析了战略、战役、战术欺骗三个层次及其科学含义,从历史经验归纳出新技术条件下的实施方法,发展了孙子的"诡道"理论。

1983年10月,加勒比海风云骤起,美国决定出兵格林纳达。为了达到战略速胜的目的,里根总统一方面对外实行严格的新闻封锁,一方面利用中东贝鲁特美国军营刚刚挨炸,大肆宣传要进行报复,转移舆论视线。为了使伪装逼真,美国的海军特遣队不惜绕道千里,按驶往中东的正常航线,"貌似"赴黎巴嫩海域而去。但途中突然转向,直扑格林纳达。结果由于格林纳达军队和古巴援军措手不及,美军仅4天时间就控制了全岛,8天后结束战争。这就是一次成功的战役欺骗。

人们总结说,孙子思想深刻地影响了西方现代战争理论,主要体现在四个方面:一是"兵不顿而利可全"的战争效益观。强调国家功利意识,多方权衡,慎重言战。这成为西方战略的根本指导思想。二是"威加于敌,故其城可拔,其国可隳"的威慑理论。以强大的军事实力为后盾,辅之以政治、经济、外交、文化等多种手段，力图以较小代价慑服对方，"不战而胜"。这是西方战略的理论基础。三是"兵贵胜，不贵久"的速胜思想。要快速机动作战，以防旷日持久，造成战场被动，经济不堪重负，国内外舆论也会谴责掣肘。这是西方战略理论的核心。四是"以正合，以奇胜"的作战部署思想。西方用迂回、欺骗、侧翼和纵深攻击等战术，代替传统上多以正面攻击为主的肉搏战术，把地面重型部队作为牵制的正兵，把空中力量和机动部队作为奇兵，空地一体，攻防混合，最终出奇制胜。这是西方作战指导的基本原则。

美国这种以当今世界最先进的军事技术来拥抱中国最古老的《孙子兵法》的战术革命，能不能缔结成迄今最完美的姻缘，在1991年初的海湾战争中受到了检验。

（4）《孙子兵法》在海湾大显神威

1990年，伊拉克吞并科威特，从而破坏了海湾地区原来就很微妙的力量平衡，使西方世界的能源命脉系于一发。为了保护自己的全球战略和在中东的巨大利益，美国只能亲自出马，不惜一战。

从一开始，美国就把《孙子兵法》作为筹划和指导战争方略的重要理论坐标。在临战前夕和作战间隙，美国人不是祈祷上帝，背诵《圣经》，而是争相研读《孙子兵法》。

这将是20世纪60年代越南战争之后美国在海外的最大一次军事集结,它的对手伊拉克总兵力达100万人,自称为"世界第四军事强国"。萨达姆还一再吹嘘:"一旦发生战争,美国人将会血流成河。""如果美军发起进攻,那就将尸横遍野。""与伊拉克进行的长期战争,将使多国部队走上绝路。"美国国内的一些舆论也认为,这将是一场旷日持久的军事行动,布什将冒很大的"政治风险"。

美国军政决策人物早已从对越战的总结中汲取了《孙子兵法》的有益理论素养,他们"立足于打,但争取不打"。即使要打,这场代号为"沙漠风暴"的战争也是宜短不宜长,像一场"风暴",一刮即逝,而不能成为另一场使美国陷于沙漠的越南战争。因此他们总的指导思想是:多投入技术,少投入人力;多在空中打,少在地面打;多在远处打,少在近处打;以美国之长打击伊拉克之短,以最小的伤亡代价获取最大的战争效果,力求速战速决。

美国海军陆战队负责制订作战计划的苏顿将军就明确指出:"正面攻击是下下之策,我们将避免与伊军正面交战。我们可使用猎鹰式战斗机和载重直升机,把一整个装甲纵队运送到内陆,再夹击伊拉克部署在海滩的重兵,就能减少损失。这完全是对《孙子兵法》的运用。"

海湾战争的整个过程都贯穿了这种对《孙子兵法》的运用。

孙子说："上兵伐谋。""不战而屈人之兵，善之善者也。"(《孙子兵法·谋攻篇》)伊拉克入侵科威特刚刚3天，美国就在中东部署了600多架飞机，一周内就有3艘航空母舰开赴海湾，以对敌手威胁恫吓，先声夺人。接着美国半数以上的海军作战舰艇，70%的海军陆战队，三分之二的陆军重装备部队集结海湾，总兵力达53万人，做出大兵压境、弯弓待发之势。为了显示美军威力，他们频繁进行了5次大规模登陆和陆空作战演习，最近的仅距伊拉克军队10公里，同时让新闻媒介对这些行动大肆渲染。为了动摇伊拉克的军心民心，美军切断其一切海上通道，"不让货物运进，不让一滴石油运出"，以海上封锁和经济制裁逼迫伊拉克。

孙子说："其次伐交"(《孙子兵法·谋攻篇》)"修道而保法，故能为胜败之政。"(《孙子兵法·形篇》)美国始终抓住伊拉克入侵科威特的不义之举，大造舆论，打起"替天行道"之旗，从政治上、外交上寻求国际支持，以孤立刚愎自用的萨达姆。美国首先运用合纵连横的手段，与英、法、日、德、苏等大国协调一致。又以"解放"科威特的口号，分化阿拉伯联盟，把埃及、叙利亚、沙特等8个中东国家拉入反伊阵营。接着促使联合国接连作出决议，特别是"678号决议"，规定了伊拉克从科威特撤军的最后期限，并授权其成员国可以使用武力，对伊拉克施加压力。

这样，就使得全球106个国家参加对伊拉克的制裁，28个国家出兵海湾。而美国以执行联合国决议的名义对伊拉克"兴师问罪"，合理合法，是正义之师，萨达姆则成为战争恶魔，众矢之的。

孙子十分强调战争与后勤补给的关系，指出"内虚于家"不利于战争善后，提出"因粮于敌"的原则。海湾战争的军事消耗十分惊人，平均每天要2亿美元，开战时每天达10亿美元。这让正处于经济衰退时期的美国难以承受。美国变"因粮于敌"为"因粮于友"，经过协商，最后军费由阿拉伯国家出60%，日本、德国出20%，美国自己仅负担20%。同时，美国还让沙特阿拉伯为部队提供食品、饮水、油料以及机场、码头，让日本、韩国、希腊协助运输军用物资，让日本、德国、英国、新加坡等国100多家公司为美军加班生产军需装备，还有10多个国家向海湾派出了共2 000多人的医疗队和卫生飞机。这就为海湾军事行动的展开提供了后勤保障。

孙子说："胜兵先胜而后求战，败兵先战而后求胜。"（《孙子兵法·形篇》）海湾危机出现后，美国吸取在越南的教训，制定"不打则已，打则必胜"的方针。美国首先倾其所能，在19天之内通过海路和空中，将一支相当于中等城市人口的远征军运抵海湾，加上盟军，总兵力达到73万之多，在数量上超过伊拉克可投入作战的54万兵力。

在武器装备的质量上，主战坦克4 000辆，装甲车3 000辆，作战飞机2 000架，包括10艘航母在内的军舰250艘，对伊拉克形成绝对优势。美军在完成对军队的训练之前，决不开战。为使几十万大军能适应沙漠地区的恶劣环境，美军多次组织多种类型和规模的演习，每天的训练长达12个小时。长期周密的准备为最后胜利奠定了基础，也体现了孙子的"慎战"原则。

"知彼知己，百战不殆"，是孙子的精彩之论，也是战场的基本规律。有人称海湾战争是一场高科技的电子战，美军耳聪目明，伊拉克却是一个被蒙上眼睛塞上耳朵的拳击手，美军自然"胜于易胜"。早在海湾战争爆发前，美国就有24颗侦察卫星在海湾上空，伊拉克头顶有10颗。后来美国又向海湾上空发射7颗间谍卫星，形成一个照相侦察、雷达成像侦察和电子侦察的交叉网络。其中KH-12型"锁眼"侦察卫星能准确分辨、拍照地面0.1米的物体，"长曲棍球"电子侦察卫星能探测到地下5米深的物体，"大酒瓶"式卫星能监听到伊拉克全部无线电通信。所以美军在战争爆发前，已对伊拉克的一切情况了如指掌，对每一个预定的攻击目标都核实无误。

相反，伊拉克上无侦察卫星，下无先进的侦测装备，远远落后于美国，只能依靠西方的新闻媒介来获取情况，这正好被美国利用来散布假情报以迷惑它。开战前24小时，美国开始对伊拉克的军事通信和防空雷达系统进行连续全面的电子干扰，使它的雷达荧光屏一片雪花，电台信号根本听不清，破坏了其战争知觉能力。这就从根本上导致了伊拉克的开战失利，最终惨败。

孙子十分强调军事指挥在战场上的决定作用，"三军既惑且疑，则诸侯之难至矣，是谓乱军引胜"（《孙子兵法·谋攻篇》）。海湾战争中美军的行动，是从破坏敌人指挥体系的"斩首攻击"开始的。战争开始前，美国国防部部长切尼就指示：首先打击的目标，是萨达姆的指挥中心和控制中心。1991年1月17日凌晨2时30分，美军F-117A隐形战斗轰炸机的激光制导炸弹准确击中伊拉克的通信大楼，揭开了海湾战争的序幕。其后，伊军26个地面指挥机构遭到严重破坏，75%的地面指挥系统被摧毁，其中包括总统府、国防部、空军司令部、防空军司令部、共和国卫队司令部、南部军区司令部等。伊军指挥系统失灵，通信联络中断，各部队、各兵种无法组织协同，它的米格-29和法制幻影战斗机不能升空，飞毛腿导弹频频被拦截。美军夺得了制空权，3 500架飞机，11万架次飞行，连续38天，投弹20万吨，如入无人之境，摧毁了伊拉克绝大部分战争设施。美军空中力量的密集轰炸，不仅使伊拉克丧失抵抗能力，也为多国部队的地面进攻扫除了障碍，伊军不战自溃，萨达姆被迫于2月26日宣布从科威特撤军。

《孙子兵法》说:"兵者,诡道也。"(《孙子兵法·计篇》)谋略思想本是东方兵学的一大特色,这一点也被海湾战争中的美军发挥得十分精彩。美国在对伊拉克进行了连续38天的密集空中打击之后,极大削弱了对手的作战能力,准备最后展开以"沙漠军刀"命名的地面进攻。要达到彻底摧毁伊拉克战争机器的目的,又要使敌军数十万兵力不战自溃,速战速决,关键是出敌意外,选准突破口,"乘人之不及,由不虞之道,攻其所不戒也"(《孙子兵法·九地篇》)。

为此,美军对伊拉克展开了一系列迷惑行动。

首先,他们打造地面作战条件不具备的舆论,似乎美军不会立即发起地面进攻。

其次,他们把主攻集团配置在南边的科威特、沙特阿拉伯边界一带,并多次组织近战格斗训练,给伊拉克造成美军将要在这里正面进攻的假象,从而吸引了大批伊军主力在科威特境内集结布防。

再次,停泊在波斯湾的美军几十艘两栖舰船和3万名整装待发的海军陆战队士兵频频举行大规模登陆演习,摆出一副要从科威特沿海登陆的架势,使伊拉克投入40%的一线主力部队对海滩重兵布防,转移了伊军对其他地区的注意力,造成伊拉克最高决策者判断的失误。

最后,美军突然快速地向西移动300多公里,在伊军布防最弱的伊拉克、沙特阿拉伯内陆边界开刀，长驱直入伊拉克主力集团的西侧后部，很快完成了对伊军42个师54.5万人的战略合围，切断了他们与后方的联系。为了削弱伊军斗志，美国向伊拉克阵地投下100多万份传单，宣称萨达姆的家属已外逃避难，劝伊拉克士兵投降或开小差。结果伊军兵无斗志，不堪一击，经过短短的96个小时就不战自溃。

美军采用孙子"声东击西"的战争诡道手段，以最小的代价，换来了海湾战争的全面胜利。这又一次证明了《孙子兵法》的不朽价值。

在未来世界的战争舞台上，高精尖的战斗手段会更加日新月异，但并没有从根本上改变战争就是"武装搏斗"这一基本性质，孙子所揭示的如"知彼知己""避实击虚"等最一般和最根本的军事规律也就不会过时，相反会更放异彩，夺目璀璨。

但愿《孙子兵法》能云帆高挂济沧海，将人类引向那没有战火的理想彼岸！